全国高等职业院校关务与外贸实训教材
职业教育校企合作开发特色教材

进出口商品归类

JINCHUKOU SHANGPIN GUILEI
ZHIDAO JIAOCHENG

指导教程

杜科星　周　岩　修之壹◎主　编

吴小明　蒋　丽◎副主编

中国海关出版社有限公司
中国·北京

图书在版编目（CIP）数据

进出口商品归类指导教程/杜科星，周岩，修之壹主编．—北京：中国海关出版社有限公司，2023.5
　ISBN　978－7－5175－0685－0

　Ⅰ.①进…　Ⅱ.①杜…　②周…　③修…　Ⅲ.①进出口商品—分类—中国—教材
Ⅳ.①F752.6

中国国家版本馆 CIP 数据核字（2023）第 065211 号

进出口商品归类指导教程
JINCHUKOU SHANGPIN GUILEI ZHIDAO JIAOCHENG

作　　者：杜科星　周　岩　修之壹
策划编辑：景小卫
责任编辑：刘　婧
责任印制：王怡莎
出版发行：中国海关出版社有限公司
社　　址：北京市朝阳区东四环南路甲 1 号　　　　　邮政编码：100023
网　　址：www.hgcbs.com.cn
编 辑 部：01065194242-7544（电话）
发 行 部：01065194238/4246/5127/5616（电话）
社办书店：01065195616（电话）
　　　　　https：//weidian.com/？userid＝319526934
印　　刷：北京盛通印刷股份有限公司　　　　　经　　销：新华书店
开　　本：787mm×1092mm　1/16
印　　张：15.5　　　　　　　　　　　　　　　字　　数：358 千字
版　　次：2023 年 5 月第 1 版
印　　次：2023 年 5 月第 1 次印刷
书　　号：ISBN　978－7－5175－0685－0
定　　价：56.00 元

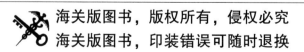

前　言

　　进出口商品归类是外贸从业人员的一项基本技能，关务水平测试和外贸报关工作中均会涉及相关内容。在历年关务水平测试中，这部分普遍得分较低。本书通过循序渐进的方式，帮助考生逐步掌握商品归类的方法和规律。同时，编者根据多年实际工作和培训经验，总结出一套较为实用的答题技巧。掌握这些技巧，有助于读者更准确地对商品进行归类，提高解题速度和正确率。

　　本书在编写过程中坚持以工学结合为指导思想，以知识"够用"为原则来构建整体的框架，主要具备以下几个创新点：

　　（1）创新统筹安排。全书以"学案+自测"的方式安排了3个环节，第一环节为商品归类的基础理论知识，包括编码的查询规则及查询技巧等。第二环节为16周的学案内容，按照每周4学时的进度，书中学案部分标记的"1-1"代表含义是第一周的第一次学案，每次学案为2学时，建议完成时间为90分钟。全书共安排64学时，既可以保证在校生在完整的1个学期内，掌握商品归类知识，也便于在职人员能够在工作之余，有步骤、有计划地学习商品归类。第三部分为测试部分，分为章节的基础测试与综合提高的测试部分。各章均安排基础测试环节，提高测试环节为综合知识的运用，打破章节的顺序且引用全国职业院校技能大赛关务技能赛项的习题，在传统商品归类习题的基础上增加了判断归类总规则的选择类习题，提高了测试的质量水平。

　　（2）巧思学案设计。每个学案均设置了学习目标（明确了需要读者自行查阅资料、了解的商品学知识）、学习重点，并设计了学习时间、学习札记、签到的环节。学案的内容按照"知识点一""知识点二""知识点三"的方式作小标题，读者可以有针对性地学习研究。对重要知识点，学案以图示的方式进行说明，经典例题附有详细思路的解析。建议读者可以将学案内容与第三部分对应习题配套进行，每完成一个学案，便进行对应章节的习题练习，夯实巩固，精益求精。

　　（3）精炼测试习题。这部分既包括经典习题，也包括根据最新的归类思路设计的测试题，部分借鉴了全国关务水平测试的规范题型，并纳入了进出口商品归类专业能力水平评价的真题。本书习题难易得当，容纳了商品归类的各类知识点，便于读者学以致用，以习题方式检测学习效果。

（4）落实校企共建。编者中既有一线教学教师，也有企业的经理，通过校企的共商共建，把企业的实际工作内容融入本书的整体设计中，诠释落实"岗课融通""校企合作"的教育理念，内容更具企业实操性与前沿性。

本书力求达到以下目标：使读者能够系统地掌握21类97章商品的归类规则；能够灵活运用归类规则对进出口货物准确归类；通过查阅资料，了解必要的商品学知识；培养读者认真谨慎的工作态度。

本书由营口职业技术学院商贸信息学院院长杜科星、大连枫叶职业技术学院教师周岩、辽宁壹航关务咨询有限公司总经理修之壹担任主编，特众企业管理咨询（上海）有限公司副总经理吴小明、营口职业技术学院商贸信息学院党支部书记蒋丽担任副主编。分工如下：项目一、项目二由杜科星、吴小明编写；项目三由周岩、杜科星、修之壹、蒋丽编写；项目四由周岩、吴小明、修之壹编写。周岩和吴小明负责全书知识框架的设计及统稿工作；杜科星、修之壹、蒋丽负责全书内容审核工作。

本书在编写过程中参考了大量的资料，在此向相关的专家和学者表示感谢和敬意，特别得到了中国报关协会商品归类专家工作委员会相关领导及专家的帮助与支持，在此一并表示感谢。

由于时间仓促，编者水平有限，书中难免存在疏漏及不足之处，敬请专家及读者批评指正，以便进一步修改和完善。

编　者

2023 年 4 月

目　录

项目四　商品归类自测巩固

项目一
进出口海关商品归类认知

课程目标

知识目标

● 了解《商品名称及编码协调制度》（*The Harmonized Commodity Description and Coding System*，HS，简称《协调制度》），概念、结构及其优点
● 掌握《协调制度》归类总规则及查询规则
● 掌握我国进出口商品归类的海关管理制度

素养目标

● 提升关务人员的专业素养
● 培养认真谨慎的工作态度

技能目标

● 能够掌握和灵活运用归类总规则，解决归类疑问

项目引子

海关进出口商品编码（简称"商品编码"）归类是从事各项海关业务的基础，准确、快速地对进出口商品进行归类是报关员必备的一项技能。想要全面地掌握进出口商品的归类原则，活学活用并进行正确的商品归类并不是一件容易的事。

任务 1 《协调制度》 概述

任务引子

前景提要：大连某有限责任公司于 2023 年 1 月 20 日向德国出口一批童装，连体长袖爬服（适合群体为 3~6 个月婴儿）（如图 1-1 所示），以纯棉针织为面料缝制而成。如果你是报关员，想要完成这批货物的报关手续，该如何申报该批货物的商品编码？

图 1-1 连体长袖爬服示例

《协调制度》，是在《海关合作理事会商品分类目录》和《国际贸易标准分类目录》的基础上，协调国际上多种商品分类目录而制定的一部多用途的国际贸易商品分类目录，是目前国际上应用最为广泛的国际贸易商品分类目录。全球已有 200 多个国家或地区采用《协调制度》作为对外贸易通关过程中的重要依据。为适应国际贸易及商品的发展，世界海关组织（WCO）每 4 至 6 年对《协调制度》进行一次较大范围的修改。根据《协调制度》的修改变化，我国需要对《中华人民共和国进出口税则》（简称《进出口税则》）和《中华人民共和国海关统计商品目录》（简称《海关统计商品目录》）进行对应的转换调整。在实际工作中，为了适用于海关监管、海关征税及海关统计，需要按照进出口商品的性质、功能、用途或加工程度等将商品准确地归入《协调制度》中与之对应的类别和商品编码。

一、《协调制度》 基本结构

《协调制度》目录由最多六位数字的商品编码与对应的商品名称组成。其将国际贸易涉及的各种商品按照生产类别、自然属性和不同功能用途等分为 21 类 97 章（第七十七章为空章，保留为《协调制度》将来所用），每一章由若干四位数字的税目构成，税目项下根据需要大多细分出若干一级子目（五位数级子目）和二级子目（六位数级子目）。为了避免发生交叉归类，设有类注释、章注释和子目注释（专门针对某个子目的描述）。为了保证《协调制度》归类的统一性，还设立了归类总规则，作为《协调制度》商品归类的总原则。

知识链接..

商品编码排列规律

1. 从类角度分析，基本上是按社会生产的分工（或称生产部类）分类的，它将属于同一生产部类的产品归在同一类里，如农业在第一、二类；化学工业在第六类；纺织工业在第十一类；冶金工业在第十五类；机电制造业在第十六类等。

2. 从章角度分析，基本上按商品的属性或用途来分类，如第一章至第五章是活动物和动物产品，第六章至第十四章是植物产品。这样分类的原因有二：一是这些物品由多种材料构成，难以细化区分，例如，鞋可由多种材质构成；二是因为商品的价值主要体现在生产该物品的社会必要劳动时间上，例如，一台机床的价值一般主要看生产这台机床所耗费的社会必要劳动时间，而不是看其耗用的贱金属数量。

3. 从税目排列角度分析，基本上是原材料排列先于产品排列，加工程度低的商品先于加工程度高的商品，列名具体的商品先于列名一般的商品。

....

二、《协调制度》 的优点

《协调制度》是国际上多个商品分类目录协调的产物，是各国专家长期努力的结晶。它的最大特点就是适合于与国际贸易有关的各个方面需要，作为国际贸易商品分类的一种 "标准语言"。它是一部完整、系统、通用、准确的国际贸易商品分类体系。

所谓 "完整"，是由于它将目前国际贸易中的主要商品品种全都分类列出，同时，为了适应各国征税、统计等商品目录全向型的要求和将来技术发展的需要，它还在各类、章列有起 "兜底" 作用的 "其他" 项目，使任何进出口商品，即使是目前无法预计的新产品，都能在这个体系中找到自己适当的位置。

所谓 "系统"，是因为它的分类原则既遵循了一定的科学原理和规则，将商品按人们所了解的生产部类、自然属性和不同用途来分类排列，又照顾了商业习惯和实际操作的可行性，把一些进出口量较大而又难以分类的商品专门列目，因而容易理解、易于归类和方便查找，即使是门外汉也不难掌握。

所谓 "通用"，一方面指它在国际上有相当大的影响，已为 200 多个国家或地区使用，这些国家或地区的海关税则目录及外贸统计商品目录的项目可以相互对应转换，具有可比性；另一方面，它除适用于作海关税则目录和对外贸易统计商品目录外，还可供国际运输、生产部门作为商品分类目录使用，通用性较高。

所谓 "准确"，则是指它的各个项目商品范围清楚明了，绝不交叉重复。它的项目除了靠目录条文本身说明外，还有归类总规则、章注释、类注释和一系列的辅助加以说明限定。

任务2 《协调制度》 归类总规则

任务引子

前景提要：天津某报关行需要对一批零散的汽配进行进口申报，该批汽配加上轮胎，便可后续组装成一辆汽车。

想一想：这样的配件该如何归类？按照分开归类还是按照汽车整车归类？该遵循怎样的规则进行归类？

归类总规则是为保证每一商品都能最终归入唯一税目或子目，避免商品归类的争议而制定的商品归类应遵循的原则。归类总规则位于《协调制度》的部首，由六条构成，它们是指导并保证商品归类统一的法律依据。

归类总规则需要遵循一定的顺序，由规则一至规则六，依次进行。

一、 归类总规则一

规则一 类、章及分章的标题，仅为查找方便而设。具有法律效力的归类，应按税目条文和有关类注或章注确定，如税目、类注或章注无其他规定，则按以下规则确定。

规则解释：

第一句"类、章及分章的标题，仅为查找方便而设"。为便于查找编码，《协调制度》将一类或一章商品加以概括并冠以标题。由于商品种类繁多，通常情况下一类或一章标题很难对本类、章商品全部概括，因此类、章及分章的标题仅为查找方便而设，并不具有法律效力。

第二句"具有法律效力的归类，应按税目条文和有关类注或章注确定"。这里有两层含义：按税目条文及任何相关的类、章注释确定；如税目条文或类注释、章注释无其他规定，则按规则二、三、四及五的规定确定。

第三句"如税目、类注或章注无其他规定"，旨在明确税目条文及与其相关的类注释、章注释是最重要的。换言之，它们是在确定归类时应首先考虑的。

二、 归类总规则二

规则二

（一）税目所列货品，应视为包括该项货品的不完整品或未制成品，只要在报验时该项不完整品或未制成品具有完整品或制成品的基本特征。还应视为包括该项货品的完整品或制成品（或按本款规则可作为完整品或制成品归类的货品）在报验时的未组装件或拆散件。

（二）税目中所列材料或物质，应视为包括该种材料或物质与其他材料或物质混合或组合的物品。税目所列某种材料或物质构成的货品，应视为包括全部或部分由该种材料或物质构成的货品。由一种以上材料或物质构成的货品，应按规则三归类。

知识链接

1. 不完整品：指某个商品因缺少某些零部件尚不完整，但却具有完整品的基本特征。例如，缺少一个倒车镜的汽车，仍应按完整的汽车归类，并不因为缺少了一个倒车镜而不将其视为汽车。

2. 未制成品：指已具备了成品的形状特征，但还不能直接使用，需经进一步加工才能使用的商品。

规则解释：

规则二（一）有两层含义：一是，扩大列名商品的范围，即不仅包括该商品的完整品或制成品，而且还包括它的非完整品、非制成品及整机的拆散件；本款规则的规定也适用于毛坯，除非该毛坯已在某一税目具体列名。所称"毛坯"，是指已具有制成品或零件的大概形状或轮廓，但还不能直接使用的物品。除极个别的情况外，它们仅可用于加工成制成品或零件（例如，初制成型的塑料瓶——为管状的产品，其一端封闭而另一端为带螺纹的瓶口，瓶口可用带螺纹的盖子封闭，螺纹瓶口下面的部分准备膨胀成所需尺寸和形状）。尚未具有制成品基本形状的半制成品（例如，常见的杆、盘、管等）不应视为"毛坯"。二是，该规则的使用是有条件的，即未完整品或未制成品一定要具有完整品（整机）的基本特征，拆散件必须是完整品的成套散件。本款规则也适用于以未组装或拆散形式报验的不完整品或未制成品，只要按照本规则第一部分的规定，它们可作为完整品或制成品看待。本款规则所称"报验时的未组装件或拆散件"，是指其各种部件仅仅通过紧固件（螺钉、螺母、螺栓等），或通过铆接、焊接等组装方法即可装配起来。组装方法的复杂性可不予考虑，但其各种部件无须进一步加工成制成品。某一物品的未组装部件如超出组装成品所需数量的，超出部分应单独归类。此外，需要注意的是，规则二的第一部分不适用于第一类至第六类的商品。

规则二（二）有两层含义：一是，税目中所列某种材料包括了该种材料的混合物或组合物，也是对税目商品范围的扩大（例如，税目 05.07 列出"象牙"）；本款规则旨在将列出某种材料或物质的任何税目扩大为包括该种材料或物质与其他材料或物质的混合品或组合品，同时旨在将列出某种材料或物质构成的货品的任何税目扩大为包括由该种材料或物质部分构成的货品。只有在税目条文和类注释、章注释无其他规定的情况下才能运用本款规则。二是，其适用条件是加进去的东西或组合起来的东西不能失去原商品的特征。即混合或组合后的商品不存在看起来可归入两个或两个以上税目的问题。本规则最后规定，不同材料或物质的混合品及组合品，以及由一种以上材料或物质构成的货品，如果看起来可归入两个或两个以上税目的，必须按规则三的原则进行归类。

三、 归类总规则三

规则三 当货品按规则二（二）或由于其他原因看起来可归入两个或两个以上税目时，应按以下规则归类：

（一）列名比较具体的税目，优先于列名一般的税目。但是，如果两个或两个以上税目都仅述及混合或组合货品所含的某部分材料或物质，或零售的成套货品中的部分货品，即使其中某个税目对该货品描述得更为全面、详细，这些货品在有关税目的列名应视为同样具体。

（二）混合物、不同材料构成或不同部件组成的组合物以及零售的成套货品，如果不能按规则三（一）归类时，在本款可适用的条件下，应按构成货品基本特征的材料或部件归类。

（三）货品不能按照规则三（一）或（二）归类时，应按号列顺序归入其可归入的最末一个税目。

规则解释：

"当货品按规则二（二）或由于其他原因看起来可归入两个或两个以上税目时，应按以下规则归类"是规则三运用的前提。规则三有三条，可概括为：具体列名、基本特征、从后归类。这三条规定应按照其在本规则的先后次序加以运用。据此，只有在不能按照规则三（一）归类时，才能运用规则三（二）；不能按照规则三（一）或（二）归类时，才能运用规则三（三）。

1. 规则三（一）。

当一个货品涉及两个或两个以上税目时，哪个税目对货品表述得更为具体，货品就归入哪个税目。如何判断哪个列名更具体可以遵从如下一般原则。

一是，与类别名称相比，货品的具体名称更为具体。例如，电动剃须刀及电动理发推子应归入税目85.10，而不应作为本身装有电动机的手提式工具归入税目84.67或作为家用电动机械器具归入税目85.09。

二是，如果一个税目列名更为明确地包括某一货品，则该税目更为具体。例如，钢化或层压玻璃制的未镶框安全玻璃，确定用于飞机上，但未制成特定形状，则不应作为税目88.01、88.02或88.06所列货品的零件归入税目88.07，而应归入税目70.07，因为税目70.07所列"安全玻璃"更为具体。

但是，如果两个或两个以上税目都仅述及混合或组合货品所含的某部分材料或物质，或零售的成套货品中的部分货品，即使其中某个税目比其他税目描述得更为全面、详细，这些货品在有关税目的列名应视为同样具体。在这种情况下，货品的归类应按规则三（二）或（三）的规定加以确定。

2. 规则三（二）。

（1）本款归类原则适用条件如下：混合物；不同材料的组合货品；不同部件的组合货品；零售的成套货品。

此外，还必须注意只有在不能按照规则三（一）归类时，才能运用本款。也只有在适用本款规定的条件下，货品才可按构成货品基本特征的材料或部件归类。

（2）不同货品确定其基本特征的因素有所不同，一般来说确定商品的主要特征，可根据其所含材料或部件的性质、体积、数量、重量或价值，也可根据所含材料对货品用途的作用。

（3）本款所称"零售的成套货品"，是指同时符合以下三个条件的货品。

一是，由至少两种看起来可归入不同税目的不同物品构成的，例如，六把乳酪叉不能视为本款规则所称的成套货品。二是，为了迎合某项需求或开展某项专门活动而将几件产品或物品包装在一起的。三是，其包装形式适于直接销售给用户而无须重新包装的，例如，装于盒、箱内或固定于板上。

例如，由一个夹牛肉（不论是否夹奶酪）的小圆面包构成的三明治（税目16.02）和法式炸土豆片（税目20.04）包装在一起的成套货品。该货品属于"零售的成套货品"应归入税目16.02。

再如，一罐小虾（税目16.05）、一罐肝酱（税目16.02）、一罐乳酪（税目04.06）、一罐火腿肉片（税目16.02）及一罐开胃香肠（税目16.01）。其为将可选择的不同产品包装在一起组成的货品，故不属于"零售的成套货品"，而应分别归类。

3. 规则三（三）。

只能用于不能按规则三（一）或（二）归类的货品。它规定货品应归入税目中的顺序排列为最后的税目内。

四、 归类总规则四

规则四　根据上述规则无法归类的货品，应归入与其最相类似的货品的税目。

规则解释：

本规则适用于不能按照规则一至规则三归类的货品，这些货品应归入与其最相类似的货品的税目中。在按照规则四归类时，有必要将报验货品与类似货品加以比较，以确定其与哪种货品最类似，所报验的货品应归入与其最类似的货品的同一税目。所谓"类似"取决于许多因素，例如，货品名称、特征、用途。

五、 归类总规则五

规则五　除上述规则外，本规则适用于下列货品的归类：

（一）制成特殊形状，适用于盛装某一或某套物品并适合长期使用的照相机套、乐器盒、枪套、绘图仪器盒、项链盒及类似容器，如果与所装物品同时报验，并通常与所装物品一同出售的，应与所装物品一并归类。但本款不适用于本身构成整个货品基本特征的容器。

（二）除规则五（一）规定的以外，与所装货品同时报验的包装材料或包装容器，如果通常是用来包装这类货品的，应与所装货品一并归类。但明显可重复使用的包装材料和包装容器不受本款限制。

规则解释：

规则五是一条关于包装物品归类的专门条款。

1. 规则五（一）仅适用于同时符合以下各条规定的容器（箱、盒及类似容器）。

（1）制成特定形状或形式，专门盛装某一物品或某套物品的，专门设计的，有些容器还制成所装物品的特殊形状。

（2）适合长期使用的，容器的使用期限与所盛装某一物品使用期限是相称的。

（3）与所装物品一同报验，不论其是否为了运输方便而与所装物品分开包装；单独报验的容器应归入其相应的税目。

（4）通常与所装物品一同出售的。

（5）包装物本身并不构成整个货品的基本特征。

与所装物品一同报验并可按照本规则进行归类的容器有：首饰盒及箱（税目71.13）；电动剃须刀套（税目85.10）；望远镜盒（税目90.05）；乐器盒、箱及袋（例如，税目92.02）；枪套（例如，税目93.03）。

规则五（一）不适用于本身构成整个商品基本特征的容器。例如，装有茶叶的银质茶叶罐，本身价值昂贵，并已构成整个货品的基本特征，因此银罐应单独按银制品归类；再如，装有糖果的成套装饰性瓷碗，应单独按陶瓷制品归类。

2. 规则五（二）实际上是对规则五（一）规定的补充。

本款规则对通常用于包装有关货品的包装材料及包装容器的归类作了规定。但明显可重复使用的包装材料和包装容器，例如，某些金属桶及装压缩或液化气体的钢铁容器，不受本款限制。规则五（一）优先于本款规则，因此，规则五（一）所述的箱、盒及类似容器的归类，应按该款规定确定。

六、 归类总规则六

规则六 货品在某一税目项下各子目的法定归类，应按子目条文或有关的子目注释以及以上各条规则（在必要的地方稍加修改后）来确定，但子目的比较只能在同一数级上进行。除条文另有规定的以外，有关的类注、章注也适用于本规则。

规则解释：

1. 规则一至规则五在必要的地方加以修改后，可适用于同一税目下的各级子目。

2. 规则六中所称"同一数级"子目，是指同为五位数级子目（一级子目）或同为六位数级子目（二级子目）。据此，当按照规则三（一）规定考虑某一物品在同一税目项下的两个及两个以上五位数级子目的归类时，只能依据有关的五位数级子目条文来确定哪个五位数级子目所列名称更为具体或更为类似。只有在确定了列名更为具体的五位数级子目后，且该子目项下又细分了六位数级子目时，才能根据有关六位数级子目条文考虑物品应归入哪个六位数级子目。

3. "除条文另有规定的以外"是指类注释、章注释与子目条文或子目注释不相一致的情况。例如，第七十一章注释四（二）所规定的"铂"的范围，与第七十一章子目注释二所规定的"铂"的范围不相同，因此，在解释子目7110.11及7110.19的范围时，应采用子目注释二，而不应考虑该章注释四（二）。类注释、章注释与子目注释的应用次序一般为：子目注释—章注释—类注释。

4. 某个五位数级子目下所有六位数级子目的商品范围不得超出其所属的五位数级子目的商品范围。换言之，六位数级子目商品归类条件范围一定是在其五位数级子目商品归类条件范围。

只有在货品归入适当的四位数级税目后，才可考虑将它归入合适的五位数级子目或六位数级子目，并且应优先考虑五位数级子目后再考虑六位数级子目的范围或子目注释。此外，规则六表明只有属同一级别的子目才可作比较并进行归类选择，以决定哪个子目较为合适；比较方法为先同级进行比较，再层层进行比较。

任务 3　我国进出口商品归类的海关管理制度

任务引子

目前我国采用的《协调制度》是 2022 年生效的。我国海关进出口商品分类目录的基本结构是怎样的？其归类依据又有哪些？

一、我国海关进出口商品分类目录简介

（一）我国海关进出口商品分类目录的产生

我国作为《商品名称及编码协调制度的国际公约》（简称《协调制度公约》）缔约方，自 1992 年 1 月 1 日起采用《协调制度》作为《进出口税则》《海关统计商品目录》的基础目录。

《进出口税则》采用八位数字编码，称为税则号列，简称税号。前六位编码与《协调制度》编码完全一致，第七、八位编码是在《协调制度》第六位编码的基础上拆分编制。

（二）我国海关进出口商品分类目录的基本结构

《进出口税则》中的商品号列称为税则号列，每项税则号列后对应该商品税率。

《海关统计商品目录》中的商品号列称为商品编码，为统计需要，每项商品编码后对应商品的计量单位，并根据我国海关统计的需要增设第 22 类"特殊交易品及未分类商品"，内分第九十八章、第九十九章。

商品编码的基本结构如图 1-2 所示，以"0207.1321 冷冻的鸡翼"为例。

图 1-2　商品编码基本结构

二、 进出口货物商品归类的海关管理

(一) 进出口货物商品归类的依据

1. 基本原则：客观、准确、统一。

2. 具有海关法律效力的主要依据：

(1)《进出口税则》；

(2)《进出口税则商品及品目注释》；

(3)《中华人民共和国进出口税则本国子目注释》；

(4) 海关总署发布的关于商品归类的行政裁定；

(5) 海关总署发布的归类决定。

(二) 进出口货物商品归类的申报要求

1. 收发货人或者其代理人按照法律、行政法规规定以及海关要求如实、准确申报进出口货物的商品名称、规格型号等，并对其进行商品归类，确定对应的商品编码。

2. 所有商品仅有一个对应的商品编码，机械零部件应按照功能、原理、材料等因素进行归类。

3. 海关在行使下列权力时，收发货人或其代理人应予以配合：

(1) 查阅、复制有关单证、资料；

(2) 要求收发货人或者其代理人提供必要的样品及相关商品资料；

(3) 组织对进出口货物实施化验、检验，并根据海关认定的化验、检验结果进行商品归类。

(三) 进出口货物商品归类的修改

收发货人及其代理人按照海关规定对商品准确归类、规范申报，海关依法审核，审核认定申报的商品编码不正确的，可以按照有关规定通知收发货人及其代理人进行修改。收发货人及其代理人应及时与海关沟通协商，按照相关规定修改或更正。收发货人及其代理人需要对所申报的商品编码进行修改的，可以按规定向海关提出申请。

项目二
进出口海关商品归类查找技巧

课程目标

知识目标
- 熟悉商品归类的查找技巧
- 熟练运用归类技巧对商品进行归类

素养目标
- 培养认真谨慎的工作态度
- 提升关务人员的专业素养

技能目标
- 能够掌握和灵活运用归类技巧，提高归类的准确率

项目引子

《协调制度公约》的缔约方海关所采用的商品归类方法都必须严格遵守《协调制度》中所列原则，使用这一国际贸易商品分类的"标准语言"。《协调制度》的原则性是建立在具体内容之上的，这些具体内容表现在归类总规则及《进出口税则》中的类注释、章注释和子目注释及税目条文、子目条文内。

任务　进出口商品归类查找技巧

任务引子

实践证明，准确归类的实现要求我们必须具备以下素养。

第一，理解掌握《协调制度》的条文含义以及相互关系。

第二，科学认识归类商品。从商品的成分、用途、特性、加工方式、加工深度、包装方式等方面提高认知。

第三，把对商品特征的理解与《协调制度》的规则结合起来。

一、正确把握查询规则

想要准确进行归类，我们首先要能够看懂《进出口税则》中每个符号所代表的含义，这样才能够更好地使用《进出口税则》确定商品编码。

《协调制度》采用结构性号列，税目的号列不是简单的顺序号，而是以线性结构排列的，并有一定的含义。税目号列用四位数来表示，前两位数表示项目所在的章，后两位数表示项目在有关章的排列次序。例如，税目 03.01 是活鱼，前两位数表示该税目在第三章，后两位数表示所列商品为第三章的第一个税目。第五位至第八位数为子目，各级子目所包括的商品必须符合其上一级子目的商品归类要求，同级子目之间具有排他性。

二、整体理解排列规律

《协调制度》的分类原则是按不同的生产行业来进行分类，排列顺序也有一定规律。

1. 动植物、动植物产品在类的排序或同一类中章的排列顺序是先动物、动物产品，再植物、植物产品。例如，活动物、动物产品在第一类，植物、植物产品在第二类；第四类中，深度加工的动物产品在第十六章，深度加工的植物产品在第十八章至第二十章；再如，第十一类中，动物性纤维在第五十章、第五十一章，植物性纤维在第五十二章、第五十三章，化学纤维在第五十四章、第五十五章。

2. 同类商品按加工程度进行排列，顺序为：原料—半成品—成品。例如，动物产品中，活动物在第一章，活动物经过初级加工成为动物产品就归入第二章、第五章，动物产品经过进一步加工成为食品则归入第十六章；在第三十九章塑料产品中，初级形状的原料及废碎料在税目 39.01 至 39.15，原料制的半成品在税目 39.16 至 39.21，制成品在税目 39.22 至 39.26。

3. 整机在前，零件在后。例如，税目 84.33 中，联合收割机在 8433.5100，它的零件在 8433.9010。这种整机与零件按先后顺序在同一税目中的情况比较常见。当然也有整机与零件按先后顺序归入不同税目的，例如，税目 84.44 至 84.47 中的纺织类机械的零件统一归入税目 84.48。

4. 不同章节之间有着密切的关系，归类人员既要熟悉商品编码的排列规律也要掌握各类、章之间的联系。例如，与第一类相关的章节如图 2-1 所示。

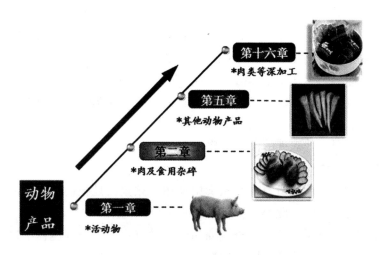

图 2-1　与第一类相关章节

三、 扩充必要商品知识

在国际贸易中，进出口商品的种类繁多，我们在进行归类的时候，不仅需要掌握归类的技巧和规律，还需要具备丰富的商品知识。

例如，"马宝"，在商品名称中没有"马宝"这两个字，但如果我们能够知道它属于中药用的马科动物体内的一种结石，即可按照通常不可食用的动物产品归入第五章"黄药"范畴；再如，"有机玻璃"，如果我们知道它并不是常规意义上的玻璃，而是聚甲基丙烯酸甲酯塑料，即可准确将其归入第三十九章，而非第七十章。

这种学名与俗称之间的关系在化工产品里最为常见，例如，"人造冰晶石"的化学名称是六氟铝酸钠，知道化学成分，我们即可将其归入无机化学品的税目 28.26，而非矿石章节中。

由此可见，熟悉和掌握必要的商品知识对于学好商品归类是很重要的，当然这是一个长期的过程，需要不断地学习和实践积累。

四、 准确运用各层级注释

归类总规则一中明确了注释在商品归类中的法律效力，表述如下："类、章及分章的标题，仅为查找方便而设。具有法律效力的归类，应按税目条文和有关类注或章注确定。"在实际运用中，有相当一部分的商品的归类，都受到了类注释、章注释、子目注释的限定。

进行商品归类时，首先要根据商品的材质、用途等特性确定它所在的类、章，然后翻阅类注释和章注释查看注释中的排他性条款中有无涉及此商品的内容，再将其按照税目条文的要求归入相应的税目，并且查看是否符合子目条文中对于此商品的限定，如果均符合，则最终归入相应的子目中。

此外，某些不同的类、章标题所涵盖的货品还会产生交叉，导致同一货品看似可能有多个所属类、章。例如，麦秸编结的草帽，从所用材料看是编结材料制品，似乎应归入以"稻草、秸秆、针茅或其他编结材料制品；篮筐及柳条编结品"为标题的第四十六章，从用途上看是帽子，似应归入以"帽类及其零件"为标题的第六十五章。根据注释的排除条款，可知麦秸编结的草帽应该归入第六十五章。

类注释、章注释、子目注释各有特性，我们在平时熟悉注释的时候，要注意有针对性地予以区分，以便做到事半功倍。

下面介绍几种具有代表性的注释条款。

（一）排他性条款

注释中的排他性条款在所有注释条文中使用最频繁，是我们在做商品归类练习中首先要考虑到的部分，因为此类条款将看起来可以归入某一类、章的商品按照《协调制度》的要求归入其他类、章。在查找商品编码时应首先考虑到注释中排他性条款的要求。通常情况下，注释的排他性条款都放在注释的首要位置。这里还要注意，注释的排他性条款所列的商品一般都不能在此类、章中查到，但在注释中列名了排他商品的归属税目。

例如，第二十章子目注释一、二规定将零售包装均化蔬菜及食品的重量严格限制在不超过250克，超过250克的则应按照各自的成分进行归类；第十六章注释二规定了含有肉类的混合食品中，一般情况下只有肉类重量超过商品总重的20%时才可按肉类制品归入该章。

类似的情况还出现在第二十九章和第三十章中，通常作为药品的西药原料和未零售包装的药品应归入第二十九章的相应税目，只有零售包装的药品才可归入第三十章，但是这两章的注释中均未明确定义药品的零售包装，那么就需要我们结合生活常识和商品描述进行判断。例如，青霉素眼药水，如果商品描述中明确已制成零售包装，我们即可直接按以上规定归入第三十章；如果明确为非零售包装，则应该按照西药原药归入第二十九章。

（二）定义性条款

注释中的定义性条款是将《协调制度》中的名词作限定和解释，通常这种限定和解释仅限于《协调制度》中的应用。此类注释条款分为对于范围的限定、对于成分的限定和对于规格的限定等几种情况。

例如，第六十二章注释八对于纺织品的手帕在尺寸上进行了限定——每边均不超过60厘米，也就是说无论正方形还是近似正方形，只要各边均不超过60厘米即可按照"手帕"进行归类。

（三）优先性条款

优先性条款是将看起来可以归入两个或两个以上税目的商品优先归入某个税目。注释的优先条款与归类总规则三（三）的"从后归类"原则并不冲突，而且在运用上优先于归类总规则三（三）。

如第八十四章注释二中规定了如果某种机器或器具既符合税目84.01至84.24、84.26中的规定，又符合税目84.25至84.80中的规定，就应优先归入税目84.01至84.24、84.26中的相应税目。这条规则常适用于具有两种或两种以上功能且难以区分组合功能器具主要用途的组合机械或器具。

（四）分类性条款

分类性条款将若干税目分别进行解释，是实操中的一个难点。

例如，第九十六章注释四对于该章所有杂项制品的材质进行了定义，并且把个别材质的税目单独列出。根据该注释可知，该章中税目96.07至96.14、96.16至96.20的货品可适用任何材质制作的成品，包括贵金属；税目96.01至96.06、96.15的货品若为贵金属制的，则应按材质归入第七十一章相应税目，第九十六章仅包含除贵金属以外的其他所有材料制得的杂项制品。

五、 注意税目条文中细节之处

在《进出口税则》中，税目条文的描述对于在章内迅速判断商品的归属非常重要，税目条文中的一个标点符号，也许就决定了税目所属各子目的范围。

例如，税目42.02的条文中多种商品之间有一个分号，这个分号表示了该税目包括两组物品，列在分号之前的物品为一组，列在分号之后的物品为另一组。

第一组：衣箱、提箱、小手袋、公文箱、公文包、书包、眼镜盒、望远镜盒、照相机套、乐器盒、枪套及类似容器。这组物品可用任何材料制成。

第二组：旅行包、食品或饮料保温包、化妆包、帆布包、手提包、购物袋、钱夹、钱包、地图盒、烟盒、工具包、运动包、瓶盒、首饰盒、粉盒、刀叉餐具盒及类似容器。与上述第一组容器不同，这组物品必须用皮革或再生皮革、塑料片、纺织材料、钢纸或纸板制成，或者全部或主要用上述材料或纸包覆制成的。例如，木制首饰盒归入税目44.20，但以木材为基底、表面用纺织材料包覆的首饰盒则归入税目42.02。

项目三
进出口商品归类要点学案

课程目标

知识目标
- 熟悉不同类章商品的具体归类原则
- 熟练运用归类规则对商品进行归类

素养目标
- 培养扎实的归类专业能力
- 提升关务从业人员的专业素养

技能目标
- 能够灵活运用不同类章的归类原则，对商品进行归类

项目引子

初看商品编码书，要从归类总规则入手，先掌握查询的基本规则，然后在练习中逐渐掌握运用归类总规则。开始进行商品编码学习的时候，一定要早入手、勤练习，商品归类的练习是长期的、持续的。《进出口税则》中各层级注释较多，需透彻掌握。那么如何能够做到考试时看到一道编码题目马上就可以反应出此题是否会涉及各层级注释呢？这需要我们在平时的编码练习中，养成良好的学习习惯，遵循"确定类章—查阅注释—确定税目—归入子目"的流程。

1-1 //// 商品编码综合概述

学案内容	商品编码综合概述		签到	
学习目标	1. 了解《协调制度》含义及结构 2. 掌握《进出口税则》含义及商品编码的查询规则 3. 理解进出口货物商品归类决定			
学习重点	进出口商品编码查询方法、规则			
学习时间			学习札记	

知识点一 《协调制度》

（一）《协调制度》的含义

正如本书前文所述，《协调制度》是在《海关合作理事会商品分类目录》和联合国《国际贸易标准分类目录》的基础上，综合国际上多种商品分类目录而制定的一部多用途国际贸易商品分类目录。它广泛应用于海关税则、国际贸易统计、原产地规则、国际贸易谈判、贸易管制等领域。

目前，已有多个国家、地区或经济联盟采用《协调制度》。我国于1992年加入《协调制度公约》，并以《协调制度》为基础编制《进出口税则》《海关统计商品目录》。

（二）《协调制度》的基本结构

《协调制度》分为21类97章，每一章由若干税目构成，税目项下又细分若干一级子目和二级子目。同时为保证《协调制度》解释的统一性，设立了归类总规则，作为整个商品归类的总原则，如图3-1所示。

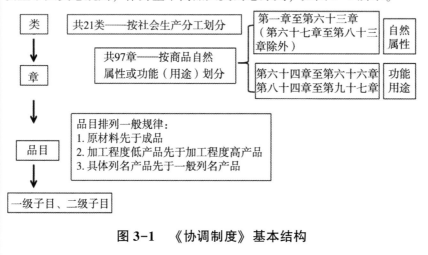

图 3-1   《协调制度》基本结构

续表1

知识点二　《进出口税则》

（一）概述

《进出口税则》中的商品编码统称为税则号列，四位编码统称为税目，这与《协调制度》中的商品编码和税目所对应。本书中除了涉及《进出口税则》《中华人民共和国海关进出口商品规范申报目录》等原文描述外，统一采用《协调制度》的表述方式，即四位编码统称为税目，五位及以上编码统称为子目或商品编码。主体部分由商品分类目录和税率表构成。

为适应我国关税、统计和贸易管理的需要，《进出口税则》中增列了第七、八位数字，形成的七位数字和八位数字分别表示三、四级子目，即本国子目。未增列三、四级子目的，第七、八位数字为0。

（二）基本结构

首列为税则号列，每项税则号列后列出该商品名称及税率，如图3-2所示。

税则号列	货品名称	最惠国税率	普通税率
0105	家禽，即鸡、鸭、鹅、火鸡及珍珠鸡：		
01051	-重量不超过185克：		
010511	--鸡：		
01051110	---改良种用	0	0
01051190	---其他	10	50
010512	--火鸡：		
01051210	---改良种用	0	0
01051290	---其他	10	50
010513	--鸭：		
01051310	---改良种用	0	0
01051390	---其他	10	50

图3-2　《进出口税则》基本结构

（三）商品编码查找规则

第一步：分析商品，确定所给出的商品名称的中心词，并根据已有信息分析商品特性（例如，组成、结构、加工、用途等）。

第二步：初判位置，初步判断该商品可能涉及的章和税目。

续表2

第三步：查找条文，将可能涉及的几个税目的条文查找出来。

第四步：查看注释，查看所涉及的税目所在类和章的注释是否有特别的规定。

第五步：应用规则，在有几个税目可归而不能确定时，运用归类总规则来确定税目。

具体流程如图 3-3 所示。

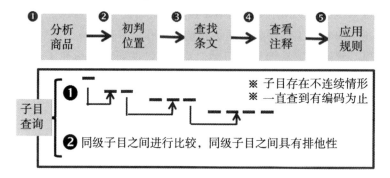

图 3-3　编码查找具体流程

知识点三　进出口货物商品归类决定

商品归类决定，是指海关总署依据有关法律、行政法规规定，对进出口货物的商品归类作出具有普遍约束力的决定，具有海关规章的同等效力。与商品归类行政裁定一样，商品归类决定也由海关总署或其授权机构作出，并由海关总署以公告形式统一对外公布。二者的不同之处在于：商品归类行政裁定是海关依对外贸易经营者申请作出的，而商品归类决定是海关主动作出的。

商品归类决定一般源于三种途径：第一，由海关总署及其授权机构作出；第二，根据中国海关协调制度商品归类技术委员会会议决议作出；第三，由世界海关组织协调制度委员会作出，由海关总署通过法律程序转化为海关规章。

商品归类决定的主要内容一般包括归类决定编号、税则号列、中英文商品名称、商品描述及归类决定等；海关总署关于世界海关组织商品归类决定的内容一般包括序号、归类决定编号、发布日期、子目号、子目序号、文件号、商品中文名称、商品英文名称、其他名称、商品描述、归类依据、备注等。

1-2 /// **第一类　活动物；动物产品（一）**

课题名称	第一类　活动物；动物产品（一）	签到	
学习目标	1. 查阅资料，了解动物的商品学知识 2. 掌握活动物及其产品的归类原则及其例外情况 3. 学会对肉和食用杂碎进行准确归类		
学习重点	区分初级加工和深度加工的动物杂碎归类原则		
学习时间		学习札记	

知识点一　活动物归类要点

（一）第一章包括所有活的动物（食用或其他用途），但下列各项除外

1. 鱼、甲壳动物、软体动物及其他水生无脊椎动物（税目 03.01、03.06、03.07 或 03.08）。

2. 培养微生物及其他产品（税目 30.02）。

3. 流动马戏团、动物园或其他类似巡回展出用的动物（税目 95.08）。

除此之外，运输途中死亡的动物，包括昆虫，适合供人食用的归入税目 02.01 至 02.05、02.07、02.08 或 04.10，其余的归入税目 05.11。

（二）归类中应注意的问题

1. 商品编码 0103.9110 "重量在 10 千克以下（猪）"，是特为许可证商品活乳猪加列的，所列重量是指每一头猪的重量。

2. 所称"改良种用"，仅包括由本国主管部门认定为"纯种"的种用动物，即改良种用的动物。须经省级以上有关部门出具证明，才可归入第一章有关的子目；若无证明，则不论其实际用途如何，一律不可作为改良种用动物。

3. 税目 01.01 至 01.04、01.06 均包括家养的和野生的，但是税目 01.05 的家禽只包括普通家鸡及阉鸡、鸭、鹅（不包括天鹅）、火鸡、珍珠鸡；家庭饲养的其他禽类不能视为家禽，例如，家庭饲养的鸽子、鹌鹑等应按其他活动物归入税目 01.06。

4. 税目 01.06 中"鸟"可包括鹧鸪、野鸡、鹌鹑、丘鹬、沙锥、鸽、松鸡、野鸭、大雁、云雀、燕雀、山雀、蜂鸟、孔雀、天鹅及税目 01.05 中未列名的其他禽鸟。

知识点二 动物产品归类原则

（一）第一类动物产品归类整体流程

第一类共五章内容，内部之间有其连带关系，第一章与第三章为活动物，宰杀后，可分为肉与杂碎，肉与杂碎都可按照可食用与不可食用进行划分，进而按照初级加工和深度加工分配到不同的章。杂碎的归类相对比较复杂，尤其是不可食用的杂碎有多种用途，故归入不同的章。第一章活动物产生的副产品可归入第四章，例如，天然牛奶、天然蜂蜜、鸡蛋等天然副产品，也包括昆虫在内。如图3-4所示。

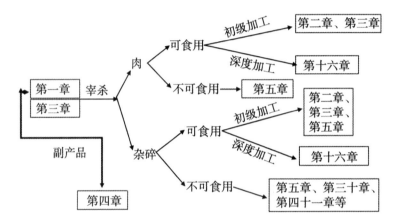

图3-4 第一类动物产品归类思路

（二）归类中应注意的加工方式

第二章商品范围主要包括可供人食用的第一章所列动物的肉及食用杂碎。归入该章的动物产品，其加工程度仅限于鲜、冷、冻、盐腌、盐渍、干制、熏制或在表面撒糖或糖水（初级加工）。如果超出此范围，通过蒸、煮、炒、煎、炸、烤等方法加工的，一般归入第十六章（深度加工）。例如，新鲜的可食用的牛肉，归入第二章；红烧牛肉属于深加工，归入第十六章。但是，供人食用的肉及食用杂碎的细粉或粗粉，不论是否经过烹煮均归入第二章。需要注意的是，盐腌、干制（包括脱水或冻干）或熏制的肉（例如，熏腌肉、火腿），如果未经剁碎或绞碎并加有其他配料就灌入肠、肚、膀胱、皮囊或类似肠衣（天然或人造）内，仍应归入第二章，否则归入税目16.01。

第二章包括所有适合供人食用的整头动物（即有头或无头的动物躯体）、半头动物（整头纵向切开而得）、连腿块肉、肉块等，以及食用杂碎、肉及食用杂碎粗粉或细粉（第三章的鱼、甲壳动物、软体动物及其他水生无脊椎动物除外）。但是该章不包括不适合供人食用的肉及杂碎（税目05.11），也不包括不适合供人食用的肉及杂碎的细粉、粗粉和团粒（税目23.01）。

知识点三　动物杂碎产品归类原则

（一）动物杂碎分类及归类

动物杂碎通常可以分为以下四类：

1. 主要供人食用的杂碎［例如，头及头块（包括耳）、脚、尾、心、舌、厚横膈膜、薄横膈膜、胎膜、咽喉、胸腺］；

2. 专供制药用的杂碎（例如，胆囊、肾上腺、胎盘）；

3. 既可供人食用，又可供制药用的杂碎（例如，肝、肾、肺、脑、胰腺、脾、脊髓、卵巢、子宫、睾丸、乳房、甲状腺、脑下腺）；

4. 可供人食用或有其他用途的杂碎（例如，供制革用皮张）。

第1类所述的鲜、冷、冻、干、熏、盐腌或盐渍的杂碎，除不适合供人食用的应归入税目05.11以外，其余均归入第二章。

第2类所述的杂碎，为鲜、冷、冻或用其他方法临时保藏的，归入税目05.10；经干制的，归入税目30.01。

第3类所述的杂碎，临时保藏（例如，用甘油、丙酮、酒精、甲醛、硼酸钠临时保藏）以供药用的，归入税目05.10；干制的归入税目30.01；适合供人食用的，归入第二章，不适合供人食用的，归入税目05.11。

第4类所述的杂碎，供人食用的，归入第二章；不供人食用的，一般归入税目05.11或第四十一章。

动物（鱼除外）的肠、膀胱、胃，不论是否可供食用，均归入税目05.04。

（二）第二章与第十六章的肉及食用杂碎的区别

第二章仅包括下列状态的肉及食用杂碎（不论其是否烫洗或作类似处理，但未经烹煮的）：

1. 鲜的（包括运输途中用盐临时保藏的肉及食用杂碎）；

2. 冷的，即产品温度一般降至0℃左右，但未冻结的；

3. 冻的，即温度降至产品的冰点以下，产品全部冻结的；

4. 盐腌、盐渍、干制或熏制的。

表面撒糖或糖水的肉及食用杂碎，也归入第二章。

第1至4项所述的肉及食用杂碎，不论是否用解朊酶（例如，木瓜酶）进行过嫩化处理，也不论是否切割、剁碎（绞碎），均归入第二章。此外，第二章内不同税目产品的混合（组合）物（例如，税目02.07的家禽肉用、税目02.09的肥猪肉包裹）仍归入第二章。

2-1 // 第一类 活动物；动物产品（二）

课题名称	第一类 活动物；动物产品（二）	签到	
学习目标	1. 查阅资料，了解鱼类及其他水生无脊椎动物的商品学知识 2. 掌握鱼类加工方式的归类原则；掌握天然副产品及其他动物产品归类原则 3. 学会对鱼类及其他水生无脊椎动物进行准确归类		
学习重点	区分第三章与第十六章的归类规则		
学习时间		学习札记	

知识点一 鱼及其他水生无脊椎产品归类要点

第三章包括所有活的或死的鱼、甲壳动物、软体动物及其他水生无脊椎动物。这些动物可供直接食用、工业用（罐头工业等）、产卵用或观赏用。但不包括种类或鲜度不适合供人食用的已死亡的鱼（包括其肝及卵）、甲壳动物、软体动物及其他水生无脊椎动物（第五章）。第三章涉及的鱼、甲壳动物、软体动物及其他水生无脊椎动物，为初级加工方式，即活、鲜、冷、冻、干、盐腌盐渍等；商品为深加工方式，归入第十六章。

1. 第一类：鱼类、软体动物类、其他水生无脊椎动物类。

（1）活、新鲜、冷藏、冷冻、干制、盐腌盐渍、熏（包括熏前或熏中蒸煮）的，归入第三章。

（2）其余的加工方式，即为深度加工的，归入第十六章。

2. 第二类：甲壳动物。

（1）活、新鲜、冷藏、冷冻、干制、盐腌盐渍、熏（包括熏前或熏中蒸煮）的，归入第十六章。

（2）蒸煮的情况下，带壳的归入第三章，去壳的归入第十六章。

（3）其余的加工方式，即为深度加工的，归入第十六章。

例如，经过冷藏处理的鲤鱼，应归入第三章；红烧鲤鱼属于深加工，应归入第十六章。用水煮过的淡水小龙虾，应归入第三章；用水煮过的淡水小龙虾虾仁，应归入第十六章。

续表1

知识点二　第三章与第十六章的归类区别

第三章为初级加工方式，仅限于该章各税目所列状况的鱼（包括肝及卵）、甲壳动物，软体动物及其他水生无脊椎动物。受此条件限制，上述货品不论是否切割、剁碎、绞碎、磨碎等，均应归入第三章。此外，第三章不同税目产品的混合（组合）物（例如，税目03.02至03.04的鱼与税目03.06的甲壳动物相混合）也归入第三章。如果超过该章加工程度则为深加工，应归入第十六章。

烹煮或未按第三章规定方法制作或保藏的鱼、甲壳动物、软体动物及其他水生无脊椎动物（例如，仅用面糊或面包屑包裹的鱼片、煮过的鱼）应归入第十六章。需要注意的是，在熏制前或熏制过程中烹煮了的熏鱼及蒸过或用水煮过的带壳甲壳动物、软体动物、其他水生无脊椎动物，仍应分别归入税目03.05、03.06、03.07及03.08。仅经过在运输或冷冻之前为打开外壳或使其保持稳定的烫洗或其他类型的瞬时热处理（但并不致其烹煮）的软体动物，仍应归入第三章（参考知识点一内容）。鱼、甲壳动物、软体动物和其他水生无脊椎动物制得的细粉、粗粉及团粒，不论是否经过烹煮、脱脂（例如，用溶剂提取法）或热处理的鱼的细粉或粗粉，适合供人食用的，仍归入税目03.09。

还须注意，第三章的鱼、甲壳动物、软体动物及其他水生无脊椎动物，即使采用密封包装（例如，听装熏鲑鱼），仍归入第三章。但在大多数情况下，密封包装的产品，一般用第三章各税目所列加工范围以外的方法制作或保藏，应归入第十六章。

除上述情况外，第三章还不包括下列商品：

1. 海生哺乳动物（税目01.06）及其肉（税目02.08或税目02.10）；

2. 鱼废料及不能食用的鱼卵（例如，用作鱼饵的咸鳕鱼卵）（税目05.11）；

3. 不适合供人食用的鱼、甲壳动物、软体动物及其他水生无脊椎动物的细粉、粗粉及团粒（税目23.01）。

知识点三　天然副产品归类原则

第四章为天然副产品，包括其他税目未列名的昆虫及其他动物产品，主要包括乳品、蛋品、蜂蜜产品等。在归类时，应注意注释中对商品中添加成分的描述。

（一）税目 04.01 与税目 04.02 的区别

税目 04.01 的乳及奶油应为"未浓缩且未加糖"或"未浓缩且未加其他甜物质"的，并且可以是冰冻的，包括乳（该章注释一所规定的乳）及稀奶油，不论是否消毒、杀菌、用其他方法保藏、均脂或陈化；不包括浓缩或加糖或其他甜物质的乳和稀奶油（税目 04.02）及凝结、发酵或酸化的乳和稀奶油（税目 04.03）。不满足税目 04.01 要求的乳及奶油，可归入税目 04.02。而加可可或其他香料的乳品饮料，因其添加成分已经超过了第四章的规定范围，故应归入税目 22.02。

（二）乳及乳制品的归类

1. 第四章的乳除含有天然乳成分外，还可以含有乳品液态运输时为保持其天然浓度而加入的少量稳定剂（例如，磷酸二钠、柠檬酸三钠、氯化钙）及少量抗氧剂或乳中一般没有的维生素；含有加工所需的少量化学品（例如，碳酸氢钠）；成粉状或粒状的乳品可含有防结素（例如，磷脂、无定形二氧化硅）。如果乳中添加的物质超过上述范围，以天然乳为基本成分的食品一般归入第十九章。

2. 税目 04.04 包括鲜的或保藏的以乳为基本成分的产品。其乳清可以是液状、浆状或固体形状（包括冰冻的），也可以是浓缩（例如，粉状）或保藏的。按重量计乳糖含量（以干燥无水乳糖计）超过 95% 的乳清制品，归入税目 17.02。

3. 归入税目 04.05 的黄油是指从乳中提取的天然黄油、乳清黄油及调制黄油（新鲜、加盐或酸败的，包括罐装黄油）；按重量计乳脂含量在 80% 及以上，但不超过 95%；乳的无脂固形物最大含量不超过 2%；水的最大含量不超过 16%。黄油中不含添加的乳化剂，但可含有氯化钠、食用色素、中和盐及无害乳酸菌的培养物。人造黄油归入税目 15.17。子目 0405.10 所称"黄油"，不包括脱水黄油及印度酥油（子目 0405.90）。

（三）蜂蜜产品的归类

税目 04.09 中的天然蜂蜜包括蜜蜂或其他昆虫所产的蜂蜜，不论是离心分离、仍存于蜂巢内还是带有蜂巢碎块，但不得加糖或其他任何物质。

人造蜂蜜应按糖产品归入第十七章；天然蜂蜜与人造蜂蜜的混合物归入税目 17.02。鲜蜂王浆（包括粉）归入税目 04.10；蜂王浆制剂归入税目 21.06。

（四）昆虫产品的归类

税目 04.10 的昆虫应为初级加工的可供人食用商品；非供人食用的，归入税目 05.11；深加工的可食用昆虫，归入第十六章。

知识点四　其他动物产品归类原则

第五章为其他动物产品，为第一类的"兜底"章节，包括各种未经加工或仅经简单加工的动物质材料。这些材料一般不作食品（某些动物的肠、膀胱及胃除外），而且《协调制度》的其他章也不包括它们。针对第五章，应注意以下归类特殊性。

（一）人发产品

税目 05.01 包括加工的人发，不论是否已洗涤，包括未按发根、发梢整理的平行排放人发以及人发废料。人发的制品应根据实际情况归入其他章节，例如，人发制成的发网归入第六十五章，工业用的人发制成的滤布归入第五十九章。需要注意的是，废人发（包括漂白或染色发等的废料）一律归入税目 05.01。

（二）刷子的归类

如果用动物的硬质毛发来做刷子，就需要区分原材料的出口状态。散装状态出口报验的制刷用兽毛，没有经过其他进一步加工的话，应归入税目 05.02；如果已经过人工的打理，成为成簇或者成束状态出口报验，则应归入税目 96.03。除此之外，成品的刷子，例如油漆刷，应归入税目 96.03，即税目 96.03 既包括制刷用的原材料，也包括成品刷子。

（三）第五章对兽牙的特殊规定

《协调制度》所称"兽牙"，是指下列骨质物体：象、河马、海象、一角鲸或野猪的长牙、犀角、任何陆上或海上动物的牙齿。但第五章中的商品为未经过加工的状态，经过雕刻、抛光等工艺加工的，应归入税目 96.01，例如，已经过激光雕花处理的犀牛角。

（四）税目 05.10 所列的动物四大香料

税目 05.10 所列的动物四大香料分别为龙涎香、海狸香、灵猫香及麝香，报验时通常已干制或呈粉末状。该税目所说的制造器官治疗药品用的动物腺体（胰腺、甲状腺、脑下腺等）及其他动物器官，其性质或制作

续表 4

方法是不适合供人食用的，加工方式为鲜、冷、冻或为了运输、储存需要用其他方法临时保藏（例如，浸在甘油、丙酮或酒精中）。干制或萃取产品应归入税目 30.01。商品编码 0510.0010 提及的"黄药"（例如，牛黄、马宝、猴枣）皆为动物的结石。 **（五）税目 05.11** 税目 05.11 提及的"马毛"，包括马科或牛科动物的鬃毛或尾毛；除未经加工的马毛外，还包括经洗涤、漂白、染色、卷曲或其他加工方式的马毛。它们可以散装、成束或成绞等。该税目还包括在纺织物或纸等衬料上铺成一层的马毛，或夹放在两层纺织物或纸等材料当中并用订书钉钉上或简单缝上的马毛。例如，已经制成有衬垫的牛尾毛片，应按照马毛进行归类，归入税目 05.11。	

2-2　第二类　植物产品（一）

课题名称	第二类　植物产品（一）	签到	
学习目标	1. 查阅资料，了解蔬菜、水果简单分类标准及相关商品学知识 2. 掌握蔬菜、水果加工方式的归类原则，掌握花木植物归类原则 3. 学会运用归类思路对蔬菜、水果产品归类		
学习重点	掌握蔬菜、水果加工方式及相关产品的归类原则		
学习时间		学习札记	

知识点一　花木植物归类要点

第六章包括由苗圃（包括园林）或花店供应的适于种植或装饰用的各种活植物、菊苣植物及其根（即使其通常不由苗圃或花店提供），但不包括税目 12.12 的根。上述植物包括树、灌木、植物幼苗及药用植物。第六章不包括种子和水果以及某些不能确认其为食用还是种植用的块茎、鳞茎（马铃薯、洋葱、青葱及大蒜）。归类时，需要注意植物的状态，菊苣植物在生活中可有多种用途，应注意根据其用途进行归类。

（一）植物

如果所报验的植物为无根状态，带有花朵部分，例如鲜花花束，归入税目06.03；如果所报验的植物为无根状态，不带有花朵部分，例如叶片、草、苔藓，归入税目06.04；如果所报验的植物状态为秧苗状态，归入税目06.02；如果所报验的植物状态为根茎状态，例如鳞茎、球茎，归入税目06.01；如果所报验的植物状态为颗粒状态，例如袋装颗粒状的黄瓜种子，归入税目12.09；主要用作香料、药料、杀虫、杀菌或类似用途的植物及其部分品（包括草、苔藓及地衣）归入税目12.11；供编结用的植物及其部分品，归入税目14.01。

（二）菊苣及其制品

如果所报验的菊苣植物及其根不用作蔬菜，归入税目06.01；如果所报验的菊苣植物及其根作可食用蔬菜，归入税目07.05；作咖啡代用品的原生态的未焙制的菊苣根，归入税目12.12；制成咖啡代用品的菊苣植物（含咖啡成分），归入税目09.01；制成咖啡代用品的菊苣植物（不含咖啡成分），归入税目21.01。

知识点二　蔬菜产品归类要点

第七章的蔬菜，不论是否鲜、冷、冻（未烹煮、蒸过或水煮）、干（包括脱水、蒸干或冻干）或经临时保藏处理，即为初级加工状态，归入第七章；如果超出了规定的加工范围，即为深度加工，归入第二十章。例如，冷冻的马铃薯，归入税目07.10；烤马铃薯，归入第二十章；蔬菜粉归入税目07.12，但税目07.13、07.14所列产品的粉应归入第十一章相对应的税目。需要注意的是，某些干制或研粉的蔬菜，虽有时用作香料，但仍归入税目07.12。以马铃薯为例，了解蔬菜的归类要点，如图3-5所示。

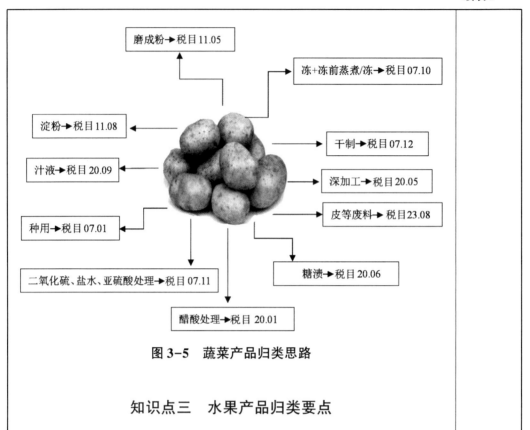

图3-5 蔬菜产品归类思路

知识点三 水果产品归类要点

第八章包括通常供人食用（不论是报验时即可食用或经加工后方可食用）的水果、坚果及柑橘属果皮或甜瓜（包括西瓜）皮。它们可以是新鲜的（包括冷藏的）、冻的（不论是否事先蒸过、用水煮过或含有甜物质）或干制的（包括脱水、蒸干或冻干），也可以作不适合直接食用的暂时保藏（例如，使用二氧化硫气体、盐水、亚硫酸水或其他防腐液），即为初级加工方式，需要注意的是，冷藏的水果应按照鲜果进行归类。若超出规定的加工范围，则为深度加工，应归入第二十章。水果中有多种化学物质，也可进行多种加工方式，例如制成果粉、苹果醋饮品等，此部分归类需要综合多章归类知识。

续表 3

（一）成分归类

以苹果为例，了解水果的归类思路要点，如图 3-6 所示。

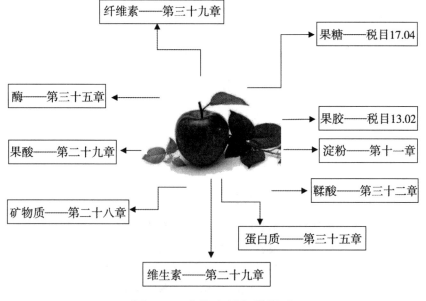

纤维素——第三十九章

果糖——税目17.04

酶——第三十五章

果胶——税目13.02

果酸——第二十九章

淀粉——第十一章

鞣酸——第三十二章

矿物质——第二十八章

蛋白质——第三十五章

维生素——第二十九章

图 3-6　水果产品归类思路

（二）加工归类

需要注意的是，税目 07.13 所述的"干果"，原料来自税目 08.07 至 08.10，其中"什锦坚果或干果"包括第七章各种坚果或干果的混合品（包括归入同一税目的坚果或干果的混合品）。因而税目 07.13 包括鲜或干的什锦坚果、什锦干果（坚果除外）以及鲜或干的坚果与干果的混合品。这些什锦果品报验时常采用盒子、纤维袋等包装。某些干果或什锦干果可包装为草本植物浸泡剂或草本植物"茶"（例如，用小香袋包装），归入税目 07.13。

税目 07.13 不包括由税目 07.13 的一种或多种干果与其他章的植物或植物部分品，或与一种或多种植物精汁等其他物质组成的混合物，上述混合物一般归入税目 21.06。

3-1 // 第二类 植物产品（二）

课题名称	第二类 植物产品（二）	签到	
学习目标	1. 查阅资料，了解茶产品及咖啡产品的商品学知识 2. 掌握混合调味香料、茶及咖啡的归类原则 3. 掌握其他植物产品（谷物、粉类及天然胶类产品）归类原则		
学习重点	灵活运用混合调味香料的归类原则进行归类		
学习时间		学习札记	

知识点一 咖啡及其制品归类要点

咖啡产品种类繁多，在商品归类时应考虑其加工方式以归入第九章或第二十一章。第九章包括各种形状的生咖啡，例如，从灌木采集下来的浆果，带淡黄色皮的整粒咖啡豆或籽，去皮咖啡豆或籽，将生咖啡豆浸入各种溶剂提取了咖啡因的咖啡，已焙炒咖啡（含或不含咖啡因），咖啡壳及咖啡皮，以及含有任何比例咖啡的咖啡代用品。具体归类参考如下：

咖啡——税目09.01；咖啡种子——税目09.01；咖啡粉——第九章；咖啡蜡——税目15.21；速溶咖啡——商品编码2101.1100；2合1咖啡——商品编码2101.1200；咖啡伴侣——商品编码2106.9090；含咖啡的咖啡代用品——商品编码0901.9020。

不含咖啡的咖啡代用品——商品编码2101.3000；咖啡浓缩精汁——商品编码2101.1100。

知识点二 茶产品归类要点

税目09.02主要包括从茶属（山茶属）植物获得的各种不同的茶，包括部分发酵的茶（例如，乌龙茶）、茶花、茶芽、茶渣、结成小球或小片的茶末（叶、花、芽的碎末）以及压制成各种形状和尺寸的茶。在蒸制过程（例如，发酵过程）加入精油（例如，柠檬油或佛手柑油）、人造香精（可呈晶体状或粉末状）、各种芳香植物的某部分或果实（例如，茉莉花、干橙皮或干丁香）的茶，也归入该税目。

在生活中，有些产品名称中带有"茶"，但实质却非名称中税目09.02所规定的茶品种。供制草本植物浸泡剂或草本植物"茶"的产品，应归入税目08.13、09.09、12.11或21.06等。例如，菊花茶——税目12.11；减肥茶——税目21.06；大麦茶——税目19.04；茶饮料——税目22.02；

续表1

人参茶——税目21.06；茶精汁——税目21.01。

税目09.02中的茶可以根据发酵程度分为六种颜色，各颜色茶包含品类较多。

绿茶包括炒青绿茶、烘青绿茶、晒青绿茶、蒸青绿茶。

炒青绿茶：眉茶（炒青、特珍、珍眉、凤眉、秀眉、贡熙等）；珠茶（珠茶、雨茶、秀眉等）；细嫩炒青（蒙顶甘露、龙井、大方、碧螺春、雨花茶等）。

烘青绿茶：普通烘青（浙烘青、闽烘青等）；细嫩烘青（毛峰、太平猴魁等）。

晒青绿茶：川青、滇青、陕青等。

蒸青绿茶：煎茶、玉露等。

黄茶包括黄芽茶、黄小茶、黄大茶。

黄芽茶：蒙顶黄芽、君山银针等。

黄小茶：北港毛尖、沩山毛尖、平阳黄汤等。

黄大茶：霍山黄大茶、广东大叶青等。

白茶包括白芽茶、白叶茶。

白芽茶：主要是指白毫银针等。

白叶茶：主要是指白牡丹、贡眉等。

青茶指乌龙茶。

闽北乌龙：武夷岩茶（大红袍）、水仙、黄肉桂、奇兰、八仙等。

闽南乌龙：铁观音等。

阿里山高山茶：阿里山青心乌龙茶、阿里山极品金萱茶等。

广东乌龙：凤凰单枞、凤凰水仙、岭头单枞等。

台湾乌龙：冻顶乌龙，包种、东方美人等。

红茶包括小种红茶、工夫红茶、红碎茶。

小种红茶：正山小种、烟小种。

工夫红茶：川红（金甘露、红甘露等）、祁红、滇红、闽红（金骏眉等）等。

红碎茶：叶茶、碎茶、片茶、末茶。

黑茶包括湖南黑茶、湖北老青茶、四川边茶、滇桂黑茶、陕西黑茶。

湖南黑茶：安化黑茶等。

湖北老青茶：蒲圻老青茶等。

四川边茶：南路边茶、西路边茶等。

滇桂黑茶：六堡茶、普洱熟茶等。

陕西黑茶：泾渭茯茶等。

知识点三　混合调味香料归类原则

混合调味香料的归类主要参考第九章注释一，其中有多种调味香料混合之后如何进行归类的解释。税目 09.04 至 09.10 所列产品的混合物，应按下列规定归类：同一税目的两种或两种以上产品的混合物仍应归入该税目；不同税目的两种或两种以上产品的混合物应归入税目 09.10。税目 09.04 至 09.10 的产品如果添加了其他物质，所得的混合物保持了原产品的基本特性的，其归类应不受影响。

这一规定主要适用于加有以下物质的调味香料及混合调味香料：稀释剂（干剂）（例如，谷物粉、面包干粉、右旋糖等），便于调制食品时确定所加分量及香料均匀度；食物着色剂（例如，叶黄素）；增强香料味道的物质（增效剂）（例如，谷氨酸钠）；盐或化学抗氧剂等，通常少量加入，用以保存香料并延长其调味效力。

加有本身有调味作用的其他章所列物质的调味香料（包括混合调味香料），如果所加物质分量并不影响其调味香料的基本特征，仍应归入第九章。

基本特性已经改变的，不应归入第九章；构成混合调味品的，应归入税目 21.03。

例 1　由 30% 的胡椒粉、70% 的辣椒粉混合而成的调味香料。

例 2　由 50% 的辣椒粉、50% 的胡椒粉混合而成的调味香料。

例 3　由 50% 的肉桂粉、50% 的丁香粉混合而成的调味香料。

例 4　由 35% 的芥末粉、25% 的辣椒粉、40% 的食用盐混合而成的调味香料。

分析　例 1，由于胡椒粉和辣椒粉都在税目 09.04 中，辣椒粉所占分量重，故应按照辣椒粉进行归类。例 2，胡椒粉和辣椒粉所占比重相同，按照从后归类原则，由于辣椒粉的商品编码排在胡椒粉的商品编码之后，故应按照辣椒粉进行归类。例 3，由于肉桂粉与丁香粉都在第九章，但所在税目不同，根据章注释的归类原则，应该归入税目 09.10。例 4，芥末粉在第二十一章，辣椒粉在第九章，食用盐在第二十五章，不同章节税目的商品混在一起且基本特征已经改变，故应归入税目 21.03。

续表 3

知识点四　其他植物产品归类要点

（一）谷物产品

没有经过深度加工的谷物产品，可归入第十章；经过深度加工的，应考虑归入第十九章。已去壳的谷物应归入第十一章，但去壳、碾磨、磨光、上光、半熟或破碎的稻米仍应归入税目 10.06。第十章包括的谷物，不论是否成捆或成穗，从未成熟的谷类植物打下的带壳谷粒均按普通谷粒归类。新鲜谷物（第七章的甜玉米除外），不论是否适合作蔬菜用，均归入第十章。

（二）谷物粉

谷物粉可分为细粉、粗粉，需要根据章注释进行区分。其中需要结合淀粉含量和灰粉含量判定是否应该归入第十一章，再通过 315 微米孔径金属丝网筛过筛或者 500 微米孔径金属丝网筛过筛最终确定归入细粉还是粗粉。第十一章的谷物粉分布，如图 3-7 所示。

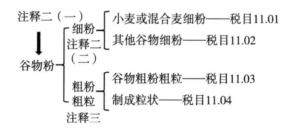

图 3-7　第十一章谷物粉分布情况

（三）税目 12.11

税目 12.11 包括主要用作香料、药料、杀虫、杀菌、杀寄生虫或类似用途的植物产品。它们可以是完整的植物、苔藓或地衣，也可以是部分品，例如，木、皮、根、梗、叶、花朵、花瓣、果实及子仁（税目 12.01 至 12.07 的含油子仁及果实除外），还可以是机械处理后所剩的废料。上述产品，不论鲜、冷、冻、干、完整、切割、捣碎、磨碎、研粉或去壳，均归入该税目。用酒精浸渍的这些产品也同样归入该税目。在其他税目列名更为具体的植物产品，即使其适于用作香料、药料等，也不归入该税目，例如，柑橘属果皮（税目 08.14）、香草豆、丁香、茴芹子、八角茴香及第九章的其他产品，啤酒花（税目 12.10）、菊苣根（税目 12.12）、天然树胶、树脂、树胶脂及香树脂（税目 13.01）。需要注意的是，税目 12.11 的产品，若虽未混合但已制成一定剂量或作为零售包装的（不论是否治疗或预防疾病用），或零售包装作为香料产品、杀虫药、杀菌剂或类似产品出售的，或

者已经过混合的，应酌情归入税目 30.03、30.04、33.03 至 33.07、38.08 中。例如，已经制成片剂的甘草，20 片/盒，应按照成药归入税目 30.04。 （四）胶类 　　天然的树胶、虫胶应归入第十三章，但化学类的胶应归入第三十五章，天然的橡胶应归入第四十章。在第十三章中，甘草浸膏和罂粟秆的浓缩物应该考虑其含量才能最终进行归类。例如，按重量计蔗糖含量在 10% 以上或制成糖食的甘草浸膏（税目 17.04），按重量计蔗糖含量在 10% 及以下的甘草浸膏（税目 13.02），按重量计生物碱含量不低于 50% 的罂粟秆的浓缩物（税目 29.39），按重量计生物碱含量低于 50% 的罂粟秆的浓缩物（税目 13.02）。 （五）编结用的原材料 　　编结用的原材料主要包括：竹子、藤、芦苇及灯芯草、柳条、酒椰叶、带穗或不带穗的谷物草秆等，不包括主要用于制造纺织品的植物材料（不管如何制过）及其他加工成纺织材料用的植物物料（第十一类）。如果将第十四章的编结原料制成编结品，则应归入第四十六章中相对应的税目，例如，竹编的凉席，应归入税目 46.01，竹编结而成的纸篓，应归入税目 46.02。	

3-2　第三类　动、植物或微生物油、脂及其分解产品；精制的食用油脂；动、植物蜡

课题名称	第三类　动、植物或微生物油、脂及其分解产品；精制的食用油脂；动、植物蜡	签到	
学习目标	1. 查阅资料，了解油类及其制品商品学知识 2. 掌握化学改性油、变性油的归类要点，掌握混合油注意事项 3. 学会运用本部分所学归类思路对油类相关产品归类		
学习重点	灵活运用所学知识对混合油、改性油、变性油类产品归类		
学习时间			学习札记
	### 知识点一　油类制品归类要点 　　第十五章的油主要包括动、植物油或微生物、脂，不论是否初榨、纯		

净、精制或用某些方法处理的（例如，熟炼、硫化或氢化）；从油、脂所得的某些产品，特别是油、脂的分解产品（例如，粗甘油）；混合食用油、脂（例如，人造黄油）。在进行油产品归类时，应该考虑以下几个方面。

1. 是否供人食用？

2. 是否为单一成分？

3. 是否经过化学改性处理？

4. 是否经过化学变性处理？

再进行细化归类，具体如图3-8所示。

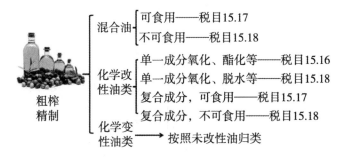

图3-8 油类制品细化分类

以花生油为例，了解油类产品归类流程，如图3-9所示。

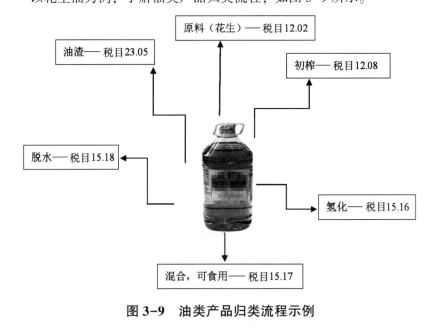

图3-9 油类产品归类流程示例

知识点二 油类产品归类注意事项

（一）第十五章不包括的油产品

第十五章不包括税目 02.09 的未炼制或用其他方法提取的不带瘦肉的肥猪肉、猪脂肪及家禽脂肪；黄油及其他从乳提取的脂和油（税目 04.05）；可可油及可可脂（税目 18.04）；油渣（税目 23.01）；提取植物或微生物油脂所剩的油渣饼、橄榄渣及其他残渣（油脚除外）（税目 23.04 至 23.06）；从油类提取的油膏（税目 40.02）。

（二）化学改性油类

化学改性油类指经加工后改变了化学结构以改善其黏性、干性（即暴露于空气中具有吸氧并形成弹性薄膜的性质）或改变其他性质的动、植物或微生物油、脂及其分离品，但这些产品必须保持其原有的基本结构。

1. 氢化油、脂。所称氢化，是指在适当的温度和压力下并在催化剂（通常为细小镍粒）的存在下使油、脂与纯氢接触，提高脂的熔点及增加油的稠度，使不饱和甘油酯（例如，油酸或亚油酸等的甘油酯）成为高熔点的饱和甘油酯（例如，软脂酸、硬脂酸等的甘油酯）。

2. 相互酯化（或酯基转移）的油、脂。通过适当重排油、脂所含甘油三酯中的脂肪酸根，可以提高油、脂的稠度。使用催化剂可刺激酯的必要相互作用和重排。

3. 再酯化的油、脂（也称酯化油、脂），即用甘油与游离脂肪酸混合物直接合成的或从精制过程中所得酸性油制成的甘油三酯。在甘油三酯中，脂肪酸根的排列与一般的天然油类排列不同。

4. 反油酸油、脂。经过加工，使未饱和脂肪酸根的顺式基本转为相应反式的一种油、脂。

5. 吹制油。通过加热并在油中吹入空气制得的部分氧化及聚合油，用于制造绝缘清漆、仿皮革，与矿物油混合后可制造润滑剂（复合油）。

6. 干性油（如亚麻子油）。在凉的状态下加入了少量干燥剂（例如，硼酸铅、环烷酸锌、树脂酸钴）以提高其干燥性能。这类油在制造涂料和清漆上可替代熟炼油。

（三）税目 15.15 的微生物油脂

其是通过从产油微生物中提取油脂获得的，微生物油脂也被称为单细胞油脂（SCO），是甘油酯的混合物，主要含有多不饱和脂肪酸（例如，花生四烯酸和亚油酸），在室温条件下是液态。

（四）炼油副产品

"油脚"及皂料，应归入税目 15.22；精炼所得的酸性油，应归入税目 38.23，因为酸性油是对精炼初榨油过程中所得的皂料用无机酸分解制得。

4-1	第四类　食品；饮料、酒及醋；烟草及烟草代用品的制品；非经燃烧吸用的产品，不论是否含有尼古丁；其他供人体摄入尼古丁的含尼古丁的产品（一）	

课题名称	第四类　食品；饮料、酒及醋；烟草、烟草代用品的制品；非经燃烧吸用的产品，不论是否含有尼古丁；其他供人体摄入尼古丁的含尼古丁的产品（一）	签到	
学习目标	1. 查阅资料，了解配餐、均化食品及相关商品学知识 2. 掌握配餐的归类原则，体会均化食品的归类思路 3. 学会运用本部分所学归类思路对配餐、均化食品归类		
学习重点	掌握配餐归类原则		
学习时间		学习札记	

知识点一　深加工配餐归类原则

所谓配餐，是指由多种原料构成的产品（例如，香肠）。肉、食用杂碎、动物血、昆虫等经过深加工的配置形成的一种可食用产品，第十六章注释二明确了归类原则，第十六章的食品按重量计必须含有 20% 以上的香肠、肉、食用杂碎、血、昆虫、鱼、甲壳动物、软体动物或其他水生无脊椎动物及其混合物。对于含有两种或两种以上前述产品的食品，则应按其中重量最大的产品归入第十六章的相应税目。但该条规定不适用于税目 19.02 的包馅食品和税目 21.03 及 21.04 的食品。如图 3-10 所示。

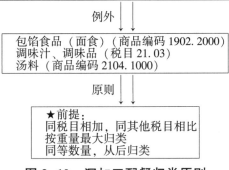

香肠/肉/食用杂碎/血/昆虫/鱼/甲壳动物/软体动物/其他水生无脊椎动物/混合大于 20%（不大于 20%的按其他成分归类）

例外

包馅食品（面食）（商品编码 1902.2000）
调味汁、调味品（税目 21.03）
汤料（商品编码 2104.1000）

原则

★前提：
同税目相加，同其他税目相比
按重量最大归类
同等数量，从后归类

图 3-10　深加工配餐归类原则

例 1　由 40% 的鲱鱼肉与 60% 的卷心菜经配制而成的罐头食品。

续表

例 2 由 15% 的鸡胸肉、15% 的牛肉、70% 的西兰花经烘烤而成的食品。

分析 例 1，罐头食品是由两种材料构成的，分别是肉与蔬菜，罐头属于深加工的方式，如果是鱼肉的深加工，应该归入第十六章，如果是蔬菜的深加工应该归入第二十章。本品不能按照重量最大的卷心菜进行归类，而应按照配餐的归类原则，在鲱鱼的含量已经超过了 20% 的情况下，归入第十六章、税目 16.04。例 2，由于鸡胸肉与牛肉在同一税目中，根据同税目相加的原则，应该合并进行比较，即税目 16.02 的含量占 30%，超过了20%，因此应归入税目 16.02。再分析鸡胸肉与牛肉的含量，按照同等数量，从后归类的原则，最终按照深加工的牛肉，归入商品编码 1602.5090。

知识点二 均化食品归类要点

所谓均化食品，必须按照一定的标准进行分析，共涉及四类均化食品，分别在税目 16.02、20.05、20.07、21.04 中。均化食品必须首先满足前提条件——净重不超过 250 克。其次，也有用途与包装的要求。具体如图 3-11 所示。

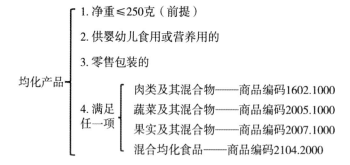

注：为了满足调味、保藏或其他目的，均化食品中可以加入少量其他
配料，还可以含有少量可见的肉粒或食用杂碎粒或昆虫碎粒。

图 3-11 均化产品归类要点

例 1 由沙丁鱼肉 45%、羊肉 30%、牛肉 25% 组成的婴儿食用的食品，制成细腻糊状，零售包装，净重为 250 克。

例 2 密封塑料袋装婴儿均化食品，其中西兰花 30%、胡萝卜 35%、白菜 30%，还有 5% 的其他配料，净重为 250 克。

分析 例 1 满足均化食品的前提条件，也满足用途、包装的条件，其中沙丁鱼肉、羊肉、牛肉都属于肉类，满足"肉类及其混合品"，故应归入商品编号 1602.1000。例 2 由于西兰花、胡萝卜、白菜皆为蔬菜，满足"蔬菜及其混合物"，故应归入商品编码 2005.1000。

4-2	**第四类　食品；饮料、酒及醋；烟草及烟草代用品的制品；非经燃烧吸用的产品，不论是否含有尼古丁；其他供人体摄入尼古丁的含尼古丁的产品（二）**	

课题名称	第四类　食品；饮料、酒及醋；烟草、烟草代用品的制品；非经燃烧吸用的产品，不论是否含有尼古丁；其他供人体摄入尼古丁的含尼古丁的产品（二）	签到	
学习目标	1. 查阅资料，了解糖、可可产品的商品学知识 2. 掌握糖类及其制品归类原则，掌握可可及深加工粉类产品归类原则 3. 掌握饮料、酒、烟产品归类原则		
学习重点	灵活运用归类原则对糖、可可、番茄商品准确归类		
学习时间		学习札记	

知识点一　糖类及其制品归类要点

糖类产品主要分布在第十七章，第十七章不仅包括糖本身（例如，蔗糖、乳糖、麦芽糖、葡萄糖及果糖），还包括糖浆、人造蜜、焦糖、提取或精炼糖时所剩的糖蜜以及糖食。第十七章的固体糖及糖蜜可添加着色剂、香料（例如，柠檬酸或香草精）或人造甜味剂（例如，阿斯巴甜或甜叶菊），只要其仍保留糖或糖蜜的原有特征。但是化学纯糖（蔗糖、乳糖、麦芽糖、葡萄糖及果糖除外）及其水溶液应该归入税目 29.40。同时需要注意以下情况。

1. 商品编码 1701.1300、1701.1400 的甘蔗糖和商品编码 1701.1200 的甜菜糖都是原糖，甘蔗糖是从甘蔗茎部的汁制得，甜菜糖则是通过提取甜菜根部的汁制得。

2. 税目 17.02 的转化糖，是指一般通过水解精制蔗糖溶液制得，按重量计所含葡萄糖和果糖的比例相同。报验时可为固体，也可为胶粘浆状。用于制药、制面包、制蜜饯果品、制人造蜜以及用于酿造业。

3. 税目 17.02 所称"人造蜜"，适用于以蔗糖、葡萄糖或转化糖为基料，通常还加入香料或色料混合制成的仿天然蜂蜜的产品。天然蜂蜜，应归入税目 04.09；天然蜂蜜与人造蜂蜜的混合品，应归入税目 17.02，按照人造蜂蜜进行归类。

4. 税目 17.04 中包括各种不含可可的糖食，以及含糖胶（包括甜味口香糖及类似品）、硬糖（包括含麦精的在内）、硬糖果、口香片、砂糖糖果、果仁糖、软糖、糖衣杏仁、拌砂软糖、蛋白杏仁糖果等。含有可可的糖食和巧克力应归入税目 18.06。由于白巧克力是由糖、可可脂、奶粉及香料组成，不含可可，所以应归入税目 17.04，而不是税目 18.06。

5. 税目 17.04 中的产品是用糖制成的，不含糖的糖食不归税目 17.04。例如，含替代糖的合成甜味剂（例如，木糖醇）的糖果（商品编码 2106.9090）；液体口香糖，清新口气的作用（商品编码 3306.9090）；蔗糖含量在 10% 及以下的甘草浸膏，未制成糖食（税目 13.02）；含可可的糖食（税目 18.06）；糖渍的蔬菜、果实、果皮（税目 20.06）；含糖成分的药品（第三十章）。

6. 奶茶预拌粉，如果其中白砂糖 88%、葡萄糖 12%，归入商品编码 1702.9012；如果其中蔗糖 60%、淀粉 40%，则归入商品编码 2106.9062。

知识点二　可可及深加工粉类产品归类要点

可可及可可制品首先应考虑归入第十八章，包括各种形状的可可（包括可可豆）、可可脂、可可油及任何含量的可可食品。但以下含可可食品不归入第十八章：含可可的酸奶（税目 04.03）；白巧克力（税目 17.04）；按重量计含全脱脂可可在 40% 以下的细粉、粗粉、淀粉或麦精食品，以及按重量计含全脱脂可可在 5% 以下的税目 04.01 至 04.04 所列食品（税目 19.01）；按重量计含全脱脂可可不超过 6% 的膨化或焙炒谷物（税目 19.04）；含可可的糕饼点心、饼干及类似焙烘品（税目 19.05）；含有任何比例可可的冰激凌及其他冰制食品（税目 21.05）；可饮用的含可可饮料，不论是否含酒精（第二十二章）；含可可的药品（税目 30.03 或 30.04）。

需要注意以下情况。

1. 子目 1806.31 所称"夹心"，包括用巧克力包裹，中心有馅（例如，用奶油、糖壳、干椰子肉、水果、果子膏、酒、蛋白杏仁糖果、坚果、牛轧糖、焦糖或上述产品的混合物做馅）的块状或条状食品。谷物、水果或坚果（不论是否成块）嵌于整个巧克力当中的实心块状或条状巧克力，不视为"夹心"。

2. 子目 1806.20 所称"其他散装形状"，包括丸、豆、圆形、粒、球、切片、薄片、碎屑、刨花及类似形状。本子目的产品通常用于生产巧克力产品、烘焙产品、糖食、冰激凌等，或者用于装饰。

知识点三　番茄产品的归类要点

番茄产品可按照加工方式或者制作用途进行划分归类。如果为初级加工，可归入第七章，如果为深加工，一般应该归入第二十章，但应该注意税目 07.10 的规定。除此之外，番茄也可根据用途制成番茄汁、番茄酱、番茄罐头等产品，皆应归入相对应的税目。

例如，鲜的、冷藏的、冷冻的、干的、暂时保藏的（例如，使用二氧化硫气体、盐水、亚硫酸水或其他防腐液保藏的）番茄（第七章）；用醋或醋酸制作或保藏的番茄（税目20.01）；用其他方法制作或保藏的番茄（税目20.02）；干重量在7%及以上的番茄汁（税目20.02）；干重量在7%以下的番茄汁，未发酵或酒精含量不超过0.5%（税目20.09）；发酵或酒精含量超过0.5%的番茄汁（税目22.06）；番茄酱及其他番茄调味汁（税目21.03）；番茄酱罐头（税目20.02）；番茄汤料及其制品（税目21.04）。

知识点四　饮料、烟草归类要点

饮料一般可归入第二十二章，分为四个大类：水、其他无酒精饮料及冰；经发酵的酒精饮料（啤酒、葡萄酒、苹果酒等）；经蒸馏的酒和酒精饮料（利口酒、烈性酒等）及乙醇；醋及其代用品。医疗用的药水应归入税目30.03、30.04。香水或盥洗品应归入第三十三章。液体乳制品（例如，酸奶），应归入第四章。纯的水果汁、蔬菜汁及其混合汁应归入税目20.09。税目20.09中的水果汁和蔬菜汁及其混合汁，必须满足两个条件：未兑水稀释；未经过发酵或添加加酒精，酒精含量不超过0.5%。若兑水稀释，应归入税目22.02；若发酵后酒精浓度超过了0.5%，应归入税目22.06。

税目20.06的发酵饮料及酒精饮料中含有乙醇，这些乙醇是用酵母或其他发酵剂使某些糖发酵得到的。发酵产品随后经提纯（例如，分馏、过滤等）使其失去发酵产品的特征，得到清澈、无色、无泡只有乙醇气味及口味的液体，即税目22.07或22.08的未改性乙醇。

税目22.09的醋是一种酸性液体，它是用任何原料（包括各种糖或淀粉的溶液）经酒精发酵制得的酒精液体，在空气存在下和通常不超过20℃~30℃的恒定温度中，在醋杆菌的作用下，通过醋酸发酵制得。例如，酒醋、啤酒醋、酒精醋。含醋酸重量超过10%的水溶液应归入税目29.15；盥洗用醋应归入税目33.04。

烟草归类首先考虑第二十四章，含烟草、再造烟草、尼古丁、烟草或尼古丁代用品，非经燃烧吸用的产品或其他供人体摄入尼古丁的含尼古丁的产品应归入税目24.04。例如，用于电子烟及类似的个人电子雾化设备的含尼古丁溶液；不同形式的用于烟草加热系统的含烟草或再造烟草的产品；设计用于非加热方式产生可吸入气溶胶的设备的类似产品；通过咀嚼、嗅闻、透皮吸收等方式将尼古丁摄入人体的含尼古丁的产品；一次性电子烟和类似的一次性个人电子雾化设备，集成了用于非经燃烧吸用的产品（例如，电子烟油或凝胶）和传输装置，设计为产品或电池耗尽后即丢弃的商品（不可反复充填或充电）。

5-1 // 第五类 矿产品（一）

课题名称	第五类 矿产品（一）		签到	
学习目标	1. 查阅资料，了解矿产品商品学知识（石棉、云母、稀土金属等） 2. 掌握第五类的分布特点及与其他类的关系，掌握税目 25.30 的归类细节 3. 学会运用本部分所学归类思路对石墨及其相关产品进行归类			
学习重点	灵活运用所学知识对矿类加工方式加以区别并归类			
学习时间			学习札记	

知识点一　第五类的分布特点

第五类主要包括无机矿产品（第二十五章、第二十六章）和有机矿产品（第二十七章）共三章内容，这些产品一般都是直接获得的原产状态或只经过洗涤、粉碎或机械物理精选的块、渣、粉等状态，包括残渣、废料。就加工程度而言，第五类基本为初级加工形式，如果超出这个加工程度需归入第十三类至第十五类对应的税目中。例如，将第二十五章或第二十七章的某些产品深加工——第六十八章；将第二十五章的矿产品深加工后又烧制而得的陶瓷——第六十九章；将第二十五章的产品深加工后又熔融制得的玻璃——第七十章。

第五类产品与第六类、第十一类、第十三类、第十四类产品有其内在的逻辑关系，如图 3-12 所示。

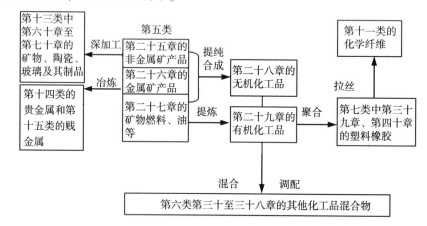

图 3-12　第五类产品与其他类产品的内在逻辑关系

知识点二　加工方式归类要点

一般来说，第二十五章仅包括天然的或经洗涤（包括用化学物质清除杂质但不改变产品本身结构的洗涤）、砸碎、磨碎、研粉、淘洗、细筛、粗筛以及用浮选、磁选或其他机械或物理方法（不包括结晶法）精选的矿产品。该章产品可经加热，以除去水分、杂质或达到其他目的，但此种热处理不应改变产品的化学或晶形结构。除了税目条文有明确规定的以外，其他热处理（例如，焙烧、熔融或煅烧）是不允许的。已经过加工的建筑用石，属于进一步加工的范畴，应归入第六十八章。除此之外，还应该注意以下情况。

1. 天然状态已超出第二十五章注释一所述加工方法的具体列名货品。例如，某些形状的精制硫、陶渣、熟石膏等，仍归入第二十五章。

2. 第二十五章的产品一般都是天然状态的矿，一旦经过提纯加工处理，归入第二十八章。例如，天然硫酸钡（重晶石）归入税目25.11，经过提纯之后，变成硫酸钡（$BaSO_4$），就归入税目28.33；天然碳酸钡（毒重石）归入税目25.11，经过提纯之后，变成碳酸钡（$BaCO_3$），就应归入税目28.36。但是纯氯化钠仍归入税目25.01，纯氧化镁仍归入税目25.19。

知识点三　石墨及税目25.30归类要点

石墨及其产品种类繁多，有天然石墨与人造石墨之分，也有不同的石墨制品之分，故要对石墨及其制品归类，需要综合多个章类的归类知识，如图3-13所示。

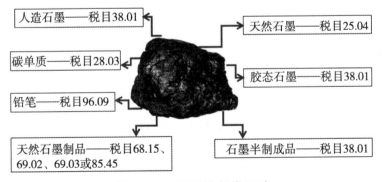

人造石墨——税目38.01
碳单质——税目28.03
铅笔——税目96.09
天然石墨制品——税目68.15、69.02、69.03或85.45

天然石墨——税目25.04
胶态石墨——税目38.01
石墨半制成品——税目38.01

图3-13　石墨的归类思路

税目 25.30 包括产品较多，主要包括未膨胀的蛭石、珍珠岩及绿泥石；不论是否煅烧或混合的土色料；天然云母氧化铁；海泡石（不论是否磨光成块）；琥珀；模制后未经进一步加工的片、条、杆或类似形状的黏聚海泡石及黏聚琥珀；黑玉；菱锶矿（不论是否煅烧），但不包括氧化锶；陶器、砖或混凝土的碎块。

1. 土色料归类，归入该税目的土色料通常为天然混有白色或其他颜色矿物质（特别是氧化铁）的黏土；因其具有着色的特性，所以通常用作颜料。煅烧或各种土色料的混合并不影响这些商品的归类，但需要注意的是三氧化二铁含量的限制：按重量计三氧化二铁含量在 70% 及以上的土色料——商品编码 2821.2000；按重量计三氧化二铁含量在 70% 以下的土色料——商品编码 2530.9099。

2. 矿物学药材，主要包括龙骨、硝石、石燕、雄黄、雌黄等，皆为原料状态，若已经制成零售的药品，应归入第三十章。

3. 稀土金属的矿砂（例如，氟碳铈镧矿、磷钇矿、硅铍钇矿）归入税目 25.30，但该税目不包括独居石及专门用于或主要用于提取铀或钍的其他矿砂（税目 26.12）。

5-2 // 第五类　矿产品（二）

课题名称	第五类　矿产品（二）		签到	
学习目标	1. 查阅资料，了解矿渣、沥青用途的商品学知识 2. 掌握沥青商品的归类要点，矿砂、矿渣及矿灰归类规定 3. 学会运用本部分所学归类思路对矿砂类相关产品归类			
学习重点	灵活运用所学知识对矿砂类产品加以区别并归类			
学习时间			学习札记	

知识点一　矿砂、矿渣及矿灰归类要点

矿砂、矿渣及矿灰主要分布在第二十六章中，所称"矿砂"，适用于含金属矿物，这些矿物与相关的物质共存于矿藏之中并被一起开采出来。同时还适用于在脉石中的天然金属（例如，含金属砂）。税目 26.01 至 26.17 的产品可经过包括物理、物理-化学或化学加工，只要这些工序在提

续表1

炼金属上是正常的。除煅烧、焙烧或燃烧（不论是否烧结）引起的变化外，这类加工不得改变所要提炼金属的基本化合物的化学成分。

税目26.01至26.17仅限于下列金属矿砂及精矿：一是未经非冶金工业正常方法处理的；二是其种类用于冶金工业中提炼第十四类或第十五类的金属、水银及税目28.44所列金属的矿物，即使这些矿物实际上不用于冶金工业。例如，金矿砂可以提炼出贵金属金，而贵金属金应归入第七十一章；铜矿砂可以提炼出贱金属铜，而贱金属铜应归入第十五类；汞矿砂可以提炼出汞，而汞应归入第六类。如图3-14所示。

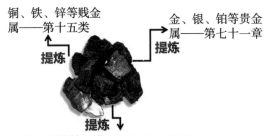

图3-14　金属矿砂及精矿归类要点

但税目26.01至26.17不包括以下矿砂。

其他税目已经列名的，例如，未焙烧黄铁矿（税目25.02）、天然冰晶石及天然锥冰晶石（税目25.27）。

所含金属无商业提炼价值的，例如，土色料、明矾石（税目25.30）、宝石或半宝石（第七十一章）。

报验时为用于提炼镁的矿物，即白云石（税目25.18）、菱镁矿（税目25.19）及光卤石（税目31.04）。

税目25.30的稀土金属矿砂。

知识点二　钢铁冶炼所产生的矿渣归类要点

钢铁冶炼所产生的矿渣主要应归入税目26.18至26.21。税目26.18包括粒状熔渣（熔渣砂），例如，用出高炉后就倒入水中的液体浮渣制得。税目26.19包括的熔渣（高炉渣或转炉渣）是在熔炼铁矿砂时或冶炼生铁或钢时所得的铝、钙或铁的硅酸盐。税目26.21包括不归入税目26.18、26.19或26.20的熔渣及矿灰，这些渣、灰可通过加工矿砂或冶炼金属所得，也可通过加工其他材料或用其他方法所得。但在实际归类中，矿渣类产品较多，具体归类情况需要综合判定。

例如，粒状熔渣（溶渣砂）——税目 26.18；粒状熔渣以外的熔渣、浮渣——税目 26.19；氧化皮及其他废料——税目 26.19；筑路用的矿渣、浮渣——税目 25.17；矿渣水泥——税目 25.23；制成矿渣棉、泡沫矿渣——税目 68.06；碱性熔渣（肥料）——税目 31.03；钢铁剪切等加工过程中产生的钢铁废碎料——税目 72.04；主要含有石油的石油储罐的淤渣——税目 27.10。

知识点三　沥青产品归类要点

沥青及其制品品类众多，但主要以第二十七章的沥青为主。例如，税目 27.08 所包括的沥青是蒸馏高温煤焦油或其他矿物焦油时所剩的一种残余物，它含有少量的重焦油，为黑色或棕色，质地柔软或易碎，用于制造电极、铺路焦油、防水混合物或黏聚煤粉等。经吹气氧化稍为改性的沥青与未吹气沥青相似，仍归入税目 27.08。天然沥青（地沥青）、沥青页岩、油页岩及焦油砂应归入税目 27.14。

以下沥青不归入第二十七章：甘油沥青，硬脂沥青（税目 15.22）；沥青碎石，铺路用（税目 25.17）；植物沥青（税目 38.07）；沥青的制品（包括成卷的沥青）（税目 68.07）；沥青涂料及清漆（税目 32.10）；啤酒桶沥青（税目 38.07）。

6-1　第六类　化学工业及其相关工业的产品（一）

课题名称	第六类　化学工业及其相关工业的产品（一）	签到	
学习目标	1. 查阅资料，了解有机化学品与无机化学品的商品学知识 2. 掌握第二十八章、第二十九章整体归类流程、原则 3. 学会运用本部分所学归类思路对有机、无机商品进行归类		
学习重点	掌握第六类化工产品的优先归类原则及有机无机产品归类规定		
学习时间			学习札记

续表1

知识点一　化工产品归类综述

（一）优先归类问题

化工类产品首先需要掌握优先归类问题。优先归类可分两种方式，一是，在章节中优先归类。例如，下文涉及的第三十一章的化肥的归类——制成片或者每包毛重不超过 10 千克的化肥，优先归入商品编码 3105.1000。二是，在整个《协调制度》中的优先归类。《协调制度》第六类注释一规定了，凡符合税目 28.44 或 28.45 规定的商品（放射性矿砂除外），应分别归入这两个税目而不归入其他税目。除另有规定的外，凡符合税目 28.43、28.46 或 28.52 规定的货品，应分别归入以上税目。

除另有规定的外，凡由于按一定剂量或作为零售包装而可归入税目 30.04、30.05、30.06、32.12、33.03、33.04、33.05、33.06、33.07、35.06、37.07 或 38.08 的货品，应分别归入以上税目。

例如，放射性尿素，应归入税目 28.44，而不是税目 31.01；放射性凡士林，应归入税目 28.44，而不是税目 27.12。也就是说所有放射性化学元素、放射性同位素及这些元素与同位素的化合物（不论是无机或有机，也不论是否已有化学定义），即使本来可以归入《协调制度》的其他税目，也一律归入税目 28.44，此即为优先归类。再如，制成化妆品的凡士林，应归入税目 33.04，而不是税目 27.12。

（二）配套的货品归类

由两种或两种以上单独成分配套的货品，其部分或全部成分属于本类范围以内，混合后构成第六类或第七类的货品，则应按混合后产品归入相应的税目。其组成成分必须符合下列条件：其包装形式足以表明这些成分不需经过改装就可一起使用的；一起报验的；这些成分的属性及相互比例足以表明是相互配用的。需要注意的是，由两种或两种以上独立组成成分（部分或全部归入第六类）组成的配套货品，如果组成成分不需事先混合而是逐个连续使用的，则不属于归类规定范围。制成零售包装的这类货品，应按《协调制度》归类总规则进行归类；那些未制成零售包装的，分别归类。

知识点二　无机产品归类要点

第二十八章包括绝大部分无机化学品及少数有机化学品。其税目结构按商品的分子结构从简单到复杂排列，即按元素、无机酸及非金属无机氧化物、非金属卤化物及硫化物、无机碱和金属氧化物、氢氧化物及过氧

续表 2

化物、无机酸盐、无机过氧酸盐及金属酸盐、金属过氧酸盐、杂项产品的顺序排列。如图 3-15 所示。

分章
- 第一分章　化学元素——税目28.01至28.05
- 第二分章　无机酸及非金属无机氧化物——税目28.06至28.11
- 第三分章　非金属卤化物及硫化物——税目28.12至28.13
- 第四分章　无机碱和金属氧化物、氢氧化物及过氧化物——税目28.14至28.25
- 第五分章　无机酸盐、无机过氧酸盐及金属酸盐、金属过氧酸盐——税目28.26至28.42
- 第六分章　杂项产品——税目28.43至28.53（优先归类）

图 3-15　矿渣类产品归类要点

由于第二十八章税目较多，分章较多，针对无机产品可以按照"性质分析→注释→化学式结构→税目分析"的顺序进行归类。

例 1　硫酸铵 $[(NH_4)_2SO_4]$，符合化学定义，肥料用。

分析　硫酸铵属于无机化学品——第六类第二十八章→硫酸铵属于肥料——第三十一章→第二十八章注释三（三）规定→硫酸铵应归入商品编码 3102.2100。

例 2　氧氯化磷 $POCl_3$，符合化学定义，化学实验用。

分析　氧氯化磷属于无机化学品——第六类第二十八章→类注释、章注释无任何排除说明→非金属（P）+氧（O）+卤族（Cl）= 非金属卤氧化物——税目 28.12→氧氯化磷应归入商品编码 2812.1200。

例 3　氯化银（$AgCl$），符合化学定义，化学实验用。

分析　氯化银属于无机化学品——第六类第二十八章→类注释、章注释无任何排除说明→贵金属（Ag）+卤族（Cl）= 金属卤化物——税目 28.27 或 28.43→根据本章归类规则，第六分章优先归类→氯化银应归入商品编码 2843.2900。

知识点三　有机产品归类要点

总的来说，第二十九章仅限于单独的已有化学定义的化合物。单独的已有化学定义的化合物是由一分子种类（例如，通过共价键或离子键结合）组成的物质，此种物质的各种组成元素的比例是固定的，且可以用确定的结构图进行表示。

（一）不属于单独的已有化学定义的化合物，但仍归入第二十九章的产品

过氧化酮（税目29.09）；环聚醛、多聚甲醛（税目29.12）；多聚甲醛（税目29.12）；乳磷酸盐（税目29.19）；卵磷脂及磷氨基类脂（税目29.23）；核酸及其盐（税目29.34）；维生素原及维生素（包括浓缩物及相互混合物），不论是否溶于溶剂（税目29.36）；激素（税目29.37）；苷及其衍生物（税目29.38）；植物碱及其衍生物（税目29.39）；糖醚、糖缩醛及糖酯以及它们的盐（税目29.40）；抗生素（税目29.41）。

（二）不包括在第二十九章内的单独的已有化学定义的化合物

蔗糖（税目17.01）；乳糖、麦芽糖、葡萄糖及果糖（税目17.02）；乙醇（税目22.07或22.08）；甲烷及丙烷（税目27.11）；免疫制品（税目30.02）；尿素（税目31.02或31.05）；动、植物着色料（例如，叶绿素）（税目32.03）；合成有机染料（包括颜料）以及用作荧光增白剂的合成有机产品（税目32.04）。

（三）某些原应归入第二十九章的单独的已有化学定义的有机产品

如果制成一定形状或经过某些不改变其化学成分的处理后，就不能再归入第二十九章。例如，制成一定剂量或零售形状或包装的治疗或预防疾病用的产品（税目30.04）；经过处理使其发光后用作发光体的产品（税目32.04）；制成零售形状或包装的染料及其他色料（税目32.12）；制成零售形状或包装的香水、化妆品及盥洗品（税目33.03至33.07）；制成净重不超过1千克的零售包装胶或胶粘产品（税目35.06）；制成标准份额或零售形式供摄影用的氢醌及其他未混合产品（税目37.07）；制成税目38.08所列形式的消毒剂、杀虫剂等；制成零售包装的除墨剂（税目38.24）。

（四）第二十九章注释三归类说明

注释三规定可以归入本章两个或两个以上税目的货品，应归入有关税目中的最后一个税目。例如，抗坏血酸和烯丙雌醇的归类就需要遵循本归类原则，如图3-16所示。

抗坏血酸
　可作为内酯归类至税目29.32
　可作为维生素归类至税目29.36

烯丙雌醇
　可作为环醇归类至税目29.06
　可作为激素归类至税目29.37

图3-16　抗坏血酸和烯丙雌醇归类要点

6-2 // 第六类 化学工业及其相关工业的产品（二）

课题名称	第六类　化学工业及其相关工业的产品（二）	签到	
学习目标	1. 查阅资料，了解中药、西药以及化学肥料的商品学知识 2. 掌握药品的归类流程，掌握肥料及鞣料、着色料归类细则 3. 学会运用本部分所学归类思路对药品、肥料进行归类		
学习重点	灵活运用本部分归类原则对肥料、药品进行归类		
学习时间		学习札记	

知识点一　药品归类原则

药品归类需要确认是原药还是成品药，是中药还是西药，是否零售包装等要素，所以在将药品进行归类时需要仔细查看药品说明，以准确归类。具体步骤如图 3-17 所示。

药品归类流程
- 第一步　确定原药——中药？西药？
- 第二步　确定用途——预防？治疗？
- 第三步　综合归类——税目30.03？税目30.04？

图 3-17　药品归类流程

在进行归类时，需要判断是归入税目 30.03 还是税目 30.04。两种或两种以上成分混合而成的治病或防病用药品（不包括税目 30.02、30.05 或 30.06 的货品），未配定剂量或制成零售包装，应归入税目 30.03；由混合或非混合产品构成的治病或防病用药品（不包括税目 30.02、30.05 或 30.06 的货品），已配定剂量（包括制成皮肤摄入形式的）或制成零售包装，应归入税目 30.04。税目 30.03 或 30.04 虽然都是成品药，但是需要根据是否零售包装等因素做区分，具体思路如图 3-18 所示。

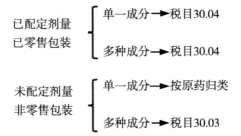

图3-18　成品药归类思路

例　复方醋酸地塞米松乳膏。主要成分为醋酸地塞米松（92%）、薄荷脑、樟脑，辅料为羟苯乙酯、香精。适用于过敏、皮炎，止痒速度快，涂感清凉。用法用量：皮肤外用；取少量涂于患处，并轻揉片刻；一日1~2次，病情较重或慢性炎症患者，每日5~8次或遵医嘱。长期使用，皮肤会出现萎缩纹。20克/支，国药准字H44024170。

分析　"20克/支"说明此药已经配定剂量，且有多种成分，但主要是由地塞米松西药原药构成，故应选择税目30.03。再根据西药原药一般为第二十九章，在第二十九章可以查到地塞米松属于含有皮质（缁）类激素的卤化衍生物，归入商品编码3004.3200。

需要注意，第三十章的药品不包括以下内容。

动物性药品原料（税目05.10）；植物性药品原料（税目12.11）；矿物药材（税目25.30）；西药原药（第二十九章）。

滋补饮料及矿泉水（第二十二章）；供静脉摄入用的滋养品（税目30.03或30.04）。

含尼古丁并用于帮助吸烟者戒烟的产品，例如，片剂、咀嚼胶或透皮贴片（税目24.04）。

税目33.03至33.07的化妆品及盥洗用品都是工业合成的，不论是否具有治疗及预防作用，例如，香水、牙膏、护发品、护肤霜等。

适合医药用的精油水馏液及水溶液（税目33.01）。

加有药料的肥皂（商品编码3401.1100）。

以熟石膏为基本成分的牙科用制品（税目34.07）。

营养品、糖尿病食品、强化食品、保健食品（商品编码2106.9090）。

经特殊煅烧或精细研磨的牙科用熟石膏（税目25.20）。

不作治疗及预防疾病用的血清蛋白（税目35.02）；诊断试剂（税目38.22）。

知识点二　肥料产品归类原则

肥料分为天然肥料和矿物化学肥料两大类，在实际生活中，多以复合肥的方式出现。在第三十一章中，需要区分是单一肥料还是复合肥料，以及参考第三十一章注释和相对应的税目掌握氮肥、磷肥、钾肥具体包含哪些。其中商品编码 3105.1000 提及的"制成片及类似形状或每包毛重不超过 10 千克的本章各项货品"具有在该章中的优先归类权，但是仅仅局限于该章的相关产品，如图 3-19 所示。

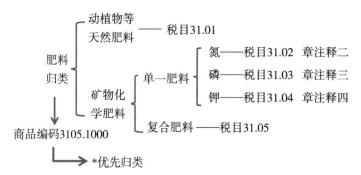

图 3-19　肥料产品归类思路

归入第三十一章的配料产品要注意以下事项。

没有列名的化学产品，即使能够用作肥料，也不归入该章。例如，可作为肥料用的泥煤，应归入税目 27.03；可作为肥料用的氯化铵，应归入税目 28.27。

已列名的化学产品，即使不用作肥料，仍然归入第三十一章。例如，作为铺路用的碱性熔渣（在碱性熔炉或碱性转炉中用磷铁炼钢时所得的副产品），应归入税目 31.03；化学实验用的纯氯化钾，应归入税目 31.04。

不包括用于改良土壤，而非使土壤肥沃的产品。例如，石灰（税目 25.22）；泥灰及沃土，不论是否天然含有少量的肥效元素氮、磷或钾（税目 25.30）；泥煤（税目 27.03）。

不包括适用于种子、植物或土壤中用以帮助种子发芽及植物生长的微量营养素制品。它们可含有少量的肥效元素氮、磷、钾，但不作为基本成分（例如，税目 38.24）。

不包括已制成的植物生长培养介质。例如，盆栽土，以泥煤、泥煤与砂的混合物、泥煤与黏土的混合物（税目 27.03）或泥土、砂、黏土等的混合物（税目 38.24）为基料制成。所有这些产品均可含有少量的氮、磷或钾。

知识点三　鞣料、着色料归类要点

鞣料、着色料一般可归入第三十二章，该章包括用于鞣制及软化皮革的制剂（植物鞣膏、合成鞣料以及人造脱灰碱液），植物、动物或矿物着色料及有机合成着色料，用这些着色料制成的大部分制剂（油漆、陶瓷着色颜料、墨水等），以及清漆、干燥剂及油灰等各种其他制品。着色料分为颜料和染料两大类，其中零售包装的着色料优先归入商品编码3212.9000。鞣料分为植物鞣料和合成鞣料两大类，具体如图3-20所示。

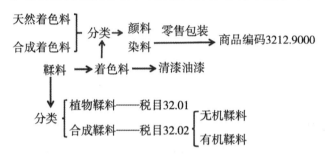

图3-20　鞣料归类思路

（一）混合组分情况

税目32.08至32.10的某些油漆及清漆或税目32.14的胶粘剂，各种混合组分或某些添加组分（例如，硬化剂）必须在使用时才进行调配的，其组分若符合下列条件仍应归入上述税目：

1. 其包装形式足以表明这些成分不需经过改装就可一起使用；

2. 一起报验；

3. 这些成分的属性及相互比例足以表明是相互配用。

（二）第三十二章注释四说明

税目32.08包括由税目39.01至39.13所列产品溶于挥发性有机溶剂的溶液（胶棉除外），但溶剂重量必须超过溶液重量的50%。

溶液由溶质与溶剂构成，在溶剂为挥发性有机溶剂的情况下，溶剂重量超过溶液重量的50%时，也就是溶剂超过溶质重量时，应归入税目32.08。如图3-21所示。

溶液 = 溶质 + 溶剂

溶质 > 溶剂 ──▶ 税目32.08

溶质 ≤ 溶剂 ──▶ 税目39.01至39.13

图3-21　溶液归类思路

> **例 1** 溶于挥发性有机溶剂中的聚乙烯,按重量计,聚乙烯占溶液重量的 30%,出口时未经过其他加工处理。
>
> **例 2** 溶于挥发性有机溶剂中的聚乙烯,按重量计,聚乙烯占溶液重量的 60%,出口时未经过其他加工处理。
>
> **分析** 例 1,聚乙烯为溶剂,重量占比为 30%,说明溶剂重量占比为 70%,溶质未超过溶剂,故应归入第三十九章。例 2,聚乙烯的重量占比为 60%,即溶质超过溶剂,故应归入第三十二章。
>
> **(三) 对于某些因具有两种或多种使用方法而可归入不同子目的有机合成着色料的归类规则**
>
> 报验时处于既可用作瓮染料也可用作颜料的,应按瓮染料归入子目 3204.15。
>
> 其他可归入子目 3204.11 至 3204.18 中两个或多个具体列名子目的,应按顺序归入其可归入的最后一个子目。
>
> 既可归入子目 3204.11 至 3204.17 中的某一具体列名子目又可归入子目 3204.19 "其他" 项下的有机合成着色料,应归入具体列名的有关子目项下。
>
> 有机合成着色料混合物及以其为基本成分的制剂应按下列原则归类:归入同一子目的两种及以上产品的混合物,应归入相同的子目内;归入不同子目 (子目 3204.11 至 3204.19) 的两种及以上产品的混合物,应归入子目 3204.19 "其他" 项下。

7-1 第六类 化学工业及其相关工业的产品(三)

课题名称	第六类 化学工业及其相关工业的产品(三)		签到	
学习目标	1. 查阅资料,了解化妆品、胶类、蜡商品学知识 2. 掌握化妆品、蜡产品、胶产品的归类要点细节 3. 学会运用本部分所学归类思路对相关产品归类			
学习重点	灵活运用章注释的说明对蜡、胶相关化工类产品归类			
学习时间			学习札记	

知识点一 化妆品归类总结

化妆品一般应该归入第三十三章——由七个税目构成,可具有某些药效特征，但不是专门用来治疗某些疾病。室内除臭剂，即使其消毒性能已超出辅助作用，仍应归入税目 33.07。税目 33.01 的精油及提取的油树脂全部是从植物材料中提取制得的。税目 33.03 至 33.07 包括适合作这些税目所列用途的零售包装产品，不论是否混合（精油水馏液及水溶液除外）。税目 33.01 提及 " 精油（无萜或含萜），包括浸膏及净油；香膏；提取的油树脂；用花香吸取法或浸渍法制成的含浓缩精油的脂肪、固定油、蜡及类似品 "，精油、浸膏、净油、香膏有其内在逻辑，如图 3-22 所示。

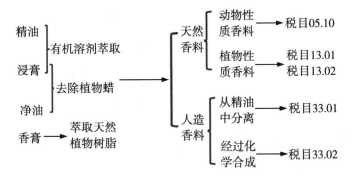

图 3-22　精油、浸膏、净油、香膏归类思路

第三十三章不包括以下内容。

1. 凡士林，但制成零售包装供润肤用的除外（税目 27.12）。

2. 具有芳香料制品、化妆品或盥洗品等辅助用途的药品（税目 30.03 或 30.04）。

3. 用于人类或兽药的凝胶制剂，作为外科手术或体检时躯体部位的润滑剂，或者作为躯体和医疗器械之间的耦合剂（税目 30.06）。

4. 肥皂及用肥皂或洗涤剂浸渍、涂布、包覆的纸、絮胎、毡呢及无纺织物（税目 34.01）。

5. 电动牙刷（税目 85.09），非电动牙刷（税目 96.03），指甲锉（税目 82.14）。

知识点二　蜡类产品归类规则

一般情况下，蜡可以归类至多章。例如，经过化学改性的蜡（包括动植物蜡、矿物蜡）应归入税目 34.04；合成的矿物蜡包括其混合品应归入税目 27.12；混合而成的蜡应归入税目 34.04。如图 3-23 所示。

续表 2

图 3-23　蜡类产品归类思路

税目 34.04 所称"人造蜡及调制蜡"，仅适用于以下商品。

1. 由化学法制得的具有蜡特性的有机产品，不论是否水溶性。

2. 将两种或两种以上不同种类的动物蜡、植物蜡、其他蜡或不同种类的蜡（动物蜡、植物蜡或其他蜡）混合而得的产品（例如，不同种类的植物蜡的混合物及某种矿物蜡与某种植物蜡的混合物）。

3. 以一种或多种蜡为基料并含有脂肪、树脂、矿物质或其他物料的具有蜡质特性的产品。

税目 34.04 不包括以下产品。

1. 羊毛脂醇，即使具有蜡质特性（税目 15.05）。

2. 氢化油，即使具有蜡质特性（税目 15.16）。

3. 单独的已有化学定义的有机化合物（第二十九章）。

4. "牙科用蜡"及"牙科造型膏"，成套、零售包装、片状、马蹄形、条状及类似形状的（税目 34.07）。

5. 工业单羧酸脂肪酸及工业脂肪醇，即使具有蜡质特性（税目 38.23）。

6. 不具蜡质特性的甘油单脂肪酸酯、甘油双脂肪酸酯及甘油三脂肪酸酯的混合物（通常归入税目 38.24）。

7. 不具蜡质特性的多氯联苯混合物及氯化石蜡混合物（税目 38.24）。

8. 不具蜡质特性的聚氧乙烯（聚乙二醇）（例如，归入税目 38.24 或 39.07）。

9. 不具蜡质特性的聚乙烯（例如，归入税目 39.01）。

10. 矿物蜡，不论是否相互混合或仅经着色（税目 27.12）。

11. 混合、分散或溶解于液体溶剂的蜡（税目 34.05、38.09 等）。

12. 未混合的动物蜡或未混合的植物蜡，不论是否精制或着色（税目 15.21）。

知识点三　胶类产品归类总结

胶类产品较多，分布在不同的章节，天然树胶、虫胶应归入税目 13.01；天然橡胶该归入第四十章；化学胶水应归入税目 35.06，其中商品编码 3506.1000 有优先归类权，具体表述为"适于作胶或黏合剂用的产品，零售包装每件净重不超过 1 千克"。

续表3

（一）化学胶 化学胶主要有以下几种。 1. 谷蛋白胶，正常方法是通过部分发酵使谷蛋白具有溶解性制得。 2. 用化学方法处理天然树胶而制得的胶或其他黏合剂。 3. 以硅酸盐等为基料的黏合剂。 4. 由橡胶、有机溶剂、填料、硫化剂及树脂的混合物组成的黏合剂。 **（二）不归入税目 35.06 的胶** 1. 沥青胶粘剂（税目 27.15）。 2. 嵌缝胶（税目 32.14）。 3. 铸芯及铸模用的黏合剂（税目 38.24）。 4. 再熔胶、酯胶（税目 38.06）。 5. 粘鸟胶（税目 13.02）。

7-2 　　第六类　化学工业及其相关工业的产品（四）

课题名称	第六类　化学工业及其相关工业的产品（四）	签到	
学习目标	1. 查阅资料，了解照相产品商品学知识（构成原理） 2. 掌握炸药、摄影产品的归类要点 3. 掌握化学杂项类产品的归类要点		
学习重点	灵活运用所学知识对化学杂项类产品进行归类并总结归纳思路		
学习时间		学习札记	

知识点一　炸药等易燃制品归类总结

　　炸药一般应该归入第三十六章，分为发射药和配制炸药，即以本身含有燃烧所必需的氧气并在燃烧中产生大量高温气体为特征的混合物。发射药里包括黑色火药，它是由硝酸钾或硝酸钠、硫及木炭的紧密混合物组成。配制炸药包括硝胺炸药、"乳化"炸药、浆状炸药，归类时需要考虑其构成成分。例如，以硝酸甘油酯（硝化甘油）及乙二醇二硝酸酯（硝化甘醇）为基料的炸药，含有硝化纤维素（火棉）、硝酸铵、泥炭、木粉、氯化钠或铝粒等，应按照配制炸药进行归类，归入税目 36.02。娱乐用烟火制品，例如，鞭炮、摔炮、拉炮，应归入税目 36.04。技术用烟火制品，例如，航海用的遇险信号弹、飞机装备用的照相闪光弹、铁路用的维里闪光信号弹、抗冰雹火箭、抗冰雹弹等都应归入税目 36.04。

以下不归入第三十六章。

1. 单独的已有化学定义的化合物（第二十八章或第二十九章），例如，无机硝酸盐（税目 28.34）、雷酸汞（税目 28.52）、三硝基苯酚（税目 29.08）。

2. 硝化纤维素（火棉）（税目 39.12）。

3. 炮弹引信及弹壳，不论是否带有撞击帽（税目 93.06）。

4. 通过化学发光现象产生彩光效应的物品（税目 38.24）。

5. 照相用闪光灯材料（税目 37.07）。

6. 三硝基甲苯（税目 29.04）。

知识点二　摄影相关产品归类注意事项

摄影相关产品可归入第三十七章，其中的感光硬片、软片、纸、纸板及纺织物均涂有一层或多层对光线、其他具有足够能量使感光材料起必要反应的射线及粒子射线敏感的乳剂，不论其是单色显像还是彩色显像。但某些感光硬片不涂感光乳剂，而是全部或基本由可附于基板上的感光塑料构成。未冲洗的感光纸、纸板及布，不论是否曝光（负片或正片），均应归入第三十七章；冲洗后的则应归入第四十九章或第十一类。照相机归入第八十五章或第九十章，摄像机可归入第八十五章。感光胶卷、胶片，可根据其是否曝光进行归类，如图 3-24 所示。

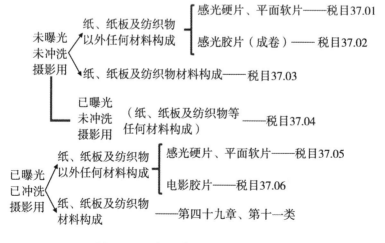

图 3-24　摄影相关产品归类思路

税目 37.07 "摄影用化学制剂（不包括上光漆、胶水、黏合剂及类似制剂）；摄影用未混合产品，定量包装或零售包装可立即使用的"，只有符合下列任一条件下才能归入税目 37.07。如图 3-25 所示。

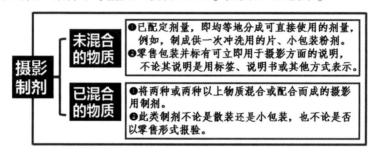

图 3-25　摄影制剂归类思路

凡不按上述方式包装的未混合物质，应按其属性归类（例如，化学品归入第二十八章或第二十九章，金属粉末归入第十五类）。符合税目 28.43 至 28.46 规定的产品（例如，贵金属盐及其他产品），不论如何包装，也不论作何用途，均不归入税目 37.07。例如，零售包装的作为感光乳液的硝酸银（税目 28.43）。

需要注意的是，子目 3707.90 包括用于半导体材料光刻制造的感光塑料树脂溶液，即"光刻胶"。这种产品由聚合物、光敏剂、非水溶剂和各种其他化学品组成。光刻胶用于覆盖在沉积了金属氧化物的硅片上，该硅片最终将被制造成半导体材料。

知识点三　化学杂项产品归类注意事项

第六类化工产品的最后一章的即第三十八章为化学杂项产品，该章无固定的排列逻辑，基本上都是其他章节未涵盖的化学试剂等产品，故在进行化工产品归类时，若无从下手，可考虑归入第三十八章。第三十八章不包括单独的已有的化学定义的元素及化合物（通常归入第二十八章或第二十九章），但人造石墨——税目 38.01，灭火器的装配药及已装药的灭火弹——税目 38.13、每颗重量不低于 2.5 克的氧化镁、碱金属或碱土金属卤化物制成的培养晶体（光学元件除外）——税目 38.24，零售包装的除墨剂——税目 38.24，上述产品即使已有化学定义，仍归入第三十八章。

不归入第三十八章的化学相关品较多。

1. 活性化学产品，例如，活性矾土（税目 28.18）。
2. 鞣料制剂、预鞣用酶制剂（税目 32.02）。
3. 荧光增白剂（税目 32.04）。

4. 呈轻质球形颗粒状的膨胀珍珠岩（税目 68.06）。

5. 护发剂（税目 33.05）。

6. 用于提取贱金属或生产贱金属化合物的废催化剂（税目 26.20）。

7. 胶粘剂（税目 35.06）。

8. 摄像用显影制剂（税目 37.07）。

9. 化学品与食品或其他营养物质的混合物，配制食品用（税目 21.06）。

10. 有机活性表面制剂（税目 34.02）。

11. 石灰石助熔剂（税目 25.21）。

12. 具有药物作用的活性炭，零售包装（税目 30.04）。

13. 陶瓷工业用的着色剂、遮光剂（税目 32.07）。

14. 非耐火涂面制剂（税目 32.14）。

15. 光洁剂（税目 34.05）。

税目 38.22 包含附于衬背上的诊断或实验用试剂及不论是否附于衬背上的诊断或实验用配制试剂，不论是否制成试剂盒形式。其主要产品为试纸类产品，如图 3-26 所示。

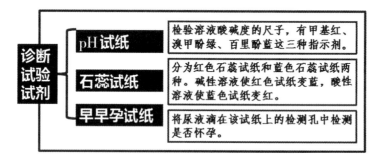

图 3-26 诊断试验试剂归类思路

税目 38.24 包含其他税目未列名的化学工业及其相关工业的化学产品及配制品。涉及的产品较多，特点是均与化学相关，但其他章无列名或章注释说明。例如，碳化钙、碳酸钙及其他材料的混合物，用作炼钢时的一种脱硫剂；工业氧化钼、碳及硼酸的烧结混合物，用作炼钢的合金材料；骨焦油（骨油、动物油），通过干馏骨或反刍类动物的角制得；用钴盐着色的水合硅胶，用作干燥剂，失效时即显示出异样颜色；真空吸气剂，以钡、锆等为基料制成。

税目 38.25 包含化学工业上的副产品及废物。废物或垃圾类产品的归类：城市垃圾——商品编码 3825.1000；焚化城市垃圾所产生的灰、渣——商品编码 2621.1000；医疗废物——商品编码 3825.3000；废药

续表4

品——商品编码 3006.9200；电子电气废弃物及碎料（例如，废电池等——）税目 85.49；废纺织物（例如，废旧衣服等）——税目 63.10。	

8-1 /// 第七类 塑料及其制品；橡胶及其制品

课题名称	第七类 塑料及其制品；橡胶及其制品	签到	
学习目标	1. 查阅资料，了解塑料、橡胶商品学知识 2. 掌握聚合物及其化学改性塑料归类原则，掌握橡胶制品归类细则 3. 学会运用本部分所学归类思路对塑料、橡胶产品归类		
学习重点	塑料聚合物（均聚、共聚）归类原则应用		
学习时间		学习札记	

知识点一 塑料产品归类综述

塑料是以单体为原料，通过加聚或缩聚反应聚合而成的高分子化合物，根据不同的使用特性，通常将塑料分为通用塑料、工程塑料和特种塑料三种类型。通用塑料包括聚乙烯、聚丙烯、聚氯乙烯、聚苯乙烯及丙烯腈-丁二烯-苯乙烯共聚合物。工程塑料包括聚酰胺、聚甲醛、聚碳酸酯、改性聚苯醚。特种塑料包括增强塑料和泡沫塑料。

《协调制度》中所称"塑料"，是指这些材料能够在聚合时或聚合后在外力（一般是热力和压力，必要时加入溶剂或增塑剂）作用下通过模制、浇铸、挤压、滚轧或其他工序制成一定的形状，成形后除去外力，其形状仍保持不变。还应包括钢纸，但不包括第十一类的纺织材料。

第三十九章的塑料分为两个分章，第一分章为初级形状，第二分章为塑料的废碎料及下脚料、半制成品及制成品，故归类时，应先判定属于哪个分章。

"第一分章 初级形状"包含税目 39.01 至 39.14。所称"初级形状"，只限于下列各种形状：液状及糊状，包括分散体（乳浊液及悬浮液）及溶液；不规则形状的块、团、粉（包括压型粉）、颗粒、粉片及类似散装形状。"第二分章 半制成品、制成品"包含税目 39.15 至 39.26。

塑料的命名方式有多种，其表示方式也有所不同，主要包括"均聚命名"和"共聚命名"两种方式，如图 3-27 所示。

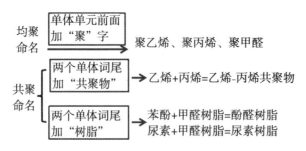

图 3-27 塑料的命名方式

塑料制品较多，需要根据用途与注释的排他条款进行归类。例如，塑料鞋（第三十四章）；塑料制成的帽子（第六十四章）；塑料制成的衣箱、提箱（税目 42.02）；塑料制成的家具、灯具（第九十四章）；塑料制成的鞋靴、帽类、雨伞、阳伞（第十二类）；塑料制成的刷子、纽扣、拉链、梳子（第九十六章）；塑料制成的鞍具及挽具（税目 42.01）；塑料制成的仿首饰（税目 71.17）；塑料制成的玩具、游戏品及运动用品等（第九十五章）。

知识点二 塑料聚合物归类原则

第三十九章注释四具体规定了初级塑料产品的归类原则，所称"共聚物"，包括在整个聚合物中按重量计没有一种单体单元的含量在 95% 及以上的各种聚合物。在该章中，除条文另有规定的以外，共聚物（包括共缩聚物、共加聚物，嵌段共聚物及接枝共聚物）及聚合物混合体应按聚合物中重量最大的共聚单体单元所构成的聚合物归入相应税目。在该注释中，归入同一税目的聚合物的共聚单体单元应作为一种单体单元对待。如果没有任何一种共聚单体单元重量为最大，共聚物或聚合物混合体应按号列顺序归入其可归入的最末一个税目。此归类规则同样适用于第二分章的半制成品或者制成品。聚合物可分为"均聚"和"共聚"两大类，如图 3-28 所示。

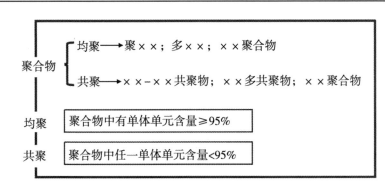

图 3-28　聚合物的组成

例如，"聚丙烯"为均聚，表明丙烯的单体单元含量大于或等于 95%；"乙烯-丙烯共聚物"为共聚，说明单一的乙烯或者单一的丙烯含量均未超过 95%，只有乙烯与丙烯含量之和才超过了 95%。

初步判断是均聚还是共聚后，聚合物的具体归类规则如图 3-29 所示。

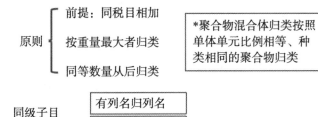

图 3-29　聚合物的归类原则

例 1　由 96% 的乙烯单体单元及 4% 的丙烯单体单元组成的聚合物，液状，比重 0.95。

分析　由于乙烯单体单元的含量超过了 95%，所以属于"均聚"，故直接按照聚乙烯进行归类即可，归入税目 39.01。

例 2　由 60% 的乙烯单体单元及 40% 的丙烯单体单元组成的聚合物，液状，比重 0.92。

分析　单独的"乙烯单体单元"和单独的"丙烯单体单元"均未超过 95%，两个单体单元之和超过了 95%，故属于共聚的范畴之内，可写作"乙烯-丙烯共聚"形式。由于乙烯单体单元含量超过了丙烯单体单元含量，故应归入税目 39.01，再根据比重的条件，归入商品编码 3901.9010。

例 3　由 30% 的乙烯单体单元、40% 的苯乙烯单体单元、30% 的氯乙烯单体单元组成的聚合物，初级形状，未改性，比重 0.96。

分析 由于乙烯单体单元、苯乙烯单体单元、氯乙烯单体单元皆未超过 95%，故属于共聚的范畴之内，而三者之和超过了 95%，故可写作"乙烯-苯乙烯-氯乙烯共聚"形式。乙烯聚合物应归入税目 39.01，苯乙烯聚合物应归入税目 39.03，氯乙烯聚合物应归入税目 39.04，没有同税目的情形，则按照重量最大者确定为税目 39.03，再根据其他附属条件，归入商品编码 3903.9000。

例 4 由 45% 的乙烯单体单元、35% 丙烯单体单元及 20% 异丁烯的单体单元组成的共聚物，初级形状，比重 0.96。

分析 此为共聚物，由于丙烯单体单元和异丁烯单体单元为同税目，根据规则应该相加，两者合计占比超过了乙烯的含量，再根据丙烯含量大于异丁烯含量，故应按照丙烯聚合物进行归类，归入商品编码 3902.3090。

以上皆为初级形状，故应该归入第一分章。若已经是制成品，则应归入第二分章，但归类规则不变。

例如，塑料板，非泡沫、非自黏，按重量，苯乙烯单体单元占 60%，乙烯单体单元占 40%。由于板为半制成品，故应归入第二分章，再根据归类原则，此为共聚，应按照苯乙烯聚合物进行归类，最终确定商品编码为 3920.3000。

总结塑料归类原则步骤如下：

第一步——根据商品描述确定分章；

第二步——分析单体单元含量；

第三步——确定均聚还是共聚；

第四步——查阅税目相关注释；

第五步——确定商品具体税目；

第六步——商品子目准确归类。

化学改性聚合物（例如，氯化、氯磺化，纤维素的已酰化或硝化，高抗冲等）进行归类时，可按照"有具体列名的归具体列名，没有具体列名的，有其他归其他，无其他归本身"的原则。例如，高抗冲的尿素树脂，属于化学改性聚合物，应归入商品编码 3909.1000。如聚合物混合体中所含任何一种聚合物已经过化学改性，则整个混合体视为已经化学改性。

知识点三　橡胶产品归类规则

橡胶产品分布在第四十章，橡胶是指具有可逆形变的高弹性聚合物材料，在室温下富有弹性，在很小的外力作用下能产生较大形变，除去外力后能恢复原状，属于完全无定型聚合物。橡胶分为天然橡胶与合成橡胶两种，天然橡胶是从橡胶树、橡胶草等植物中提取胶质后加工制成；合成橡胶则由各种单体经聚合反应而得。

《协调制度》所称"橡胶"，是指不论是否硫化或硬化的下列产品：天然橡胶、巴拉塔胶、古塔波胶、银胶菊胶、糖胶树胶及类似的天然树胶、合成橡胶、从油类中提取的油膏以及上述物品的再生品。

橡胶产品较多，需要根据章注释排他条款进行判定，不归入第四十章的橡胶产品有：橡胶制成的帽类及其零件（包括游泳帽）（第六十五章）；硬质橡胶制成的机械器具、电气器具及其零件（第十六类）；橡胶制成的鞋靴及其零件（第六十四章）；橡胶制成的橡皮艇及筏（第八十九章）；泡沫橡胶床垫（非充气）、枕头及家具、灯具等（第九十四章）；橡胶制成的玩具、游戏品及运动用品（第九十五章）。

（一）初级形状的橡胶的归类

初级形状的橡胶根据其成分归入税目 40.01 至 40.03 及 40.05，此处所指的"初级形状"，只限于下列形状。

1. 液状及糊状，包括胶乳（不论是否预硫化）及其他分散体和溶液。

2. 不规则形状的块，团、包、粉、粒、碎屑及类似的散装形状。

其中，初级形状的天然橡胶归入税目 40.01，合成橡胶归入税目 40.02，天然橡胶与合成橡胶的混合物归入商品编码 4002.8000，不需要考虑它们各自的含量。

（二）橡胶的半制成品及制品的归类——第四十章注释五（一）

税目 40.01 及 40.02 不适用于任何凝结前或凝结后与下列物质相混合的橡胶或橡胶混合物（否则可归入税目 40.05）。

1. 硫化剂、促进剂、防焦剂或活性剂（为制造预硫胶乳所加入的除外）。

2. 颜料或其他着色料，但仅为易于识别而加入的除外。

3. 增塑剂或增量剂（用油增量的橡胶中所加的矿物油除外）、填料、增强剂、有机溶剂或其他物质。

例 加有 30% 钛白粉的丁苯橡胶，未经过硫化处理，成片状出口报验。

分析 由于钛白粉是着色料，属于不允许添加的产品，故不能归入税目 40.01 或 40.02，而是归入税目 40.05。

（三）橡胶"线、绳"的归类——第四十章注释七

1. 完全由硫化橡胶制成的线（单股），其任一横截面尺寸小于等于 5 毫米（税目 40.07）。

2. 完全由硫化橡胶制成的线（单股），其任一横截面尺寸大于 5 毫米（税目 40.08）。

3. 以织物包覆的橡胶绳线（税目 56.04）。

8-2　第八类　生皮、皮革、毛皮及其制品；鞍具及挽具；旅行用品、手提包及类似容器；动物肠线（蚕胶丝除外）制品

课题名称	第八类　生皮、皮革、毛皮及其制品；鞍具及挽具；旅行用品、手提包及类似容器；动物肠线（蚕胶丝除外）制品	签到	
学习目标	1. 查阅资料，了解生毛皮、毛皮、皮革的商品学知识 2. 掌握皮革、毛皮制品的归类原则及其例外情况 3. 学会准确运用不同毛皮与其他材料组合制品的归类原则		
学习重点	区分毛皮、皮革及其他材料混纺服装的归类要求		
学习时间		学习札记	

知识点一　生皮及皮革原料归类要点

生皮是从屠宰后动物胴体上剥下的、未经鞣制成革的皮。供制革和毛皮用的生皮，通常又称原料皮，通常分为制革原料皮和毛皮原料皮。有使用价值的原料皮多为哺乳动物皮。形成生皮的组织从外观上看，可分为皮板和毛被两大部分。皮板又分为三层，即表皮层、真皮层和皮下层。

《协调制度》中的"生皮"，指个头较大的四足动物的皮张，但不包括带羽毛或羽绒的鸟皮及毛皮。第四十一章包括所有不带毛的生皮及去毛的皮张，但不包括第四十一章注释一（三）和税目 41.01 至 41.03 所述的带毛动物生皮。归类生皮及皮革时，需要考虑是否经过预鞣、鞣制（包括油鞣）、鞣制后进一步加工，以此判断应归入的具体税号。

在归类时，需要注意以下几点。

1. 未烹煮的食用动物皮（税目 02.06 或 02.10）。

2. 已烹煮的食用动物皮（税目 16.02）。

3. 生皮的边角废料（税目 05.11）。

4. 带羽毛或羽绒的整张或部分鸟皮（税目 05.05 或 67.01）。

5. 皮张和皮革，不论是整张（可去掉头、脚部分）、部分（例如，半边皮、肩皮、整张或半张背皮、腹皮、颊皮）、成条或成块的，均归入第四十一章。但切成特殊形状的小块皮革应归入第四十二章或第六十四章。

6. 税目 41.14 的"漆皮"，是指涂有一层清漆或大漆，或在皮革表面覆盖一层塑料膜的皮革，该涂层或塑料膜的厚度不得超过 0.15 毫米；层压漆皮表面覆盖着一层塑料片，该层塑料片的厚度超过 0.15 毫米，但不超过皮革总厚度的一半，若超过则应归入第三十九章。

7. 税目 41.15 所列的再生皮革，必须是以天然皮革或天然皮革纤维为基本原料制成的。以真皮以外其他材料为基本成分制成的仿皮革不归入该税目，例如，塑料仿皮革（第三十九章），橡胶仿皮革（第四十章），纸及纸板仿皮革（第四十八章），涂布纺织品（第五十九章）。

知识点二　皮革、毛皮、人造毛皮制品归类要点

皮革制品可考虑归入第四十二章，毛皮、人造毛皮制品应归入第四十三章，但需要根据注释进行排除分析。例如，皮革制弦线、鼓面皮或类似品及其他乐器零件（税目 92.09）；皮革制纽扣、揿扣、纽扣芯或其他零件、纽扣坯（税目 96.06）；皮革制网线袋及类似品（税目 56.08）；皮革制鞋靴类产品（第六十四章）；皮革制帽类及其零件（第六十五章）；皮革制鞭子、马鞭或其他物品（税目 66.02）；皮革制袖扣、手镯或其他仿首饰（税目 71.17）；皮革制家具，灯具及照明装置（第九十四章）；皮革制玩具、游戏品及运动用品（第九十四章）。

除此之外，归入第四十二章、第四十三章的皮革、毛皮制品应注意以下几点。

（一）第四十二章的材料性质要求

税目 42.01 的鞍具、挽具可用任何材料制成。单独报验的挽具配件及装饰物，例如，马镫、马嚼子、马铃铛及类似品及带扣，不归入第四十二章，一般归入第十五类。

（二）税目 42.02 包括两组物品

第一组：衣箱、提箱、小手袋、公文箱、公文包、书包、眼镜盒、望远镜盒、照相机匣、乐器盒、枪套及类似容器。这组物品可用任何材料制成。

第二组：旅行包、化妆包、帆布包、手提包、购物袋、钱夹、钱包、地图盒、烟袋、工具包、运动包、瓶盒、首饰盒、粉盒、刀叉餐具盒及类似容器。与上述第一组容器不同，第二组物品须用皮革或再生皮革、塑料片、纺织材料、钢纸或纸板制成，或者全部或主要用上述材料或纸包覆制成的。

例如，木制的衣箱，衣箱为第一组中的容器，材料没有限制，故应归入税目 42.02，而非第四十四章的木制品。

两组中提及的"类似容器"举例如下。第一组中的"类似容器"，包括帽盒、相机附件套、弹药盒、猎刀鞘及野营刀鞘、制成专门形状或内部装有配件以适合盛装特定工具（不论是否带附件等）的手提式工具箱或

工具盒等。第二组中的"类似容器"，包括皮夹子、文具盒、笔盒、票证盒、针线盒、钥匙袋、雪茄烟盒、烟丝盒、工具或珠宝卷包、鞋盒、刷盒等。

（三）不归入税目 42.02 的货品

1. 非供长期使用的带把手塑料薄膜袋，不论是否印制（税目 39.23）。

2. 剑、刺刀、匕首或类似兵器的鞘或套（税目 93.07）。

3. 编结材料制品（税目 46.02）。

4. 网线袋及类似品（税目 56.08）。

5. 坐具套（税目 42.05）。

（四）混纺材质服装及其附件（手套）的归类

第四十三章注释提及了混纺材质服装归类原则，表述如下："以毛皮或人造毛皮衬里或作面（仅饰边的除外）的衣服及衣着附件（不包括注释二所述的货品），应分别归入税目 43.03 或 43.04，但毛皮或人造毛皮仅作为装饰的除外。"针对此归类规则，现举例分析如下。

1. 若服装由毛皮或人造毛皮与其他材料构成，以毛皮或人造毛皮作衬里或作面时，应按毛皮或人造毛皮制品归入税目 43.03 或 43.04。

2. 若服装由毛皮或人造毛皮与纺织材料构成，应按毛皮或人造毛皮制品归入税目 43.03 或 43.04。

3. 若服装由皮革与纺织材料构成，应按皮革制品归入税目 42.03。

4. 若手套由毛皮或人造毛皮与皮革构成，应按皮革制品归入税目 42.03。

5. 若手套由毛皮或人造毛皮与纺织材料构成，应按毛皮或人造毛皮制品归入税目 43.03 或 43.04。

6. 若手套由皮革与纺织材料构成，应按皮革制品归入税目 42.03。

7. 若服装或手套的主要材质是皮革，毛皮只起装饰作用，应按皮革归类。

8. 若服装或手套的主要材质是毛皮，皮革只起装饰作用，应按毛皮归类。

服装上的毛皮或人造毛皮仅供下列用途的应视为镶边（装饰作用）：衣领及翻领（衣领及翻领过大，实际上已成为披肩或无纽短上衣的除外）、口袋、裙子、外套等的翻边或袖口等。

例如，经检测面料为 100%棉、衬里为水貂毛皮的机织男士外套，应按照毛皮制品归入税目 43.03，而非按照纺织材料服装归入第十一类。再如，衣领和袖口为狐狸毛皮、其余部位为羊皮的女式大衣，毛皮在此服装中仅起到装饰作用，故应按照皮革服装归入税目 42.03。

9-1 第九类　木及木制品；木炭；软木及软木制品；稻草、秸秆、针茅或其他编结材料制品；篮筐及柳条编结品

课题名称	第九类　木及木制品；木炭；软木及软木制品；稻草、秸秆、针茅或其他编结材料制品；篮筐及柳条编结品	签到	
学习目标	1. 查阅资料，了解木（含软木）及木制品的商品学知识 2. 掌握特殊木制品、木板的归类，了解编结材料制品的归类 3. 学会运用本部分所学归类知识对木制品进行归类		
学习重点	掌握特殊类木制品、编结品的归类规定		
学习时间		学习札记	

知识点一　木（软木）制品归类综述

第四十四章的木包括未加工的木材、木的半制成品及普通的木制品，例如，原木（经砍伐、粗斩、粗锯成方、去皮等的木材）及薪柴、木废料及碎片、锯末、木片或木粒、箍木、木杆、木桩、木炭等。在《协调制度》中，木材的归类既不受因保存所需而进行处理的影响（例如，干燥、表面炭化、填缝及塞孔、浸杂酚油或其他木材防腐剂），也不受涂油漆、着色剂或清漆的影响，均可归入第四十四章。软木及其制品，则应归入第四十五章。

一般来说，木板与塑料构成的建筑板材归入第四十四章，但这些板材应根据用途按其具有主要特性的表面进行归类。例如，用于屋顶作结构件的建筑板材，由一碎料板外层和一绝缘塑料层组成，不论塑料层有多厚，都应归入税目 44.10，因为是坚硬的木板部分使之能作为结构件，而塑料层只具有辅助的绝缘功能。但外层为塑料，木材仅起背衬支撑作用的板材则一般归入第三十九章，按照塑料制品进行归类。

进行木制品归类时还需要注意"热带木"包括的种类名称。以下木制品不应归入第四十四章或第四十五章：主要作香料、药料、杀虫、杀菌或类似用途的木片（税目 12.11）；竹或主要作编结用的其他木质材料（税目 14.01）；主要作染料或鞣料用的木片、刨花、木粒或木粉（税目 14.04）；木制的鞋靴（第六十四章）；木制手杖（第六十六章）；木制仿首饰（税目 71.17）；木制家具（第九十四章）；木制玩具（第九十五章）；木制钟表（第九十一章）；木制纽扣（第九十六章）。

知识点二　木板、地板归类总结

（一）胶合板产品的归类

税目 44.12 中的"胶合板"，可以经弯曲、穿孔、切割、制成瓦楞形或正方形或矩形以外的其他形状，也不论其是否对表面、边缘或端头进行加工、涂层或包覆（例如，用织物、塑料、油漆、纸或金属涂层或包覆），或者进行其他加工，只要这些产品不具有其他税目所列货品的基本特征，仍应归入本税目。胶合板的归类需要结合以下几点注意事项：竹制还是其他木制；每层厚度；是否含有"热带木"。如图 3-30 所示。

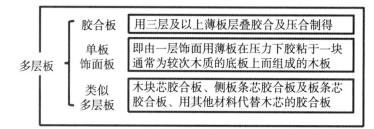

图 3-30　多层板的分类

未拼装或拆散的木制品，如果各部件同时报验，则应按相应的完整木制品归类。玻璃、大理石、金属或其他材料制的木制品的零配件如果与木制品一同报验，则不论其是否装配在一起，均应按木制品归类。

（二）木制地板的归类总结

1. 未装拼的拼花地板用板条——税目 44.09。
2. 碎料板制木地板——税目 44.10。
3. 纤维板制木地板——税目 44.11。
4. 胶合板制木地板——税目 44.12。
5. 已装拼的拼花地板——税目 44.18。

知识点三　编结材料制品归类规则

编结材料制品应归入第四十六章，其中所提"编结材料"，是指其状态或形状适于编结、交织或类似加工的材料，包括稻草、秸秆、柳条、竹、灯芯草、芦苇、木片条、其他植物材料扁条（例如，树皮条、狭叶、酒椰叶纤维或其他从阔叶获取的条）、未纺的天然纺织纤维、塑料单丝及扁条（有截面或表观宽度的限制）、纸带等。

编结的原材料应归入第十四章，但若制成编结品则应归入税目 46.01 或 46.02。税目 46.01 一般为平面的编结品，例如，编结而成的垫子、席子等。税目 46.02 一般为立体的编结品（丝瓜络制成不受此限制），例如，编结而成的篮筐、驮篓、带盖大篮及各种篮筐编结容器，不论是否装有小滚轮或脚轮，包括鱼筐（含背筐）及果筐、捕虾篓、鸟笼、蜂箱及稻草瓶套等。

下列材料不作为第四十六章的编结材料，故其制成品或产品也不归入第四十六章：马毛（税目 05.11 或第十一类）；截面尺寸不超过 1 毫米的化纤单丝及表观宽度（即处于折叠、扁平、压紧或搓捻状态）不超过 5 毫米的扁条或扁平管条（包括纵向折叠的扁条及扁平管条），不论是否紧压或搓捻（人造草及类似品）（第十一类）；纺织粗纱（第十一类）；用塑料浸渍、涂布、包覆或套裹的纺织纱线（第十一类）；皮革或再生皮革条（第四十一章或第四十二章）、毡呢或无纺织物扁条（第十一类）、人发扁条（第五章、第五十九章、第六十五章或第六十七章）。

编结的棉制多股纱线应归入第五十二章，皮革编结而成的帘子应归入第四十二章。

注意以下编结产品的特殊归类：编结而成的草帽（税目 65.04）；编结而成的草鞋（税目 64.05）；编结而成的绳索（税目 56.07）；编结而成的假花（税目 67.02）；编结而成的鞭子（税目 66.02）；编结而成的玩具（税目 95.03）；编结而成的藤椅（税目 94.01）；编结而成的扫帚（税目 96.03）。

9–2

第十类 木浆及其他纤维状纤维素浆；回收（废碎）纸或纸板；纸、纸板及其制品

课题名称	第十类 木浆及其他纤维状纤维素浆；回收（废碎）纸或纸板；纸、纸板及其制品	签到	
学习目标	1. 查阅资料，了解纸张工艺的商品学知识 2. 掌握纸张的归类原则，了解涂布纸及壁纸归类要求 3. 掌握特例纸张及其制品归类规则		
学习重点	灵活运用本部分归类原则对纸张及其制品归类		
学习时间		学习札记	

知识点一 纸张归类原则

第十类主要是关于纸张及其制品的归类，共三章内容，分别是纸浆

（第四十七章）、纸张（第四十八章）、制品（第四十九章）。

（一）纸浆

纸浆在进行归类时，需要区分是由哪一种工艺制得，分为机械法、化学法及化学-机械法。

机械木浆仅通过机械加工方法获得，即在水冲刷下通过机械碾磨将已去树皮及节瘤的木材离解或研磨成木质纤维。例如，石磨木浆（圆木或木块在常压下用磨石磨碎而得），加压石磨木浆（圆木或木块在加压磨石中磨碎而得），木片机械木浆（木片在常压下通过圆盘磨浆机制得）等。

化学木浆是先将木材切成木片或木粒，然后用化学品加以处理制得。经过处理，去除了大部分木质素和其他非纤维素物质。常用的化学方法有烧碱法、硫酸盐法、亚硫酸盐法等。

化学-机械木浆是经两种工艺处理制得，首先将通常为木片状的木材在浸煮器中用化学方法软化处理，然后再进行机械磨浆。它含有大量杂质和木质物质，主要用于造中等质量的纸。进行归类时，需要详细区分，判断其方法工艺。

（二）纸张

纸张一般应该归入第四十八章，但是纸张的归类需要按照尺寸标准进行区分，而非简单的具体列名，纸张归类标准为第四十八章注释八。

"税目48.03至48.09仅适用于下列规格的纸、纸板、纤维素絮纸及纤维素纤维网纸：

（一）成条或成卷，宽度超过36厘米；或

（二）成张矩形（包括正方形），一边超过36厘米，另一边超过15厘米（以未折叠计）。"

由此可知，第四十八章的纸张可根据尺寸要求分为两大类，第一类是税目48.03至48.09，第二类是税目48.01至48.02及税目48.10至48.23。第一类需要满足注释八的规格尺寸要求，若不满足，则归入第二类，找对应的税目，若无对应的税目，则归入税目48.23。

例1 成卷出口的自印复写纸，宽40厘米。

例2 成卷出口的自印复写纸，宽30厘米。

分析 例1，自印复写纸出口状态是成卷的，且宽度已经超过36厘米，满足注释八的要求，故属于第一类，归入商品编码4809.2000。例2，自印复写纸宽度未超过36厘米，不满足注释八的要求，故属于第二类，归入商品编码4816.2000。

在进行纸张归类时，也需要注意以下归类要点。

1. 允许加工的工艺——第四十八章注释三。

"除注释七另有规定的以外，税目 48.01 至 48.05 包括经研光、高度研光、釉光或类似处理、仿水印、表面施胶的纸及纸板；同时还包括用各种方法本体着色或染成斑纹的纸、纸板、纤维素絮纸及纤维素纤维网纸。除税目 48.03 另有规定的以外，上述税目不适用于经过其他方法加工的纸、纸板、纤维素絮纸或纤维素纤维网纸。"

例如，经过研光处理的牛皮挂面纸，成卷，宽 60 厘米，根据章注释，经过研光处理不会影响此牛皮挂面纸的归类。

2. 新闻纸的规定——第四十八章注释四。

"本章所称'新闻纸'，是指所含用机械或化学-机械方法制得的木纤维不少于全部纤维重量的 50% 的未经涂布的报刊用纸，未施胶或微施胶，每面粗糙度［帕克印刷表面粗糙度（1 兆帕）］超过 2.5 微米，每平方米重量不小于 40 克，但不超过 65 克，并且仅适用于下列规格的纸：

一、成条或成卷，宽度超过 28 厘米；或

二、成张矩形（包括正方形），一边超过 28 厘米，另一边超过 15 厘米（以未折叠计）。"

由此可知，新闻纸并非报纸，报纸应归入税目 49.02；新闻纸可以用机械或化学-机械方法进行制造，不包含单一的化学方法；新闻纸属于未经涂布的报刊用纸；新闻纸需要满足一定的规格要求。

知识点二　涂布纸及壁纸归类总结

（一）涂布纸张归类

涂布是单面或双面加以涂料，使纸面产生特殊的光泽或使之防水、绝缘。所涂的物料可以是无机物质或有机物质，例如，高岭土（中国黏土）、硫酸坝、碳酸钙、硫酸钙、硅酸镁、氧化锌、云母及金属粉末、蜡、石蜡、硬脂精、油或甘油涂布、浸渍、覆盖等。任何尺寸的纸及纸板，只有当其成条状、卷状或成张矩形（包括正方形）时方可归入税目 48.10 或 48.11。如果切成其他任何形状，则应归入该税目以后的该章其他税目（例如，税目 48.17、48.21 或 48.23）。

（二）壁纸——第四十八章注释九

"税目 48.14 所称'壁纸及类似品'，仅限于：

（一）适合作墙壁或天花板装饰用的成卷纸张，宽度不小于 45 厘米，但不超过 160 厘米：

1. 起纹、压花、染面、印有图案或经其他装饰的（例如，植绒），不论是否用透明的防护塑料涂布或覆盖；

2. 表面饰有木粒或草粒而凹凸不平的；

3. 表面用塑料涂布或覆盖并起纹、压花、染面、印有图案或经其他装饰的；或

4. 表面用不论是否平行联结或编织的编结材料覆盖的。

（二）适于装饰墙壁或天花板用的经上述加工的纸边及纸条，不论是否成卷。

（三）由几幅拼成的壁纸，成卷或成张，贴到墙上可组成印刷的风景画或图案。

既可作铺地制品，也可作壁纸的以纸或纸板为底的产品，应归入税目48.23。"

由此可知，壁纸的要求比较严格，必须满足一定的要求才可以按照"壁纸"进行归类。以下的产品不按"壁纸"进行归类：胶粘糊墙品，由附在保护纸层上一张塑料片组成，使用时需将纸层剥去（第三十九章）；用纸衬背的饰面薄板或软木糊墙品（税目 44.08、45.02 或 45.04）；外观近似窗用透明的转印纸（移画印花纸）（税目 49.08）；纸基纺织糊墙品（税目 59.05）；用纸衬背的铝箔糊墙品（税目 76.07）。

知识点三　特例纸张及其制品归类总结

以下纸及其产品不归入第四十八章或者第四十九章。

1. 香纸及用化妆品浸渍或涂布的纸（第三十三章）。

2. 用肥皂或洗涤剂浸渍、覆盖或涂布的纸或纤维素絮纸（税目34.01）。

3. 用光洁剂、擦光膏浸渍、覆盖或涂布的纸或纤维素絮纸（税目34.05）。

4. 感光纸或感光纸板（税目 37.01 至 37.04）。

5. 用诊断或实验用试剂浸渍的 pH 试纸（税目 38.22）。

6. 糯米纸（税目 19.05）。

7. 纸纱线（税目 53.08）。

8. 纸制压印箔（税目 32.12）。

9. 砂纸（税目 68.05）。

10. 用纸或纸板衬底的金属箔（第十四类或第十五类）。

11. 捕蝇纸（税目 38.08）。

12. 照相软片或硬片的负片或正片（税目 37.05）。

13. 纸制太阳伞（税目 66.01）。

| 14. 纸制人造花、簇叶（税目 67.02）。 |
| 15. 纸制灯罩（税目 94.05）。 |
| 16. 一面印有图画、文字的装饰性玻璃镜（税目 70.09 或 70.13）。 |
| 17. 印刷的纸质玩具、扑克牌及类似印刷游戏品（第九十五章）。 |
| 18. 立体地图、设计图表或地球仪、天体仪，不论是否印刷（税目 90.23）。 |

10-1　第十一类　纺织原料及纺织制品（一）

课题名称	第十一类　纺织原料及纺织制品（一）		签到	
学习目标	1. 查阅资料，了解纺织原材料的商品学知识 2. 掌握混纺制品的归类原则，以及供零售用的判断标准 3. 掌握丝、毛、棉类杂项产品归类规定			
学习重点	灵活运用混纺制品归类原则			
学习时间			学习札记	

知识点一　纺织材料及其制品归类综述

　　第十一类包括纺织工业用的原料（丝、羊毛、棉、化纤等）、半成品（例如，纱线及机织物）以及用这些半成品制成的物品。第十一类共有 14 章，可分为两部分。第一部分（第五十章至第五十五章）是根据纺织原料的性质分的，第二部分（第五十六章至第六十三章）除税目 58.09 及 59.02 外，税目一级所列产品，不分纺织原料性质。第一部分的编码分布基本按照"纤维—纱线—机织物"的形式展开，区别在于原材料的性质不同；第二部分基本上都是特种纱线、特种机织物及纺织材料制品。具体可参考图 3-31。

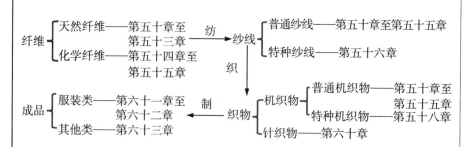

图 3-31 纺织材料及其制品归类思路

纺织纤维可以分为两类，一类为天然纤维，包括丝、毛、棉、麻等，可归入第五十章至第五十三章；另一类为化学纤维，包括人造纤维（例如，黏胶纤维、醋酸纤维素纤维、藻酸盐纤维、铜胺纤维等）及合成纤维（例如，聚酯纤维、聚丙烯纤维、聚氯乙烯纤维、聚丙烯腈纤维、聚氨酯甲酸酯纤维、聚酰胺纤维等）可归入第五十四章、第五十五章。归类时，需要注意纤维的俗称。例如，黏胶纤维又可称为人造丝、富强纤维、人造棉纤维；聚酯纤维又可称为涤纶；聚氨酯甲酸酯纤维又可称为氨纶、莱卡；聚酰胺纤维又可称为锦纶、尼龙。在归类时，需要结合多角度常识。

第十一类的纱线可分为普通纱线和特种纱线两类，例如，含金属纱线就为特种纱线。同样，织物也可分为机织物和针织物，其中机织物可分为普通机织物和特种机织物，例如，簇绒机织物即为特种机织物。若为成品，例如，服装、床罩等，可归入第六十一章至第六十三章。

需要注意的是，部分货品虽然构成材料为纺织材料，但根据章注释排除条款，应归入其他章。例如，纤维素絮纸（第四十八章）；纺织材料制的鞋靴（第六十四章）；纺织材料制的发网（第六十五章）；纺织材料制的帽子（第六十五章）；纺织材料制的家具（第九十四章）；纺织材料制的玩具（第九十五章）；纺织材料制的旅行用成套缝纫用具（第九十六章）；纺织材料制的尿布（第九十六章）。

知识点二 混纺制品归类原则

由两种或者两种以上材质构成的纺织材料制品，需要根据第十一类注释二归类。

"（一）可归入第五十章至第五十五章及税目 58.09 或 59.02 的由两

种或两种以上纺织材料混合制成的货品，应按其中重量最大的那种纺织材料归类。

当没有一种纺织材料重量较大时，应按可归入的有关税目中最后一个税目所列的纺织材料归类。

（二）应用上述规定时：

1. 马毛粗松螺旋花线（税目 51.10）和含金属纱线（税目 56.05）均应作为一种单一的纺织材料，其重量应为它们在纱线中的合计重量；在机织物的归类中，金属线应作为一种纺织材料；

2. 在选择合适的税目时，应首先确定章，然后再确定该章的有关税目，至于不归入该章的其他材料可不予考虑；

3. 当归入第五十四章及第五十五章的货品与其他章的货品进行比较时，应将这两章作为一个单一的章对待；

4. 同一章或同一税目所列各种不同的纺织材料应作为单一的纺织材料对待。

（三）上述（一）、（二）两款规定亦适用于以下注释三、四、五或六所述纱线。"

由此可知，混纺制品（包括原料、纱线、机织物等）的归类原则如图 3-32 所示。

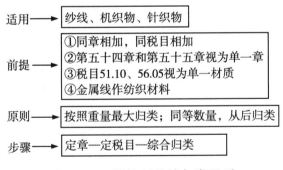

图 3-32　混纺制品的归类原则

例 1　一种匹状色织平纹机织物，材料按重量计，由 5% 的桑蚕丝、5% 的精梳羊毛、35% 的铜氨纤维短纤和 55% 的精梳棉构成，织物重 180 克/平方米，幅宽 110 厘米。

分析　此种平纹机织物，幅宽 110 厘米，非特种机织物，故应按照普通机织物归类；由四种材料构成，按照混纺制品原则进行归类，桑蚕丝在第五十章，精梳羊毛在第五十一章，人造纤维短纤（铜氨纤维）在第五十五章,精梳棉在第五十二章,无同一章节的原材料,不涉及同章相加的问题;这四种材料中,精梳棉占比最大,故应按照棉的机织物进行归类,归入第五十二章;由于铜氨纤维短纤占比第二多,故综合表述应该是"棉的机织物,主要或仅与化学纤维短纤混纺",再根据附属条件,可确定商品编码5210.4100。归类思路如图3-33所示。

桑蚕丝 ＋ 羊毛 ＋ 人造短纤 ＋ 棉 ＝ 机织物
第五十章　第五十一章　　第五十五章　第五十二章
　5%　　　5%　　　　　35%　　　55%
➡ 棉机织物含量最多 ➡ 第五十二章
➡ 棉机织物,主要与化学纤维短纤进行混纺 ➡ 商品编码5210.4100

图3-33　例1产品归类思路

例2　按重量计,含有以下比例的机织物:40%的聚酯纤维短纤,35%的精梳羊毛、25%的粗梳动物细毛,幅宽110厘米。

分析　此种平纹机织物,幅宽为110厘米,非特种机织物,故按照普通机织物进行归类;由三种材料构成,应按照混纺制品原则进行归类,聚酯纤维短纤在第五十五章,精梳羊毛在第五十一章,粗梳动物细毛在第五十一章,有同一章节的原材料,故应按照同章相加的原则,相加后第五十一章毛类所占比重最大,故应按照毛类的机织物归入第五十一章;再区分精梳羊毛含量多于粗梳动物细毛含量,故应按照精梳羊毛的机织物归入税目51.12;由于聚酯纤维短纤占比第二多,故综合表述应该是"精梳羊毛的机织物,主要或仅与化学纤维短纤混纺",再根据附属条件,可确定商品编码5112.3000。

知识点三　是否供零售用的判断标准

在进行纺织材料归类时,往往需要判断是否供零售用。例如,染色丝三股线,绕在线轴上,非交叉卷绕,经检测出口时重量为80克。应根据第十一类注释四(一)进行归类。

"(一)除下列(二)款另有规定的以外,第五十章、第五十一章、第五十二章、第五十四章和第五十五章所称'供零售用'纱线,是指以下列方式包装的纱线(单纱、多股纱线或缆线):

1. 绕于纸板、线轴、纱管或类似芯子上,其重量(含线芯)符合下列规定:

（1）丝、绢丝或化学纤维长丝纱线，不超过85克；或

（2）其他纱线，不超过125克；

2. 绕成团、绞或束，其重量符合下列规定：

（1）细度在3000分特以下化学纤维长丝纱线，丝或绢丝纱线，不超过85克；

（2）细度在2000分特以下的任何其他纱线，不超过125克；或

（3）其他纱线，不超过500克；

3. 绕成绞或束，每绞或每束中有若干用线分开的小绞或小束，每小绞或小束的重量相等，并且符合下列规定：

（1）丝、绢丝或化学纤维长丝纱线，不超过85克；或

（2）其他纱线，不超过125克。"

由此可知，"染色丝三股线，绕在线轴上，非交叉卷绕，经检测出口时重量为80克"的货品为"供零售用"，故应归入商品编码5006.0000。

知识点四　丝、毛、棉类杂项产品归类总结

（一）丝

第五十章中所称的"丝"，不仅包括家蚕（桑蚕）所分泌的纤维物质，也包括野蚕分泌的名为野蚕丝的产品。野蚕丝中最重要的品种是柞蚕丝，是食栎树叶的蚕所吐的丝。蜘蛛丝、海丝、贝足丝（某些江珧属海贝靠其附于岩石的长丝）也应归入第五十章，同时第五十章还包括蚕胶丝。

（二）动物细毛

动物细毛分布在第五十一章，《协调制度》所称"动物细毛"，是指下列动物的毛：羊驼、美洲驼、驼马、骆驼（包括单峰骆驼）、牦牛、安哥拉山羊、西藏山羊、喀什米尔山羊及类似山羊（普通山羊除外）、家兔（包括安哥拉兔）、野兔、海狸、河狸鼠或麝鼠。

（三）棉

棉纤维可归入第五十二章，但有些"棉"却需要归入到其他章。例如，石棉（税目25.24）；木棉（税目14.04）；火棉（税目39.12）；药棉（税目30.05）；玻璃棉（税目70.19）；矿质棉（税目68.06）；棉短绒（税目14.04）。

（四）毛类机织物

可以分为两大类：一类为粗纺毛织物类，另一类为精纺毛织物类。

1. 粗纺毛织物类：麦尔登类；大衣呢类（平厚大衣呢、立绒大衣呢、顺毛大衣呢、烤花大衣呢、花式大衣呢）；制服呢类；女式呢类（平素女式呢、立绒女式呢、顺毛女式呢、花式松结构女式呢）；法兰绒类；大众呢类；粗花呢类（纹面花呢、呢面花呢、绒面花呢）；粗服呢类；劳动呢；制帽呢；海军呢。

2. 精纺毛织物类：凡立丁；派力司；哔叽；啥味呢；华达呢；马裤呢；直贡呢；花呢（薄花呢、中厚花呢、素花呢、条花呢、格花呢、夹丝花呢）；女衣呢（绉纹呢、迭花呢）。

例 蓝色机织 100% 羊毛立绒大衣呢，经过检测为 250 克/平方米。

分析 由规则可知，羊毛机织物应归入第五十一章，而第五十一章的毛机织物需要区分的是粗纺毛织物类还是精纺毛织物类，由于大衣呢属于粗纺毛织物类，故应归入商品编码 5111.1190。

10-2 // 第十一类　纺织原料及纺织制品（二）

课题名称	第十一类　纺织原料及纺织制品（二）		签到	
学习目标	1. 查阅资料，了解特种纱线、无纺布的商品学知识（组织构成） 2. 掌握缝纫线，线绳索缆的判断依据 3. 掌握絮胎、毡呢、无纺织物及地毯类产品归类原则			
学习重点	缝纫线、线绳索缆的判断标准			
学习时间			学习札记	

知识点一　缝纫线归类判断

"绕在纱管上，经检测总重 125 克，上过浆处理，单纱为 S 捻，二股线为 Z 捻的棉涤线（按重量计棉纤维占 55%、涤纶短纤维占 45%）"，上述货品没有明确是否为缝纫线，也没有说明是否供零售用。因此，需要借助第十一类注释四和注释五进行判断。是否供零售用的判断标准在 10-1 中已阐明，缝纫线的判断标准则应依照第十一类注释五。

"税目 52.04、54.01 及 55.08 所称'缝纫线',是指下列多股纱线或缆线:

（一）绕于芯子（例如，线轴、纱管）上，重量（包括纱芯）不超过 1000 克;

（二）作为缝纫线上过浆的;以及

（三）终捻为反手（Z）捻的。"

所称"上过浆的",是指经过了整理处理。这项处理（例如，赋予减摩性能或耐热性能、防止静电的形成或改善其外观）有助于纺织纱线作为缝纫线使用。

捻向是指纱线加捻后，单纱中的纤维或股线中单纱呈现的倾斜方向。加捻后，纱丝的捻向从右下角倾向左上角，倾斜方向与"S"的中部相一致的称为"S 捻"或"顺手捻";纱线的捻向从左下角倾向右上角,倾斜方向与"Z"的中部相一致的称为"Z 捻"或"反手捻"。

综上所述,"绕在纱管上,经检测总重 125 克,上过浆处理,单纱为 S 捻,二股线为 Z 捻的棉涤线（按重量计棉纤维占 55%,涤纶短纤维占 45%）",应为缝纫线,再结合混纺制品归类原则、是否供零售用的判断标准,归入商品编码 5204.2000。

知识点二 线绳索缆归类要点

线绳索缆属于特种纱线的范畴,应归入税目 56.07"线、绳、索、缆,不论是否编织或编结而成,也不论是否用橡胶或塑料浸渍、涂布、包覆或套裹"。如果判定为符合线绳索缆的条件,则应该优先归入税目 56.07。判断标准为第十一类的注释三（一）。

"本类的纱线（单纱、多股纱线或缆线）除下列（二）款另有规定的以外,凡符合以下规格的应作为'线、绳、索、缆':

1. 丝或绢丝纱线,细度在 20000 分特以上。

2. 化学纤维纱线（包括第五十四章的用两根及以上单丝纺成的纱线）,细度在 10000 分特以上。

3. 大麻或亚麻纱线:

（1）加光或上光的,细度在 1429 分特及以上;或

（2）未加光或上光的,细度在 20000 分特以上。

4. 三股或三股以上的椰壳纤维纱线。

5. 其他植物纤维纱线,细度在 20000 分特以上。

6. 用金属线加强的纱线。"

例 1 粘胶纤维短纤制的多股纱线（经过检测细度为 1200 特，出口时非零售使用），未经过其他加工处理。

例 2 由 100% 的亚麻制的纱线，细度在 150 特，出口前经过上光加工处理，包扎用。

分析 根据"线绳索缆"的判断，标准以上货品皆符合要求，非普通的纱线，而属于特种纱线的"线绳索缆"，故均应归入税目 56.07。

知识点三 絮胎、毡呢、无纺织物及地毯类产品归类

（一）絮胎、毡呢、无纺织物及其产品归类

絮胎，是把粗梳纺织纤维网或气流成网法纺织纤维网数层相叠，然后压紧以增强纤维的抱合力制得。主要用于制垫肩、衣服衬里等。

毡呢，是把数层纺织纤维（通常是粗梳纤维网片或气流成网法纤维网片）相互叠层制得。毡呢远比絮胎结实，其纤维很难分离，可用于制衣、帽、鞋、装饰制品及花哨物品等，也可作各种专门的技术用途，例如，作隔热或隔音材料等。

无纺织物，是将纺织纤维定向或随意取向黏合而成的片状或网状织物。所用纤维可以是天然纤维或化学纤维，也可以是短纤（天然纤维或化学纤维）或化学长丝，还可以原地成网。

但絮胎、毡呢、无纺织物归类时需要注意以下特例。

1. 经过药物浸涂或制成零售包装的医疗、外科用絮胎及其制品（税目 30.05）。

2. 用香水或化妆品浸渍、涂布或包覆的絮胎、毡呢、无纺织物，其中的纺织材料仅作为承载介质（第三十三章）。

3. 用肥皂或洗涤剂浸渍、涂布或包覆的絮胎、毡呢、无纺织物，其中的纺织材料仅作为承载介质（税目 34.01）。

4. 用光洁剂浸渍、涂布或包覆的絮胎、毡呢、无纺织物，其中的纺织材料仅作为承载介质（税目 34.05）。

5. 用织物柔软剂浸渍、涂布或包覆的絮胎、毡呢、无纺织物，其中的纺织材料仅作为承载介质（税目 38.09）。

6. 以毡呢或无纺织物为底的砂布及类似品（税目 68.05）。

7. 以毡呢或无纺织物为底的黏聚或复制云母（税目 68.14）。

8. 以毡呢或无纺织物为底的金属箔（第十四类或第十五类）。

（二）地毯及其相关产品归类

1. 第五十七章的地毯或其他铺地制品新旧皆可。

续表 3

2. 第五十七章的铺地制品主要是指以纺织材料作面的地毯及纺织材料的其他铺地制品，也包括具有纺织材料铺地制品特征（例如，具有铺地制品的厚度、硬挺性及强度）但作其他用途（例如，挂在墙上、铺在桌面上或作其他装饰用途）的物品。

3. 第五十七章不包括铺地制品的衬垫。置于地板与地毯之间的粗糙织物或毡呢衬垫，应按照其构成材料归类——若为塑料，应归入第三十九章，若为橡胶，应归入第四十章。

4. 列诺伦及其他以织物为底布加以涂布或盖面的铺地制品，应归入税目 59.04。

5. 粘绒地毯、无纺地毯、植绒地毯、针织地毯，应归入税目 57.05。

11-1　第十一类　纺织原料及纺织制品（三）

课题名称	第十一类　纺织原料及纺织制品（三）	签到	
学习目标	1. 查阅资料，了解针织物及钩编织物的商品学知识 2. 掌握起绒织物、刺绣品、狭幅织物归类原则 3. 学会对浸渍、涂布、包覆、层压纺织物特殊规定及对相关产品准确归类		
学习重点	起绒织物、刺绣品、狭幅织物的判断及归类要求		
学习时间		学习札记	

知识点一　起绒织物归类原则

起绒织物由至少三组纱线构成：紧经和紧纬构成底布，另一组经纱或纬纱形成绒面。绒面由绒头或毛圈构成，布满织物的整个表面或部分表面，一般为单面，但有时为双面。

经起绒织物（丝绒、长毛绒、天鹅绒等）是通过起绒杆沿纬纱方向插入，将绒经拉起而制成。

纬起绒织物（平绒、灯芯绒等）通常是由纬纱间隔穿于经纱之下，然后浮于两根或多根经纱面层之上所形成的绒头织物；或将起绒杆沿经纱平行方向插入，拉起绒纬并于织造过程中割绒。

起绒织物归类原则：由底布加绒面或毛圈构成的织物，归类时不考虑底布的属性，按照其中重量最大的归类。起绒机织物应归入税目 58.01，起绒针织物应归入税目 60.01。

例 红色机织平绒，按重量计，绒面中含黄麻占 30%、醋酸短纤维占 70%，未割绒，幅宽为 110 厘米，360 克/平方米。

分析 由"机织平绒"可判断该货品为特种机织物中的起绒机织物，应归入税目 58.01。平绒为纬起绒织物，再根据混纺制品归类原则，可以确定商品编码 5801.3100。

知识点二 狭幅织物归类原则

狭幅织物属于特种织物应按照特定的标准判断，且狭幅织物有优先归类的权限。狭幅织物分为针织与机织，针织的狭幅织物可归入税目 60.02 或 60.03，机织的狭幅织物应归入税目 58.06。

第五十八章注释五提及了"狭幅机织物"的判断标准。

"税目 58.06 所称'狭幅机织物'，是指：

（一）幅宽不超过 30 厘米的机织物，不论是否织成或从宽幅料剪成，但两侧必须有织成的、胶粘的或用其他方法制成的布边；

（二）压平宽度不超过 30 厘米的圆筒机织物；以及

（三）折边的斜裁滚条布，其未折边时的宽度不超过 30 厘米。

流苏状的狭幅机织物归入税目 58.08。"

例 1 按重量计，含羊毛 60%、亚麻 40% 的平纹印花机织物，150 克/平方米，经检测幅宽为 20 厘米，两侧有织成的布边，未经过其他加工处理。

例 2 按重量计，由 15% 的蚕丝、60% 的精梳羊毛、20% 的黏胶短纤和 5% 的精梳棉织成的匹状色织平纹机织物，500 克/平方米，幅宽 25 厘米，两侧有胶粘而成的布边。

分析 上述两道题的幅宽皆未超过 30 厘米，且两侧有织成的布边，故属于特种机织物中狭幅机织物的范畴，故均应归入税目 58.01，再应用混纺制品的归类原则，可最终确定对应的商品编码。

知识点三 刺绣品归类原则

刺绣品可归入税目 58.10，刺绣品是用绣线在网眼薄纱、网眼织物、丝绒、带子、针织物或钩编织物、花边或机织物、毡呢或无纺织物的原有底布上进行加工，使底布上产生一种装饰性效果。绣线一般是纺织材料，底布通常为整个刺绣品的一部分，但在某种情况下，刺绣完成后便将底布去掉（例如，用化学方法去除或剪去），仅留下刺绣图案。刺绣品由底布与绣线构成时，若底布与绣线材质相同，则刺绣品只按此种材质进行归类即可，若底布与绣线材质不同，可见底布，按底布材质归类；不见底布的，按绣线材质归类。

需要注意的是，以下产品不可归入税目 58.10：在非纺织材料上的刺绣品（例如，在皮革、塑料、纸板上的刺绣品）应按照材质进行归类；手工针绣嵌花装饰毯（税目 58.05）；用于刺绣台布、餐巾的由机织物和纱线组成的成套货品（税目 63.08）；不见底布的玻璃纱线刺绣品（税目 70.19）。

知识点四　浸渍、包覆、涂布、层压产品归类

（一）浸渍、包覆、涂布、层压的纺织物应归入税目 59.03、59.06、59.07

用塑料浸渍、涂布、包覆或层压的纺织物（税目 59.03）；用橡胶浸渍、涂布、包覆或层压的纺织物（税目 59.06）；用其他材质浸渍、涂布、包覆或层压的纺织物（税目 59.07）。

需要注意的是，以下纺织物即使经过塑料、橡胶或其他材料浸渍、涂布、包覆或层压，也不归入第五十九章，而是归入其他相对应的税目。例如，感光纺织物（税目 37.01 至 37.04）；以纺织物衬背的贴面薄板（税目 44.08）；以纺织物衬背的天然或人造研磨粉、粒（税目 68.05）；被褥状纺织产品（税目 58.11）；泡沫橡胶与纺织物复合制成的板，其中织物仅起增强作用（税目 40.08）；经过药物浸涂或制成零售包装供医疗、外科、牙科或兽医用的橡皮胶布（税目 30.05）；传动带或输送带及带料，通常由包以硫化橡胶的几层纺织物（不论是否经橡胶处理）组成（税目 40.10）。

（二）第五十九章注释五

"（一）用橡胶浸渍、涂布、包覆或层压的纺织物：

1. 每平方米重量不超过 1500 克；或

2. 每平方米重量超过 1500 克，按重量计纺织材料含量在 50% 以上；

（二）由税目 56.04 的用橡胶浸渍、涂布、包覆或套裹的纱线、扁条或类似品制成的织物；以及（三）平行纺织纱线经橡胶黏合的织物，不论每平方米重量多少。

续表 3

但本税目不包括与纺织物混制而其中纺织物仅起增强作用的海绵橡胶板、片或带（第四十章），也不包括税目 58.11 的纺织品。"

例 1　用硫化橡胶涂布的用于制作防水衣物的聚酯纤维布，1500 克/平方米，其中涂布橡胶占 55%、聚酯纤维占 45%。

例 2　用硫化橡胶涂布的用于制作防水衣物的聚酯纤维布，2000 克/平方米，其中涂布橡胶占 55%、聚酯纤维占 45%。

分析　以上货品均由硫化橡胶进行涂布。不同的是，例 1 的货品为 1500 克/平方米，根据归类规则，"每平方米不超过 1500 克的，不论纺织材料及橡胶的比例多少"归入税目 59.06，故例 1 的货品应该归入税目 59.06；例 2 的货品为 2000 克/平方米，根据归类规则，"每平方米超过 1500 克的，按重量计纺织材料含量在 50% 以上"可归入税目 59.06。但"涂布橡胶占 55%、聚酯纤维占 45%"不满足注释的要求，所以不能归入税目 59.06，而应按照硫化橡胶制品进行归类，归入税目 40.16。

（三）传动带或输送带及带料

税目 59.10 "纺织材料制的传动带或输送带及带料，不论是否用塑料浸渍、涂布、包覆或层压，也不论是否用金属或其他材料加强"，在进行传动带或输送带及带料的归类时，应结合第五十九章注释七的规定。

"税目 59.10 不适用于：

（一）厚度小于 3 毫米的纺织材料制传动带料或输送带料；或

（二）用橡胶浸渍、涂布、包覆或层压的织物制成的或用橡胶浸渍、涂布、包覆或套裹的纱线或绳制成的传动带料及输送带料（税目 40.10）。"

例　100% 棉染色机织物制的传动带，织物厚为 3 毫米，300 克/平方米，幅宽为 110 厘米。

分析　"纺织材料制成的传动带料，厚为 3 毫米"，应归入税目 59.10。若例中货品的厚度为 2 毫米，则不应归入税目 59.10，而应按照棉制的机织物，归入第五十二章相对应的商品编码。

11-2　　第十一类　纺织原料及纺织制品（四）

课题名称	第十一类　纺织原料及纺织制品（四）		签到	
学习目标	1. 查阅资料，了解服装制作的商品学知识 2. 掌握纺织材料服装的归类原则及其例外情况 3. 掌握特殊服装（如西服套装、便服套装等）及纺织杂项制品归类要求			
学习重点	服装归类流程、规则的灵活运用			
学习时间			学习札记	

知识点一　纺织服装归类流程

　　纺织材料制成的服装可以根据是针织或机织归入第六十一章或第六十二章。第六十一章包括针织或钩编的男、女式服装（含童装）以及制成的针织或钩编衣着附件，以及服装及衣着附件的针织或钩编制成的部分品，但不包括针织或钩编的束腰带、紧身胸衣和类似品及其零件（税目62.12）。第十一类的纺织服装特点是人类穿着的服装且面料为或主要为纺织材料。但有些服装不符合上述条件，应归入其他对应的税目，具体如图3-34所示。

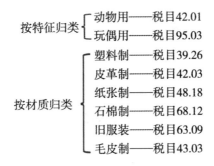

图 3-34　纺织服装归类思路

　　在进行纺织服装归类时，需要遵循一定的原则。首先需要判断是针织服装还是机织服装，其中税目62.12是特例。其次进行优先权的判断，第一优先为婴儿服装优先，可以归入税目61.11或62.09，婴儿服装的判断标准为：非连身服时，上衣不超过40厘米，裤长不超过40厘米；连身服不超过86厘米（不含帽长）；第二优先为特殊面料制成的服装，可以归入税目61.13或62.10，用税目59.03、59.06或59.07的针织物或钩编织物制成的服装或者用税目 56.02、56.03、59.03、59.06 或 59.07 的织物制成的服装皆为特殊面料构成。若不符合优先权规定，则根据性别、款式正常确定归类，如图 3-35 所示。

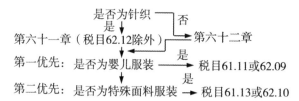

图 3-35　纺织服装优先权归类思路

若服装未标注性别，可根据第十一类的注释进行判断，具体标准如下：第六十一章或第六十二章的服装，凡门襟为左压右的，应视为男式；右压左的，应视为女式。但本规定不适用于其式样已明显为男式或女式的服装。无法区别是男式还是女式的服装，应按女式服装归入有关税目。

知识点二　特殊服装归类要点

（一）防寒类服装

"防寒类服装"判断标准为：一般带有衬里（网状、半衬里除外），可经填充，面料质地较密，防寒短衣一般袖口、腰部或下摆收紧，前襟一般全开，腰围以下可有口袋。例如，厚重长大衣、带头兜斗篷、有腰带的双排纽大衣、有胎料背心等。

（二）上衣类服装

"上衣类服装"判断标准为：前部全开襟，无扣或有扣（拉链除外），长度不超过大腿中部，不适于套在其他外套、上衣之上；其面料除袖子、贴边或领子外，可由三片或三片以上布料（其中两片为前襟）纵向缝合而成，无絮胎夹层有袖。

（三）开襟衫类服装

"开襟衫类服装"判断标准为：上半身穿着的针织或钩编服装，全开襟或半开襟，无论是否有领、长袖或短袖、下摆是否收紧。可带有装饰，包括花边和刺绣。

（四）西服套装

"西服套装"，是指面料用相同的织物制成的两件套或三件套的下列成套服装：一件人体上半身穿着的外套或短上衣，除袖子外，其面料数为四片或四片以上；也可附带一件西服背心，这件背心的前片面料应与套装其他各件的面料相同，后片面料则应与外套或短上衣的衬里料相同；以及一件人体下半身穿着的服装，即不带背带或护胸的长裤、马裤、短裤（游泳裤除外）、裙子或裙裤。

西服套装各件面料质地、颜色及构成必须相同，其款式也必须相同，尺寸大小还须相互般配，但可以用不同织物绲边（缝口上缝入长条织物）。

如果数件人体下半身穿着的服装同时报验（例如，两条长裤、长裤与短裤、裙子或裙裤与长裤），构成西服套装下装的应是一条长裤或是一条裙子或裙裤，其他服装应分别归类。

（五）便服套装

"便服套装"，是指面料相同并作零售包装的下列成套服装（西服套装及税目61.07、61.08或61.09的物品除外）：一件人体上半身穿着的服装，套衫及背心除外，因为套衫可在两件套服装中作为内衣，背心也可作为内衣；以及一件或两件不同的人体下半身穿着的服装，即长裤、护胸背带工装裤、马裤、短裤（游泳裤除外）、裙子或裙裤。

便服套装各件面料质地、款式、颜色及构成必须相同，尺寸大小也须相互般配。所称"便服套装"，不包括税目61.12的运动服及滑雪服。

（六）衬衫类服装

"衬衫类服装"判断标准为：有领（包括活络领），有袖（长袖或短袖），女衬衫可无袖（罩衫），有门襟（全开或半开），口袋在上方或无口袋，下摆不能收紧。需要注意的是，在腰围以下有口袋的衣服应作为上衣归入税目61.03、61.04、62.03、62.04或作为开襟衫归入税目61.10、62.11；带有螺纹腰带或以其他方式收紧下摆的衣服以及其织物至少在10厘米×10厘米面积内沿各方向的直线长度上平均每厘米少于10针的衣服应归入税目61.01、61.02、61.10、62.01、62.02、62.11；男式无袖服装，应归入税目61.09、61.10、61.14、62.11。

（七）T恤衫类服装

税目61.09项下"T恤衫"，是指针织或钩编的内衣类轻质服装，用棉花或化学纤维织成的非起绒、割绒或毛圈组织织物制成，有单色或多色，不论是否带衣兜，有紧身长袖或短袖，无领、无扣、领口无门襟而且开口有高有低（圆形、方形、船形或"V"形领口），应归入税目61.09。

知识点三　纺织材料杂项制品

（一）旧衣物含义规定——税目 63.09

第六十三章注释三：

"税目 63.09 仅适用于下列货品：

（一）纺织材料制品：

1. 衣着和衣着附件及其零件；

2. 毯子及旅行毯；

3. 床上、餐桌、盥洗及厨房用的织物制品；

4. 装饰用织物制品，但税目 57.01 至 57.05 地毯及税目 58.05 装饰毯除外。

（二）用石棉以外其他任何材料制成的鞋帽类。

上述物品只有同时符合下列两个条件才能归入本税目：

1. 必须明显看得出穿用过；以及

2. 必须以散装、捆装、袋装或类似的大包装形式报验。"

由此可知，旧的纺织材料制品需要满足一定的条件才可以，旧的纺织材料制品也不都归入税目 63.09。例如，装饰毯，无论新旧都应归入税目 58.05。

（二）其他纺织制品——税目 63.07 举例说明

税目 63.07 主要包括以下的其他税目未列名的纺织材料制品：擦地布、擦碗布、抹布及类似擦拭用布（不论是否浸有清洁剂）；救生衣及安全带；服装裁剪样；旗帜（含三角旗及横幅），包括娱乐、节日庆典及其他方面用的旗布；家用洗衣袋、鞋囊、袜袋；汽车、机器、手提箱、网球拍等用的罩套；织物制的咖啡过滤袋、冰袋等；便携式婴儿床、轻便摇篮及类似的携带幼儿用品；雨伞或阳伞的罩套；外科医生在手术时所戴的织物面罩（口罩）等。

<table>
<tr><td>12-1</td><td colspan="2">第十二类　鞋、帽、伞、杖、鞭及其零件；已加工的
羽毛及其制品；人造花；人发制品</td></tr>
</table>

课题名称	第十二类　鞋、帽、伞、杖、鞭及其零件；已加工的羽毛及其制品；人造花；人发制品	签到	
学习目标	1. 查阅资料，了解鞋靴帽类伞类的商品学知识 2. 掌握帽类、伞类、羽毛制品类产品归类要点 3. 学会运用本部分所学归类思路对鞋靴、帽类等产品归类		
学习重点	鞋靴归类时注意的归类事项		
学习时间		学习札记	

知识点一　鞋靴产品归类原则

鞋靴可归入第六十四章，例如，供日常室内或室外穿着的平跟鞋或高跟鞋、凉鞋、网球鞋、旅游鞋、卧室用拖鞋，等等。第六十四章包括的鞋靴可用除石棉以外的任何材料制成（例如，橡胶、皮革、塑料、木材、软木，包括毡呢及无纺织物在内的纺织品、毛皮、编织材料等），还可带有任何比例的第七十一章所列材料。关于鞋靴的归类原则，可参考第六十四章注释四的规定。

"除本章注释三另有规定的以外：

（1）鞋面的材料应以占表面面积最大的那种材料为准，计算表面面积可不考虑附件及加固件，例如，护踝、裹边、饰物、扣子、拉襻、鞋眼或类似附属件；

（2）外底的主要材料应以与地面接触最广的那种材料为准，计算接触面时可不考虑鞋底钉、铁掌或类似附属件。"

由此可知，鞋靴归类并不按照列名归类，关键看鞋面及鞋外底的材料，鞋面是指鞋（靴）底部之上的部分。然而，塑料模制鞋底的某些鞋靴或北美印第安式鞋是用一种材料整件制成鞋底及全部或部分鞋面的，其外底及鞋面之间的界线难以区分。在这种情况下，鞋面应包括鞋子覆盖脚侧及脚背的部分。

鞋面由两种及两种以上材料构成的，应按占表面面积最大的那种材料归类。计算面积时可不考虑附件及加固件，例如，护踝、防护性或装饰性的条或边、其他饰物（例如，穗缨、绒球或编带）、扣子、拉襻、鞋眼、鞋带或拉链。任何作衬里的材料对鞋靴归类没有影响。

第六十四章不包括以下的鞋靴产品：用易损材料如纸、塑料薄膜等制成的无外缀鞋底的一次性鞋靴罩或套（按其材料进行归类）；纺织材料制的鞋靴，没有用粘、缝或其他方法将外底固定或安装在鞋面上的（第十一类）；明显穿用旧的鞋靴，报验时呈散装、大包装、大袋装或类似包装的（税目 63.09）；石棉鞋靴（税目 68.12）；矫形鞋靴（税目 90.21）；玩具鞋及装有冰刀或轮子的滑冰鞋、护胫或类似的运动防护物品（第九十五章）；鞋栓、鞋钉、鞋眼、鞋钩、鞋扣、护掌、编带、绒球、鞋带（可按照材质归类）；纽扣、揿钮、按扣（税目 96.06）；拉链（税目 96.07）。

知识点二　帽类、伞类、羽毛制品类产品归类总结

第六十五章包括帽型、帽坯、帽身及帽兜，以及各种各样的帽子，不论其用何种材料制成及用途如何（例如，日用、戏剧用、化妆用、防护用等），还包括任何材料制成的发网及某些帽类专用的配件。第六十五章的帽类可带有各种材料（包括第七十一章所列材料）制成的各式各样的装饰物。

不归入第六十六章的帽类有：动物用的帽类（税目 42.01）；明显穿戴过的旧帽类（税目 63.09）；假发（税目 67.04）；石棉制的帽类（税目 68.12）；玩偶帽、狂欢节用品（第九十五章）。

第六十六章包括各种雨伞、阳伞（例如，仪仗用伞、伞式帐篷、手杖伞及带座手杖式伞，露天餐馆、市场、庭园用伞及类似伞），不论其各部分（包括配件及装饰物）用何种材料制成（例如，伞面可用任何纺织物、塑料、纸等制成，还可刺绣，饰以花边、流苏或其他装饰物）。但不包括明显专门用作玩具或用于狂欢节的伞（第九十五章），也不包括丈量用杖及类似品（税目 90.17）及器手杖、刀剑手杖、灌铅手杖及类似品（第九十三章）。

第六十七章归类时注意不包括人发制滤布（税目 59.11）及花边、刺绣品或其他纺织物制成的花卉图案（第十一类）；税目 67.02 不包括玻璃制品。例如，玻璃制成的人造花，应归入第七十章，而非第六十七章。

12-2

第十三类　石料、石膏、水泥、石棉、云母及类似材料的制品；陶瓷产品；玻璃及其制品

课题名称	第十三类　石料、石膏、水泥、石棉、云母及类似材料的制品；陶瓷产品；玻璃及其制品	签字	
学习目标	1. 查阅资料，了解矿物类产品深加工的商品学知识 2. 掌握矿物类产品归类规则 3. 理解陶瓷类、玻璃类产品归类规则归类思路		
学习重点	熟练掌握石棉、云母等矿物制品的归类原则		
学习时间		学习札记	

知识点一　石料、石膏制品归类综述

第十三类主要为深加工类矿产品，加工程度超出第二十五章注释一所列范围"原产状态的矿产品，或只经过洗涤（包括用化学物质清除杂质而未改变产品结构的）、破碎、磨碎、研粉、淘洗、筛分以及用浮选、磁选和其他机械物理方法（不包括结晶法）精选过"。第十三类的这些产品和制成品大多是通过加工（例如，成形、模制）改变了原来形状，但没有改变其原料的性质。有些货品是通过黏聚加工制得的（例如，沥青制品或砂轮等某些物品，是将黏合材料玻璃化黏聚研磨料而成的），还有一些货品则是在高压釜内硬化而成的（例如，灰砂砖）。该类还包括经过加工后，原材料起了根本变化的某些货品（例如，经熔炼而成的矿渣棉、熔化玄武岩等）。

泥土经预制成形后烧制而成的物品（即陶瓷制品）通常归入第六十九章，但税目68.04的陶瓷研磨制品除外。玻璃及玻璃器，包括玻璃陶瓷制品、熔融石英制品或其他熔融硅石制品，应归入第七十章。

知识点二　矿物类产品归类规则

第六十八章为"石料、石膏、水泥、石棉、云母及类似材料的制品"，原料一般来源于第二十五章或用第二十八章的某些材料制成的货品（例如，人造研磨料）。

需要注意的是，第六十八章不包括下列物品：宝石、半宝石（天然、合成或再造）及其制品（第七十一章）；印刷用石板（税目84.42）；绝缘

子和绝缘零件（税目85.46）；经过钻孔或其他加工明显用作控制板的镶板（税目85.38）；玩具、游戏品及运动用品（第九十五章）；经加工或制成物品形状的矿物雕刻材料（税目96.02）；雕塑品原件和收藏家的收藏品和古物（第九十七章）。除此之外，在归类时，应该注意以下事项。

1. 税目68.02包括已加工的碑石及建筑用石，未加工的应归入税目25.15、25.16，未加工的碑石及建筑用石的碎粒、碎屑及粉末应归入税目25.17。

2. 税目68.06矿渣棉及岩石棉（例如，花岗石、玄武石、石灰岩或白云石的矿质棉）是将一种或多种上述石料加以熔化，一般通过离心作用及用水流或气流将熔液流转换成为纤维而制得。

3. 税目68.07是以沥青等涂层的金属管子及容器（例如，铸铁制的或钢制的），仍作为金属制品归类。

但是税目68.07不包括：用焦油或类似材料涂布、浸渍或覆盖的纸，例如，包装纸（税目48.11）；用沥青等涂布、浸渍或覆盖的纺织物（第五十六章或第五十九章）；主要用石棉水泥加沥青制成的物品（税目68.11）；用沥青简单涂布或浸渍的玻璃纤维网式织物等（税目70.19）。

4. 税目68.14主要包括已加工的云母及其制品，但不包括以下产品：云母粉及云母废料（税目25.25）；用云母粉涂布的纸或纸板（税目48.10至48.14）；用云母粉涂布的机织物（税目59.07）；膨胀蛭石（税目68.06）；云母风镜及其目镜（税目90.04）；制成圣诞树装饰品的云母（税目95.05）；云母制成的绝缘子（税目85.46）；云母电介电容器（税目85.32）。

知识点三　陶瓷类、玻璃类产品归类规则

1. 陶瓷制品是用通常在室温下预先调制成形的无机非金属材料烧制而成的。原料主要包括黏土、含硅材料（包括熔融硅石）、高熔点的材料（例如，氧化物、碳化物、氮化物、石墨或其他碳），有时还有诸如耐火黏土或磷酸盐的黏合剂。

需要注意的是，破碎陶瓷及破碎砖块应归入税目25.30；放射性陶瓷产品应归入税目28.44；玻璃陶瓷产品应归入第七十章；金属陶瓷应归入税目81.13；陶瓷制成的绝缘子应归入税目85.46；绝缘材料制的零件应归入税目85.47；陶瓷制成的假牙应归入税目90.21；陶瓷制成的纽扣应归入税目96.06；陶瓷制成的烟斗应归入税目96.14；陶瓷制成的仿首饰应归入第七十一章。

2. 第七十章包括各种形状的玻璃及玻璃制品，玻璃是将不同比例的某种碱金属硅酸盐（硅酸钠或硅酸钾）与一种或多种钙和铅的硅酸盐相混合，并附加钡、铝、锰、镁等组成的一种熔融均匀混合物。按其组分，玻璃分为许多品种，例如，铅晶质玻璃、氧化铅玻璃。这些不同类型的玻璃是非晶性（非晶质）的，而且是全部透明的。玻璃产品需要考虑是否经过进一步加工——铸制或轧制应归入税目 70.03，拉制或吹制应归入税目 70.04，浮法制玻璃应归入税目 70.05；若税目 70.03 至 70.05 的玻璃产品经过进一步加工，则应归入税目 70.06。

3. 以下产品不归入第七十章，应根据其特征用途归入其他对应的章或税目：珐琅和釉料、搪瓷玻璃料及其他玻璃粉、粒或粉片（税目 32.07）；玻璃制成的仿首饰（税目 71.17）；光缆（税目 85.44）；绝缘子（税目 85.46）；绝缘材料制的零件（税目 85.47）；运输工具用的带框的前挡风玻璃、后窗（第八十六章至第八十八章）；光导纤维、经光学加工的光学元件、注射用针管（第九十章）；有永久固定电光源的灯具及照明装置、灯箱标志（税目 94.05）；玻璃制成的玩具（税目 95.03）。

4. 玻璃产品归类时需要注意玻璃棉的特殊规定要求，第七十章注释四规定：

"税目 70.19 所称'玻璃棉'，是指：

（1）按重量计二氧化硅的含量在 60% 及以上的矿质棉；

（2）按重量计二氧化硅的含量在 60% 以下，但碱性氧化物（氧化钾或氧化钠）的含量在 5% 以上或氧化硼的含量在 2% 以上的矿质棉。

不符合上述规定的矿质棉归入税目 68.06。"

例　矿质棉，出口前经检测，二氧化硅的含量在 70%，未经过其他加工处理。

分析　二氧化硅的含量在 60% 以上，符合税目 70.19 的规定，故应归入税目 70.19。

5. 税目 70.18 提及"玻璃假眼"，玻璃假眼既可以用在玩具、机器人上，也可以用于医学。具体归类如下：供人使用的（医用）玻璃假眼，应归入税目 90.21；供玩偶使用的玻璃假眼：若未装闭眼装置，应归入税目 70.18，若已装闭眼装置，应归入税目 95.03。

13–1	第十四类　天然或养殖珍珠、宝石或半宝石、贵金属、包贵金属及其制品；仿首饰；硬币

课题名称	第十四类　天然或养殖珍珠、宝石或半宝石、贵金属、包贵金属及其制品；仿首饰；硬币	签到	
学习目标	1. 查阅资料，了解宝石的商品学知识 2. 掌握珍珠、宝石、贵金属归类原则 3. 掌握镀贵金属与包贵金属的判断标准，掌握仿首饰的归类		
学习重点	贵金属合金归类原则、仿首饰的判断及归类		
学习时间		学习札记	

知识点一　珍珠、宝石、贵金属归类原则

税目 71.01 包括天然或养殖珍珠，不论其是未经加工，即采集和仅经清洗的（例如，用盐和水清洗），或经过加工，即磨掉瑕疵、钻孔或锯切。该税目的珍珠可暂时穿成珠串，以便运输。已经镶嵌或分级后制成珠串的珍珠应酌情归入税目 71.13、71.14 或 71.16。天然或养殖珍珠，即使作收藏品，仍应归入第七十一章。仿珍珠应按照其构成材质进行归类，塑料制仿珍珠应归入税目 39.26；玻璃制仿珍珠应归入税目 70.18；蜡制成仿珍珠应归入税目 96.02。钻石是碳的结晶同素异形体，应归入税目 71.02，但钻石的粉尘应归入税目 71.05，已加工但未装配的钻石唱针应归入税目 85.22。宝石半宝石包括红宝石、蓝宝石、玛瑙、翡翠等，为了方便运输，税目 71.03 和税目 71.04 的宝石可串在一起，但是这种方法只是临时性的，而且宝石还未分级，也不适于直接用作首饰，因此分别归入税目 71.03 和税目 71.04。

第七十一章所称贵金属是指银、金及铂。"铂"是个统称，是指铂族，包括铂、铱、锇、钯、铑及钌。贵金属合金是指金合金、银合金及铂合金。关于贵金属合金的判断，需要遵循第七十一章注释五的规定，按照"铂合金—金合金—银合金"的顺序归类。

1. 按重量计含铂量在 2% 及以上的合金视为铂合金（税目 71.10）。

2. 按重量计含金量在 2% 及以上，不含铂或按重量计含铂量在 2% 以下的，视为金合金（税目 71.08）。

3. 按重量计含银量在 2% 以上，不含铂、金或按重量计含铂、金量在 2% 以下的，视为银合金（税目 71.06）。

4. 若铂、金、银含量都低于2%的则视为贱金属合金，应归入第十五类。

例1　按重量计，含铝50%、镍45%、银2%、金3%的金属合金，未经锻造，非货币用。

分析　含有多种金属，应按照金属合金进行归类。按照贵金属合金的归类原则，金的含量为3%，满足金合金的要求，故应按照金合金归类，归入税目71.08。

例2　按重量计，铜60%、银30%、金7%、钯1.5%、铑1.5%组成的合金粉末。

分析　含有多种金属，应按照金属合金进行归类。按照贵金属合金的归类原则，钯和铑皆在"铂"的范畴之内，应该统一看作"铂"——钯占1.5%、铑占1.5%，合并后为3%，满足铂合金的要求。再根据钯和铑的含量，根据同等数量，从后归类的原则，可以归入铑，故可确定归入商品编码7110.3100。

知识点二　包贵金属、镀贵金属归类原则

在进行贵金属归类时，需要区分包贵金属和镀贵金属，两者的加工工艺不同，归类原则也大相径庭。第七十一章注释六规定"除条文另规定的以外，本协调制度所称贵金属应包括上述注释五所规定的贵金属合金，但不包括包贵金属或表面镀以贵金属的贱金属及非金属。"注释七规定"本协调制度所称'包贵金属'，是指以贱金属为底料，在其一面或多面用焊接、熔接、热轧或类似机械方法覆盖一层贵金属的材料。除条文另有规定的以外，也包括镶嵌贵金属的贱金属。"

由此可知之，包贵金属和镀贵金属的相同之处是，里层皆为贱金属，外层皆为贵金属。区别在于是贵金属与贱金属之上的加工工艺的不同。包贵金属是用熔接、焊接、热轧的机械（物理）方法加工；镀贵金属是用电解、喷镀、蒸汽沉积、盐溶液浸渍等化学方法加工。

包贵金属按照外层的贵金属归类，归入第七十一章；镀贵金属应按照里层的贱金属归类，归入第十五类。因此包金的铜戒指可按照贵金属首饰归类，而镀金的铜戒指可按照仿首饰归类。

知识点三　仿首饰判断

第七十一章注释十一提及"仿首饰"概念，厘清概念需要结合注释九的说明。

续表 2

| 第七十一章注释九：
"税目 71.13 所称'首饰'，是指：
（一）个人用小饰物（例如，戒指、手镯、项圈、饰针、耳环、表链、表链饰物、垂饰、领带别针、袖扣、饰扣、宗教性或其他勋章及徽章）；以及
（二）通常放置在衣袋、手提包或佩戴在身上的个人用品（例如，雪茄盒或烟盒、鼻烟盒、口香糖盒或药丸盒、粉盒、链袋、念珠）。"
第七十一章注释十一：
"税目 71.17 所称'仿首饰'，是指不含天然或养殖珍珠、宝石或半宝石（天然、合成或再造）及贵金属或包贵金属（仅作为镀层或小零件、小装饰品的除外）的上述注释九（1）所述的首饰（不包括税目 96.06 的纽扣及其他物品或税目 96.15 的梳子、发夹及类似品）。"
由此可知，仿首饰的范围较小，材质要求较严格且皆为个人用的小饰物，但这些个人用的小饰物不能含有贵金属或包贵金属，也不能含有天然或养殖珍珠、宝石或半宝石（天然、合成或再造），所以以铝制成的戒指不应归入贱金属制品，而应该按照仿首饰归类，归入税目 71.17。 | |

13-2　第十五类　贱金属及其制品（一）

课题名称	第十五类　贱金属及其制品（一）	签到	
学习目标	1. 查阅资料，了解钢铁的商品学知识（成分构成） 2. 掌握铁合金归类原则，钢铁形态归类原则 3. 学会运用本部分所学归类思路对钢铁产品归类		
学习重点	铁合金的判断规则，钢铁形态类型的判断及归类		
学习时间		学习札记	
知识点一　贱金属概述 　　第十五类的贱金属包含第七十二章至第八十三章，大体可分为三部分：第一部分为钢铁及其制品（第七十二章、第七十三章）；第二部分为铜、锌等有色金属、金属陶瓷及其制品（第七十四章至第八十一章）；第			

续表1

三部分为贱金属制品（第八十二章、第八十三章）。前两部分包括未制成品和制成品，同一章内又按加工程度进行排列：初级形状（例如，浇铸的锭状、未锻轧的块状等）——半制成品（例如，毛坯、粗锻件等）——制成品（例如，轧材、条杆等）。第三部分为贱金属制成品，多数为具体列名产品，在进行贱金属制品归类时，具体列名的产品可具有优先归类权，例如，铁锹应按照具体列名归入税目82.01，而非按照钢铁制品归入第七十三章。

第十五类提及的贱金属主要包括铁及钢、铜、镍、铝、铅、锌、锡、钨、钼、钽、镁、钴、铋、镉、钛、锆、锑、锰、铍、铬、锗、钒、镓、铪、铟、铌（钶）、铼及铊，其中铁及钢、铜、镍、铝、铅、锌、锡可归入第七十二章至第八十章，其他的贱金属应归入第八十一章。第十五类还包括从其脉石中分离出来的自然金属，以及铜锍、镍锍和钴锍，但不包括金属矿砂及含有自然金属的脉石（税目26.01至26.17）。在该类中，钢根据标准不同而进行了划分，如图3-36所示。

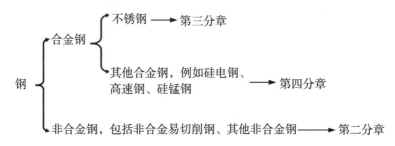

图3-36　钢的归类思路

知识点二　铁合金归类原则

铁合金应归入税目72.02，铁合金需要满足一定的条件才可进行归类。根据第七十二章注释一（三），铁合金是指锭、块、团或类似初级形状、连续铸造而形成的各种形状及颗粒、粉末状的合金，不论是否烧结，通常用于其他合金生产过程中的添加剂或在黑色金属冶炼中作除氧剂、脱硫剂及类似用途，一般无实用可锻性，按重量计铁元素含量在4%及以上并含有下列一种或几种元素：铬超过10%；锰超过30%；磷超过3%；硅超过8%；除碳以外的其他元素，合计超过10%，但最高含铜量不得超过10%。

由此可知，铁合金与生铁不同，含铁量较小，其中的铁仅作为含量很大的合金元素（例如，锰、铬、钨、硅、硼或镍）的溶剂，其含碳量在 2% 及以下；铁合金尽管有些品种具有可锻性，但通常不供轧制、锻造或其他加工用，它们主要在钢铁工业中给钢或生铁添加一定比例的合金元素以获得特种性能；归入该税目的铁合金必须是锭、方块、团块或类似初级形状、粒、粉状或通过连续铸造制得的形状（例如，坯段）；铀铁应归入税目 28.44，各种形状的铈铁及其他引火铁合金应归入税目 36.06。

例 按重量计，含钨 8%、硅 82%、铁 9%、碳 1% 的合金块，无实用可锻性。

分析 铁含量占 9%，满足铁合金的前提条件，其中钨含量占 8% 不满足铁合金的条件；硅含量占 82%，超过了 8%，满足铁合金中硅元素的要求，故该货品应为硅铁二元合金，应归入商品编码 02.2100。

知识点三 钢铁形态归类原则

按照分类标准，铁可归入第七十二章第二分章至第四分章，第二分章（税目 72.06 至 72.17）为铁及非合金钢，第三分章（税目 72.18 至 72.23）为不锈钢，第四分章（税目 72.24 至 72.29）为其他合金钢。这三个分章有共性的形态分布：半制成品—平板轧材—丝—不规则盘绕热轧条杆—其他条杆—角材、型材、异型材。

（一）半制成品

关键词：大方坯、小方坯、圆材坯、厚板坯、薄板坯、粗锻件、角材坯、型材坯及异型材坯。

标准：连续铸造的实心产品，不论是否初步热轧；其他实心产品，除经初步热轧或锻造粗制成形以外未经进一步加工，包括角材、型材及异型材的坯件。不包括成卷的产品。

（二）平板轧材

关键词：截面为矩形（正方形除外）并且不符合半制成品定义的下列形状实心轧制产品。

标准：层叠的卷材；平直形状，其厚度如果在 4.75 毫米以下，则宽度至少应为厚度的 10 倍；其厚度如果在 4.75 毫米及以上，则其宽度应超过 150 毫米，并且至少应为厚度的 2 倍。各种规格的平板轧材（矩形或正方形除外），在不具有其他税目所列制品或产品的特征的情况下，都应作为宽度为 600 毫米及以上的产品归类。

续表 3

（三）丝

关键词：盘卷（盘绕）、冷成（冷轧）。

标准：不符合平板轧材定义但全长截面均为同样形状盘卷冷成形实心产品。

（四）不规则盘绕热轧条杆

关键词：不规则盘绕和热轧。

标准：经热轧不规则盘绕的实心产品，其截面为圆形、扇形、椭圆形、矩形（包括正方形）、三角形或其他外凸多边形（包括相对两边为弧拱形，另外两边为等长平行直线的扁圆形及变形矩形）。这类产品可带有在轧制过程中产生的凹痕、凸缘、槽沟或其他变形（钢筋）。

（五）其他条杆

标准：不符合上述产品定义的实心产品，其全长截面均为圆形、扇形、椭圆形、矩形（包括正方形）、三角形或其他外凸多边形（包括相对两边为弧拱形，另外两边为等长平行直线的扁圆形及变形矩形）。这些产品可以带有在轧制过程中产生的凹痕、凸缘、槽沟或其他变形（钢筋）和（或）轧制后扭曲的。

（六）角材、型材、异型材

关键词：截面形状。

标准：不符合前述产品定义，但其全长截面均为同样形状的实心产品。

遇到钢铁形态的归类问题，首先判断其所在的分章，其次判断形态。步骤如下：定分章—定形状—定税目—综合归类。形态是否满足"半制成品"的标准，如果满足标准，则按"半制成品"进行归类，如果不符合标准，需要看其是否满足"平板轧材"（首先要判断是卷材还是非卷材，如果是非卷材，要注意其宽度、厚度，考虑是否为平板轧材）标准，如果不满足"平板轧材"标准，则看是否满足"丝"的标准，如果不满足"丝"的标准，再看是否满足"不规则盘卷的热轧条杆"标准，如果不满足，则只能按照"其他条杆"进行归类。可以根据截面形状判断是否为"角材、型材、异型材"。角钢是两边互相垂直成角形的长条钢材，有等边角钢和不等边角钢之分。

例 一种非合金钢钢材，截面为矩形，除冷轧制外未经过进一步加工，钢材宽 80 毫米，厚 8 毫米，冷成形笔直状出口报验。

分析 非合金钢钢材应该归入第二分章，再根据截面为矩形，可知其不满足"角材、型材、异型材"的标准；钢材宽 80 毫米，厚 8 毫米，厚

度超过了 4.75 毫米，但其宽度没有超过 150 毫米，故不满足"平板轧材"的标准；冷成形笔直状出口报验不满足"丝"的标准，也不满足"不规则盘卷的热轧条杆"的标准，故只能为"其他条杆"，归入商品编码 7215.5000。

14-1　第十五类　贱金属及其制品（二）

课题名称	第十五类　贱金属及其制品（二）	签到	
学习目标	1. 查阅资料，了解贱金属及其制品商品学知识； 2. 掌握贱金属合金归类原则，掌握铜合金、铜母合金归类要求，理解通用零件； 3. 掌握贱金属杂项制品（针、刀等产品）的归类		
学习重点	贱金属合金归类原则的具体应用		
学习时间		学习札记	

知识点一　贱金属合金归类原则

　　贱金属合金与贵金属合金归类原则不同，贵金属合金有顺位的要求，分别为"铂合金—金合金—银合金"，归类以 2% 为限制；贱金属合金无严格顺位的要求，根据第十五类注释六"除条文另有规定外，本协调制度所称的贱金属包括其合金"。同样，第八十二章、第八十三章或其他章所称"贱金属"，包括作为贱金属合金归类的合金。

　　（一）贱金属与贵金属的合金

　　如果合金中没有任何一种贵金属（银、金、铂）的重量达到合金重量的 2%，这种合金应作为贱金属归类。否则，应归入第七十一章。

　　（二）贱金属与贱金属的合金

　　除铁合金（税目 72.02）及铜母合金（税目 74.05）以外，这类合金应按所含重量最大的一种金属归类。

　　（三）第十五类的贱金属与非金属或税目 28.05 的金属的合金

　　如果这类合金中第十五类贱金属的总重量等于或超过其他元素的总重量，则这类合金应按贱金属归类。否则，这类合金通常归入税目 38.24。

（四）烧结混合物、熔炼而得的不均匀紧密混合物（金属陶瓷除外）及金属间化合物

金属粉末的烧结混合物及熔炼而得的不均匀紧密混合物（金属陶瓷除外）应作为合金对待。上述紧密混合物主要包括熔化废碎金属而得的组分不同的锭块。

例 1 建筑用贱金属合金管子，由 40%铬、30%锡、30%镍制成的。

分析 此为贱金属合金管子，铬、锡、镍皆为贱金属，且铬含量最多，所以应按照铬合金制成的管子归类，归入商品编码 8112.2900。

例 2 贱金属丝编成的蝈蝈笼子，材料按重量计，由 60%钢铁、10%铝、30%锡构成。

分析 此为贱金属合金制成的丝制品蝈蝈笼子，钢铁占 60%，所占比重最多，故应按照钢铁制品归类，归入商品编码 7326.2090。

知识点二 铜合金、铜母合金及复合材料制品归类原则

（一）铜合金及铜母合金

第七十四章注释二规定，铜合金是指：

"除未精炼铜以外的金属物质，按重量计含铜量大于其他元素单项含量，但：

（一）按重量计至少有一种其他元素的含量超过上表中规定的限量；或

（二）按重量计其他元素的总含量超过 2.5%。"

铜母合金指含有其他元素，但按重量计含铜量超过 10%的合金（一般为 30%至 90%），该合金无实用可锻性，通常用作生产其他合金的添加剂或冶炼有色金属的脱氧剂、脱硫剂及类似用途。需要注意的是，按重量计含磷量超过 15%的磷化铜（磷铜）归入税目 28.53。铜母合金性质极脆，不适于正常的金属加工。

由此可知，铜合金与铜母合金虽然皆与铜相关，但标准不同，铜母合金中铜含量超过 10%即可，不要求在合金中所占比重最多，并且需要注意含磷量的限制。铜合金应归入税目 74.03，铜母合金应归入税目 74.05。

例 1 无实用可锻性，锌含量为 60%、铜含量为 40%的合金粉末，用作铜冶炼时的除氧剂。

例 2 铜母合金块，按重量计算，铜含量为 30%、铝含量为 50%、磷含量为 20%，无实用可锻性，作脱氧剂用。

分析 例 1 的铜为 40%，即超过了 10%，但并不是含量最多的金属，

而含量最高的锌为贱金属，满足"铜母合金"的要求，故应归入商品编码 7405.0000。例 2 的磷含量超过了 15%，故应按照磷化铜（磷铜）归入税目 28.53。

（二）复合材料及其制品归类原则

1. 钢、铁或不同种类的钢铁，均视为一种金属。

例　某种复合材料制成的管子，按重量计，铝占 40%、不锈钢占 40%、硅锰钢占 20%.

分析　此时不锈钢和硅锰钢均属于合金钢，应进行合并计算，两者含量之和超过了铝的含量，故按钢铁管归入第七十三章。

2. 作为某一种金属归类的合金，应视为一种金属。

例如，由青铜（铜锡合金）构成的铜制品，应视为全部由纯铜构成的制品进行归类。

3. 税目 81.13 的金属陶瓷，应视为一种贱金属。

知识点三　通用零件归类总结

贱金属归类时常会遇到零件的归类，有一类零件别称为"通用零件"，即不是专属于某一机器设备的零件，而是可以用于多种机器设备中。通用零件只按照材质归类，而不按照用途归类。第十五类注释二：

"本协调制度所称'通用零件'，是指：

（一）税目 73.07、73.12、73.15、73.17 或 73.18 的物品及其他贱金属制的类似品，不包括专用于医疗、外科、牙科或兽医的植入物（税目 90.21）；

（二）贱金属制的弹簧及弹簧片，但钟表发条（税目 91.14）除外；以及

（三）税目 83.01、83.02、83.08、83.10 的物品及税目 83.06 的贱金属制的框架及镜子。

第七十三章至第七十六章（税目 73.15 除外）及第七十八章至第八十二章所列货品的零件，不包括上述的通用零件。

除上段及第八十三章注释一另有规定的以外，第七十二章至第七十六章及第七十八章至第八十一章不包括第八十二章、第八十三章的物品。"

例如，"钢铁制的环头螺钉，盒装，用于多种型号机器上"，此螺钉即为通用零件，可按照材质钢铁进行归类，故应归入商品编码 7318.1300。

知识点四　贱金属杂项制品归类总结

（一）贱金属制成的刀、锯归类总结

1. 本身带发动机的手工锯（税目 84.67）。
2. 乐锯（税目 92.08）。
3. 钢铁制成的手工锯（税目 82.02）。
4. 不锈钢制成的整枝刀（税目 82.11）。
5. 机床用的冲头及锉刀（包括旋转锉刀）（税目 82.07）。
6. 钢铁制成的刨刀（税目 82.05）。
7. 工具用的陶瓷板、杆、刀头（税目 69.09）。
8. 不锈钢制成的鱼刀（税目 82.15）。
9. 不锈钢制成的钩刀（税目 82.01）。
10. 电动剃须刀及其刀头、刀片和刀板（税目 85.10）。

（二）贱金属制的针归类总结

1. 不锈钢制的缝纫机针（税目 84.52）。
2. 手工缝针、编织针、引针、钩针（税目 73.19）。
3. 拾音器用的唱针（税目 85.22）。
4. 针织机、编带机、刺绣机等用针（税目 84.48）。
5. 装饰用胸针（税目 71.17）。
6. 医疗、外科、牙科或兽医用的针（税目 90.18）。
7. 鞋匠用的无眼锥子及皮革加工用的穿孔锥型穿刺工具（税目 82.05）。

（三）贱金属制成的箱盒归类总结

1. 钢铁制成的汽油罐（税目 73.10）。
2. 香烟盒、粉盒及供个人或专业用的类似容器（税目 73.25 或 73.26）。
3. 保险柜、钱箱或文件保险箱及类似物品（税目 83.03）。
4. 贱金属制成的首饰盒（税目 83.06）。
5. 经专门设计及装备，可供一种或多种运输方式使用的运输容器（税目 86.09）。
6. 蒸汽储蓄器（税目 84.04）。

（四）炉的归类总结

1. 非电热的工业或实验室用的炉（税目 84.17）。
2. 带电的家用炉灶，例如，电磁炉等（税目 85.16）。
3. 非电热家用的炉灶（税目 73.21）。
4. 电热的工业用炉（税目 85.14）。

14-2	第十六类　机器、机械器具、电气设备及其零件；录音机及放声机、电视图像、声音的录制和重放设备及其零件、附件（一）	

课题名称	第十六类　机器、机械器具、电气设备及其零件；录音机及放声机、电视图像、声音的录制和重放设备及其零件、附件（一）	签到	
学习目标	1. 查阅资料，了解机电产品的商品学知识 2. 掌握不归入第十六类的商品总结，掌握机电产品零件归类原则 3. 学会运用本部分所学对机电产品零件归类		
学习重点	对于机电产品零件归类原则的灵活把握		
学习时间		学习札记	

知识点一　第十六类综合归类概述

第十六类为"机器、机械器具、电气设备及其零件；录音机及放声机、电视图像、声音的录制和重放设备及其零件、附件"，共包含两章，但涉及的税目较多。除特殊税目外，机械产品可首先考虑第八十四章，机电产品可首先考虑第八十五章。

第十六类包括所有用机械及电气方式操作的机器、装置、器具、设备及其零件，同时也包括某些既不用机械方式，也不用电气方式进行操作的装置和设备（例如，锅炉、锅炉房设备、过滤装置等）及其零件。一般来说，该类所列货品可用各种材料制造，其中大部分是贱金属制的，但也包括某些用其他材料制成的机器（例如，全部用塑料制成的泵），以及用塑料、木材、贵金属等制成的零件。

需要注意的是，以下货品不归入第十六类：任何材料制成的卷轴、纡子、筒管、线轴等（应按其构成材料归类）；贱金属制成的通用零件（第十五类）——钢铁制的丝、链、螺栓、螺丝钉及弹簧（税目 73.12、73.15、73.18 或 73.20）；税目 83.01 所列的锁；税目 83.02 所列的门窗等用的配件及架座；税目 82.07 所列的可互换工具；其他类似的可互换工具应按其工作部件的构成材料归类（例如，橡胶制的归入第四十章，皮革制的归入第四十二章，毛皮制的归入第四十三章，软木制的归入第四十五章，纺织材料制的归入第五十九章，研磨料等制的归入税目 68.04，陶瓷制的归入税目 69.09 等）；具有玩具、游戏品或运动用品性质的机器或装置，以及明显专用于或主要用于玩具、游戏品、运动用品的零件及附件（第九十五章）；用作机器零件的刷子（税目 96.03）；塑料制的传动带或输送带（第三十九章）；未硬化硫化橡胶制品（例如，传动带或输送带）（税目 40.10）；橡胶外胎、内胎等（税目 40.11 至 40.13）；垫圈等（税目 40.16）；皮革或再生皮革制品（例如，织机用的皮结）（税目 42.04）；毛皮制品（税目 43.03）；纺织材料制品，例如，传动带或输送带（税目 59.10）、毡垫及抛光轮（税目 59.11）。

知识点二 机械、机电产品零件归类总结

机械、机电产品零件归类原则——第十六类注释二规定：

"除本类注释一、第八十四章注释一及第八十五章注释一另有规定的以外，机器零件（不属于税目 84.84、85.44、85.45、85.46 或 85.47 所列物品的零件）应按下列规定归类：

（一）凡在第八十四章、第八十五章的税目（税目 84.09、84.31、84.48、84.66、84.73、84.87、85.03、85.22、85.29、85.38 及 85.48 除外）列名的货品，均应归入该两章的相应税目；

（二）专用于或主要用于某一种机器或同一税目的多种机器（包括税目 84.79 或 85.43 的机器）的其他零件，应与该种机器一并归类，或酌情归入税目 84.09、84.31、84.48、84.66、84.73、85.03、85.22、85.29 或 85.38。但能同时主要用于税目 85.17 和 85.25 至 85.28 所列机器的零件应归入税目 85.17，专用于或主要用于税目 85.24 所列货品的零件应归入税目 85.29；

（三）所有其他零件应酌情归入税目 84.09、84.31、84.48、84.66、84.73、85.03、85.22、85.29 或 85.38，如不能归入上述税目，则应归入税目 84.85 或 85.48。"

由此可知，一般来说，除上述第一部分所列不归入本类的货品以外，凡明显专用于或主要用于某种机器或装置（包括税目 84.79 或 85.43 所列物品），或同一税目所列同类机器或装置的零件，均应与有关机器或装置一并归类。但下列零件则归入单独税目：税目 84.07 或 84.08 所列发动机的零件（税目 84.09）；税目 84.25 至 84.30 所列机器的零件（税目 84.31）；税目 84.44 至 84.47 所列纺织机器的零件（税目 84.48）；税目 84.56 至 84.65 所列机床的零件（税目 84.66）；税目 84.69 至 84.72 所列办公室用机器的零件（税目 84.73）；税目 85.01 或 85.02 所列机器的零

件（税目 85.03）；税目 85.19 至 85.21 所列装置的零件（税目 85.22）；税目 85.25 至 85.28 所列装置的零件（税目 85.29）；税目 85.35、85.36 或 85.37 所列装置的零件（税目 85.38）。

上述规定不适用于本身已构成第十六类某个税目（税目 84.87 及 85.48 除外）所列物品的零件。这些物品即使用作某种机器的专用零件，仍应归入其具体列名的税目。例如，泵及压缩机（税目 84.13 及 84.14）；起重及搬运机器（税目 84.25、84.26、84.28 或 84.86）；龙头、旋塞、阀门等（税目 84.81）；滚珠轴承、滚子轴承、滚针轴承，以及公差不超过 1% 或 0.05 毫米（以相差数值较小的为准）的抛光钢珠（税目 84.82）；传动轴、曲柄、轴承座、滑动轴承、齿轮及齿轮传动装置（包括摩擦传动装置、齿轮箱及其他变速装置）、飞轮、滑轮与滑轮组、离合器及联轴器（税目 84.83）；密封垫及类似的接合衬垫（税目 84.84）；电动机（税目 85.01）；加热电阻器（税目 85.16）；电容器（税目 85.32）；电路的开关、保护等用的电气装置（例如，开关、熔断器、接线盒等）（税目 85.35 及 85.36）；用于电气控制或电力分配的盘、板、台、柜及其他装置（税目 85.37）；电气设备用碳精制品（例如，弧光灯碳棒、碳电极及碳刷）（税目 85.45）；各种材料制的绝缘子（税目 85.46）。

其他可确定为机器零件，但非专用于或主要用于某种机器或某类机器（即通用于不同税目所列的多种机器）的物品，若为非电气零件应归入税目 84.85，若为电气零件应该归入税目 85.48。零件总体归类优先顺序为：排他零件—通用零件—具体列名零件—专用零件—非专用零件。

例 引线框架。铜含量为 99.6% 以上，铁含量为 0.05%~0.15%，磷含量为 0.015%~0.05%。用途为专用于生产集成电路，引线框架是集成电路的芯片载体，使用焊膏等黏合剂将芯片粘与芯片内部电路的连接。

分析 通过"引线框架是集成电路的芯片载体"及其他描述，可判断引线框架是集成电路的零件，故可根据机电产品零件的归类原则进行判断，查找可知，引线框架非分布在排他零件中，非通用零件，也无具体列名零件，由于此零件专属于集成电路（税目 85.42）的专用零件，故应归入商品编码 8542.9000。

15-1　第十六类　机器、机械器具、电气设备及其零件；录音机及放声机、电视图像、声音的录制和重放设备及其零件、附件（二）

课题名称	第十六类　机器、机械器具、电气设备及其零件；录音机及放声机、电视图像、声音的录制和重放设备及其零件、附件（二）	签到	
学习目标	1. 查阅资料，了解多功能机器及功能机组机器的商品学知识 2. 掌握多功能机器与组合机器的归类原则，理解功能机组的归类思路 3. 掌握机器、机电产品优先归类的相关规定		
学习重点	熟练掌握多功能、功能机组、组合机器的归类原则及思路		
学习时间		学习札记	

知识点一　多功能机器与组合机器归类原则

（一）多功能机器及组合机器归类原则——第十六类注释三

"由两部及两部以上机器装配在一起形成的组合式机器，或具有两种及两种以上互补或交替功能的机器，除条文另有规定的以外，应按具有主要功能的机器归类。"

一般来说，多功能机器如果能确定其主要功能，应该按照主要功能进行归类；如果不能确定主要功能，应该从后归类。

例如，利用可互换工具进行多种机械加工（例如，铣削、镗削、磨削）的金属加工机床是一种多功能机床。在不能确定机器的主要功能，而且根据第十六类注释三的规定，条文也没有列出其他要求时，可运用归类总规则三（三）进行归类。

组合机器是由两台或多台不同类型的机器或器具组成的整套设备，各台机器可同时或序贯执行各自的功能，这些功能一般是互补的，不同的功能列在第十六类的不同税目中，这种组合机器也应按其主要功能归类。

在执行上述规定时，各种不同机器如果是一台机器装在另一台机器的内部或上面，或者两者装在同一个底座、支架之上或同一个机壳之内，应作为一个整体对待。

（二）多功能机器及组合机器归类原则注意事项

对于一组机器，除非其各台机器是永久性连在一起使用，或装在同一个底座、支架上或机壳内，否则不能作为一个整体对待。临时组合使用的或通常在结构上不视为组合机器的机器组合体不能作为一个整体对待。这些机器的底座、支架或机壳可以装有轮子，以便在使用时随意移动，但不能因此而构成《协调制度》某一税目具体列名的另一种物品（例如，车辆）。地板、混凝土底座、墙、隔板、天花板等，即使经专门装配以备安装机器或器具，也不能将其视为将有关机器或器具连成一体的共同底座。

需要注意的是，多用途机器（例如，金属及其他材料的加工机床，或造纸、纺织、皮革、塑料等工业通用的打孔机），应按第八十四章注释八的规定归类——能确定主要用途，应该按照主要用途归类，若不能确定主要用途，则归入税目84.79。

知识点二　功能机组归类原则

第十六类注释四："由不同独立部件（不论是否分开或由管道、传动装置、电缆或其他装置连接）组成的机器（包括机组），如果组合后明显具有一种第八十四章或第八十五章某个税目所列功能，则全部机器应按其功能归入有关税目。"

由此可知，当一台机器（包括机组）由多个独立部件组成，组合后明显只为一种第八十四章、更常见的是第八十五章某个税目所列功能工作时，可运用第十六类注释四。整套设备应按有关功能归入其相应税目，不论各个部件是否为了方便或其他原因而彼此分开，或仅用管道（装有空气、压缩空气、油等）、传动装置、电缆或其他装置连接起来。

所称"明显只为一种功能工作"的机器，仅包括在作为一个整体的功能机组中起主要功能作用的机器或机组，但不包括执行辅助功能而不是执行整套设备的主要功能的机器或器具。

例如，一套液压系统，由液压动力装置（主要由液压泵、电动机、控制阀及油箱组成）、液压缸及连接液压缸和液压动力装置所需的管道构成（税目84.12）；一套冷藏设备，其各个构成部件并不组装成整体，而是由管道连接起来，冷却剂在管道中循环流动（税目84.18）；一套灌溉系统，包括由过滤器、喷射器、计量阀等组成的控制站、地下分布支管及地面网络（税目84.24）。

知识点三　机器、机电产品优先归类总结

第十六类的机器、机电产品归类时，不可避免会遇到优先归类问题，尤其是第八十四章产品。第八十四章产品可分为两大类，一类是通用机器（税目84.02至84.24），主要是按照商品的功能进行排列；另一类是专业

机器（税目 84.25 至 84.78），基本上是按照商品的用途进行排列。一台机器，是应按照功能归类还是按照用途归类？离子束机床和普通机床如何进行区分归类？解决此类问题需要结合类注释、章注释的条款，灵活运用优先归类条款归类。

（一）"功能优于用途"原则

第八十四章注释二："除第十六类注释三及本章注释十一另有规定以外，如果某种机器或器具既符合税目 84.01 至 84.24 中一个或几个税目的规定，或符合税目 84.86 的规定，又符合税目 84.25 至 84.80 中一个或几个税目的规定，则应酌情归入税目 84.01 至 84.24 中的相应税目或税目 84.86，而不归入税目 84.25 至 84.80 中的有关税号。"即当一个商品既可按功能归入第八十四章的 84.01 至 84.24 中一个或几个税目或者是归入税目 84.86，又可以按用途归入第八十四章的 84.25 至 84.80 中一个或几个税目的时候，要优先考虑功能，即"功能优于用途"原则。同时，需要注意的是，在税目 84.86 和税目 84.01 至 84.24 中，税目 84.86 具有优先权。

（二）"特种机床优于普通机床"原则

机床是进出口商品中较为常见的产品，可归入税目 84.56、84.57、84.58、84.59、84.60、84.61、84.64 或 84.65，主要根据其加工对象和加工方式进行排列。机床可分为特种机床和普通机床，特种机床指用激光、其他光、光子束、超声波、放电、电化学法、电子束、离子束或等离子弧、水射流等加工或处理材料的机床，归入税目 84.56；其他机床为普通机床。

特种机床优先于普通机床归类，既符合税目 84.56 的规定，又符合税目 84.57、84.58、84.59、84.60、84.61、84.64 或 84.65 的规定时，应归入税目 84.56。在确定特种加工机床的子目时，主要考虑的因素是加工原理，被加工的对象是何种材料并不影响其归类，而普通机床需要根据加工对象、加工方式确定归类。

例如，超声波卧式车床，应归入税目 84.56，而非税目 84.58，此即符合特种机床优先于普通机床的规定。

（三）特殊税目优先归类规定

可归入税目 85.11、85.12、85.40、85.41 或 85.42 的商品，即使它们具有税目 85.01、85.02、85.03、85.04 所列货品的特征或功能，也优先归入税目 85.11、85.12、85.40、85.41 或 85.42。

例如，点燃式发动机用的永磁直流发电机，应归入税目 85.11，而非税目 85.01，此即符合优先归类的规定。

15-2　第十七类　车辆、航空器、船舶及有关运输设备

课题名称	第十七类　车辆、航空器、船舶及有关运输设备	签到	
学习目标	1. 查阅资料，了解车辆航空器航天器的商品学知识 2. 掌握多功能多用途车辆的归类原则，掌握车辆、船舶零附件的归类说明 3. 掌握客车及特种车辆的归类规定		
学习重点	多功能多用途车辆的判断及归类，车辆零件、附件的归类分析		
学习时间		学习札记	

知识点一　多功能多用途车辆归类原则

　　第十七类包括各种铁道车辆及气垫火车（第八十六章）、其他陆上车辆，气垫车辆（第八十七章）、航空器及航天器（第八十八章），以及船舶、气垫船及浮动结构体（第八十九章）。有些车辆具有多功能多用途（例如，水路两用的摩托车），而有些运输工具为气垫式（例如，气垫火车）。

　　（一）多功能多用途车辆归类

　　1. 既可在道路上行驶，又可在轨道上行驶的特殊构造的车辆，归入第八十七章。

　　2. 水陆两用的机动车辆，归入第八十七章。

　　3. 可兼作地面车辆使用的特殊构造的航空器，归入第八十八章。

　　（二）气垫运输工具应按本类最相似的运输工具归类

　　1. 在导轨上运行的（气垫火车），归入第八十六章。

　　2. 在陆地行驶或水陆两用的，归入第八十七章。

　　3. 在水上航行的，不论能否在海滩或浮码头登陆及能否在冰上行驶，一律归入第八十九章。

　　气垫运输工具的零件、附件，应按照上述规定，与最相类似的运输工具的零件、附件一并归类。

知识点二 车辆、船舶的零件、附件归类总结

(一) 铁道及电车道机车、车辆的零件及附件归类总结

铁道及电车道机车、车辆的零件应归入税目86.07，但这些零件必须同时符合下列两个条件：一是必须能确定为专用于或主要用于上述车辆；二是不属于第十七类注释所列不包括的货品范围。铁道及电车道机车、车辆的零件可包括配有两根或多根轴的转向架、直轴或曲轴、车轮、轴箱、制动及取暖系统用的带接头管道、车辆缓冲器等。但下列的铁道及电车道机车、车辆的零件及附件不归入第八十六章：贱金属链条及其他通用零件（第十五类）；信号灯（税目85.30或94.05）。

(二) 车辆及其零件及附件的归类总结

非铁道及电车道车辆的零件及附件可首先考虑归入税目87.08、87.14、87.15、87.16。税目87.08包括税目87.01至87.05所列机动车辆的零件及附件，例如，底板、侧板、前面板、后面板、行李舱、离合器、方向传动轴、半轴、车轮等。税目87.14包括税目87.11至87.13所列机动车辆的零件及附件，例如，运货三轮车的车篷、车门、鞍座、鞍座柱、车把手、车把转柄、挡泥板等；税目87.15与税目87.16各包括其专属的零件，例如，税目87.16货品的零件归入商品编码8716.9000。需要注意的是，下列货品不归入税目87.15与税目87.16：电磁离合器（税目85.05）；发动机的内部零件，例如，税目84.09的连杆、推杆、气门挺杆以及税目84.83的曲轴、凸轮轴及飞轮。

(三) 船舶或浮动结构体的零件及附件的归类总结

第八十九章未对船舶或浮动结构体的零件（船体除外）及附件的归类作规定。因此，这些零件及附件即使可确定为船舶等用的，仍应归入其他章的相应税目。例如，第十七类注释二所指的零件及附件（通用零件）；木制的橹及桨（税目44.21）；纺织材料制的缆绳（税目56.07）；纺织材料制成的船帆（税目63.06）；钢铁制成的舷梯、栏杆（税目73.08）；钢铁制的缆索（税目73.12）；钢铁制的锚（税目73.16）；船用的推进器及桨轮（税目84.87）；船舶用舵（税目44.21、73.25、73.26等）；船舶转向及操舵装置（税目84.79）。

(四) "专用于"或"主要用于"零件及附件的归类

1. 既可归入第十七类，又可归入其他类的零件及附件。

根据第十七类注释三的规定，非专用于或非主要用于第八十六章至第八十八章所列货品的零件及附件，不归入上述各章，既可归入第十七类，

又可归入其他各类的零件或附件，最终应根据其主要用途来确定归类。例如，许多第八十四章所列移动式机器用的转向机构、制动系统、车轮及挡泥板等货品，实际上与第八十七章所列卡车用的几乎完全相同，但因为它们主要用于卡车，所以这些零件及附件应归入第十七类。

2. 可归入第十七类中的两个或多个税目的零件及附件。

某些零件及附件可适用于多种运输工具（汽车、航空器、摩托车等），例如，制动器、转向系统、车轮、车轴等。这些零件及附件应归入其主要用于该种运输工具的零件及附件有关税目。

3.《协调制度》其他税目列名更为具体的零件及附件。

凡在《协调制度》其他税目列名更为具体的零件及附件，即使能确定为用于第十七类所列货品的，仍不归入第十七类。例如，硫化橡胶（硬化橡胶除外）制的异型材（税目 40.08）；硫化橡胶制的传动带（税目 40.10）；橡胶轮胎、可互换胎面、轮胎衬带及内胎（税目 40.11 至 40.13）；皮革、再生皮革、钢纸等制的工具袋（税目 42.02）；自行车或气球用的网（税目 56.08）；纺织地毯（第五十七章）；由钢化玻璃或层压玻璃制的未镶框的安全玻璃（税目 70.07）；后视镜（税目 70.09 或第九十章）；速度计、转数计等用的软轴（税目 84.83）；车辆座椅（税目 94.01）。

知识点三　客车及特种车辆归类总结

（一）机动客车

机动客车可以归入税目 87.02、87.03。税目 87.02 包括可乘载 10 人及以上（包括驾驶员）的客运机动车辆，例如，公共汽车、长途客运汽车、无轨电车及飞轮蓄能大客车，可装有任何一种发动机（活塞式内燃机、电动机、活塞式内燃机与一个或多个电动机的组合体等）。税目 87.03 包括十人以下（包括驾驶员）的客运机动车辆，例如，雪地越野汽车、救护车、囚车、灵车、旅宿汽车（野营汽车等）[一种专门配有起居设施（例如，卧室、厨房、卫生间等）的载客车]。

（二）以维修或服务为目的的特种车辆

税目 87.05，是指经特制或改装，配有各种装置，使其具有某些非运输性功能的机动车辆，其主要不是用于载人或运货而是以维修或服务为目的。

1. 带泵机动车，装有通常由车辆本身的发动机驱动的泵（例如，救火车）。

2. 装有云梯或升降平台的车辆，供维修架空电缆、路灯等用。

续表 3

3. 清洁街道、明沟，机场跑道等用的车辆（例如，清扫车、洒水车）。

4. 移动式钻机（即装有钻探装置、绞车及其他设备供钻井等用的车辆）。

5. 工场搬运车，装有各种机器及工具、焊接器具等。

6. 流动放射线检查车（例如，装有检查室、暗室及整套的放射设备）。

7. 流动诊疗车（医疗及牙科用），设有手术室，并配有麻醉设备。

8. 探照灯车，车上装有一部探照灯，由汽车发动机驱动的发电机供电。

9. 赛马赌金计算车，装有计算机器，用以自动计算赛马场上的赢面。

10. 流动实验室（例如，用于检验农用机械的操作性能）。

需要注意的是，机动压路机应归入税目 84.29；农用滚压机应归入税目 84.32。

（三）铁道及电车道用的特种车辆

税目 86.04 是指铁道及电车道用的特种车辆，归入该税目的车辆（不论是否机动）专用于安装、维修或保养轨道及轨道旁设施。例如，抢修车；绞盘车；安装及维修电缆用的台架车；铁道检验车，配有检测发动机、制动装置等的工作情况（例如，用以检验牵引载荷，检查路轨、路基、桥梁故障等）的自动检验仪器；铁路工人保养路轨用的机动查道车（包括轨道机动自行车），等等。

16-1 第十八类 光学、照相、电影、计量、检验、医疗或外科用仪器及设备、精密仪器及设备；钟表；乐器；上述物品的零件、附件

课题名称	第十八类 光学、照相、电影、计量、检验、医疗或外科用仪器及设备、精密仪器及设备；钟表；乐器；上述物品的零件、附件	签到	
学习目标	1. 查阅资料，了解光学设备及医疗设备的商品学知识 2. 掌握光学仪器设备零附件的归类原则，钟表及乐器、武器、弹药零附件归类 3. 掌握医疗、外科、牙科或兽医用仪器及器具归类规定		
学习重点	医疗、外科、牙科或兽医用仪器及器具的归类规定		
学习时间		学习札记	

知识点一　光学仪器等设备零附件归类原则

第九十章包括仪器及设备范围很广。一般来说，具有深加工和高精度的特征，主要供科学研究（实验室研究工作、科学分析、天文学研究等）、各种专业技术或工业方面（计量、检验、监测等）及医疗方面使用。关于光学、照相、电影、计量、检验、医疗或外科用仪器及设备、精密仪器及设备的零附件的归类，需要参考第九十章注释二：

"除上述注释一另有规定的以外，本章各税目所列机器、设备、仪器或器具的零件、附件，应按下列规定归类：

（一）凡零件、附件本身已构成本章或第八十四章、第八十五章或第九十一章各税目（税目84.87、85.48或90.33除外）所包括的货品，应一律归入其相应的税目；

（二）其他零件、附件，如果专用于或主要用于某种或同一税目项下的多种机器、仪器或器具（包括税目90.10、90.13或90.31的机器、仪器或器具），应归入相应机器、仪器或器具的税目；

（三）所有其他零件、附件均应归入税目90.33。"

由此可知，第八十四章、第八十五章、第九十一章有具体列名的零附件，应按照具体列名进行归类，例如，电子显微镜用的真空泵应归入税目84.14；专用的零附件，可归商品本身税目，例如，电影摄像机的零附件应归入商品编码9007.9100；其余零附件若既无具体列名也无专用性说明，则应归入税目90.33。

知识点二　医疗、外科、牙科或兽医用仪器及器具归类要点

医疗、外科、牙科或兽医用仪器及器具主要列在税目90.18中。此税目90.18包括种类繁多的仪器及器械，这些仪器及器械主要是供各专科医务人员（例如，医生、牙医、兽医等）用于疾病的预防、诊断、医治或手术治疗等，也包括解剖实验、解剖检验等用的仪器及器械，以及符合某些条件的牙科诊疗仪器及器械；可以用任何材料（包括贵金属）制成。税目90.18的仪器及器械可带有光学装置，可以是电气装置（原动的或传动的），也可以是作疾病预防、治疗及诊断等各种用途的，还包括以激光、其他光或光子束进行工作的仪器及器械，以及超声波仪器及器械。

需要注意的是，一些医疗或外科（包括兽医的）器械实际上和普通工具或刀具没有多大区别，例如，锤、槌、锯、凿、钳、镊、压舌板、剪刀、刀具等，这些器械只有通过形状上的某些特殊之处、宜于拆卸消毒、生产质量上乘或者所用金属材料的性质及其配套组成（常常是装于箱盒中的解剖、耳外科及牲畜生产等专用的成套器械）等情况，可确定为明

续表 2

显用于医疗或外科方面的，才能归入税目 90.18，否则可按其材质进行归类。归入税目 90.18 的商品有：诊断专用仪器及器械，例如，听诊器、血压计、测定肺活量的肺量计等；眼科仪器，例如，手术仪器（角膜环钻、角膜刀）、视网膜镜、斜视镜等；耳科仪器，例如，耳镜；麻醉器械及仪器（面罩、面具固定套、气管插管等）；鼻、喉或扁桃体的医疗仪器，例如，扁桃体刀及铡除刀、喉镜、喉刷等；咽喉、食道、胃或气管医疗仪器，例如，食管镜、支气管镜、插管等。

需要注意的是，商品编码 9018.9080 所称"手术机器人"，是指由机械臂、控制台、成像系统等部分组成，能以微创方式实施复杂的外科手术的一种医疗设备，包括骨科手术机器人、腔镜手术机器人、神经外科手术机器人、放射介入手术机器人。

在实际归类操作时，部分医疗卫生产品不归入税目 90.18。例如，作为外科缝合线的无菌肠线、无菌昆布及无菌昆布塞条（税目 30.06）；诊断或实验用试剂（税目 38.22）；实验、卫生及医疗用玻璃器皿（税目 70.17）；视力矫正、眼睛保护等用的眼镜、护目镜及类似品（税目 90.04）；氧疗法、臭氧疗法、人工呼吸以及按摩等用的设备装置（税目 90.19）；矫形用具、人造假肢及骨折用具（税目 90.21）；体温计（税目 90.25）；医疗或外科用家具，包括兽医用的手术台、检查台、病床（税目 94.02）。

知识点三　钟表及乐器归类总结

（一）关于钟表的归类总结

钟表一般可归入第九十章。第九十章主要包括用于计时或进行与时间有关的某些操作的器具，其中包括适于个人随身佩带的时计（手表及秒表）、其他时计（普通钟、装有表芯的钟、闹钟、航海时计、机动车辆用钟等）、时间记录器、时间间隔测量仪以及定时开关。这些物品可用各种材料（包括贵金属）制成，也可以用天然或养殖珍珠，或者用天然、合成或再造的宝石或半宝石进行装饰。第九十章的钟表可以是电气的（包括电子的），也可以是机械的。

在进行手表、怀表及秒表归类时，需要注意税目 91.01 和税目 91.02 的区别。

税目 91.01 的表壳必须是完全以贵金属或包贵金属制成的，或是用贵金属或包贵金属与税目 71.01 至 71.04 的天然、养殖珍珠或宝石、半宝石合制的表，但不包括用镀贵金属制成或在贱金属上镶嵌贵金属的表，以及表壳的面部是贵金属、背部是其他材料制成的表（税目 91.02）。需要注意的是，步数计应归入税目 90.29，带表芯的钟应归入税目 91.03，供车辆、航空器、航天器或船舶用的仪表板钟及类似钟应归入税目 91.04。

（二）乐器用零附件归类总结 　　乐器应归入第九十二章，乐器的零附件可归入税目 92.09，包括节拍器、音叉及定音管、乐器用弦、手风琴的按键，等等。需要注意的是，以下产品不归入第九十二章：贱金属制通用零件（第十五类）；钢琴凳（税目 94.01）；供长笛、双簧管等用的清洁刷（税目 96.03）；作玩具用的乐器（税目 95.03）；超过 100 年的乐器（税目 97.06）；固定乐器用的乐架（税目 96.20）；落地式乐谱架或乐谱台（税目 94.03）；模制成一定形状的弓弦用松香（税目 96.02）。

16–2　　第十九类　武器、弹药及其零件、附件

课题名称	第十九类　武器、弹药及其零件、附件	签到	
学习目标	1. 查阅资料，了解武器、弹药的商品学知识 2. 掌握武器、弹药的归类要点 3. 掌握武器、弹药归类细节		
学习重点	武器、弹药归类的注意事项		
学习时间			学习札记

知识点　武器、弹药零附件归类总结

　　武器、弹药应归入第九十三章，武器、弹药的零附件可选择归入税目 93.05、93.06、93.07。税目 93.05 主要包括税目 93.01 至 93.04 所列物品的零件、附件，例如，各种枪炮的套管、枪闩、枪机、扳机护圈、机枪机芯、消音器等；税目 93.06 的零附件主要包括子弹壳、炸弹的弹翼、手榴弹的撞针、安全销、杠杆等；税目 93.07 的零附件主要包括剑身、柄、护罩、把手等。需要注意的是，以下产品即使作为武器、弹药的零附件，也不归入第九十三章：制成的炸药及发射药（税目 36.01 及 36.02）；安全导火索、导爆索、引爆器及电子雷管（税目 36.03）；信号弹及降雨火箭（税目 36.04）；灭火弹及灭火器的装填药（税目 38.13）；皮革制的佩挂剑、刺刀等用的挂带（税目 42.03）；纺织材料制的皮革制的佩挂剑、刺刀等用的挂带（税目 62.17）；作为刀具的狩猎、露营以及其他用途的刀（税目 82.11）；贵金属或包贵金属制的鞘和套（税目 71.15）；枪盒（税目 42.02）；武器用望远镜瞄准具及类似瞄准具（税目 90.13）。

| | | 16-2 | | 第二十类　杂项制品 | | | |

课题名称	第二十类　杂项制品	签到	
学习目标	1. 查阅资料，了解家具、寝具、灯具的商品学知识 2. 掌握家具、寝具、灯具的归类要点 3. 掌握玩具类产品归类细节		
学习重点	家具、寝具、灯具，以及玩具类产品归类的注意事项		
学习时间		学习札记	

知识点一　关于家具、寝具、灯具的归类总结

（一）关于家具、寝具的归类总结

家具、寝具一般应归入第九十四章。第九十四章所称"家具"，是指任何"可移动"的物品。它们的主要特征是供放置在地上，并具有实用价值，用在民宅、旅馆、戏院、电影院、办公室、教堂、学院等，以及船舶、飞机、铁道车厢、机动车辆、拖挂篷车及其他运输工具上。需要注意的是，有些用螺栓等固定在地板上的物品（例如，船用椅子）也可作为可移动的家具归入第九十四章。

归类时，需要注意以下事项。

1. 具有实用价值的落地式可移动家具，落地式或悬挂的，固定在墙壁上的、叠摞的碗橱、书柜、其他架式家具、坐具及床、单独报验的组合家具各件，可归入税目 94.01 至 94.03。

2. 税目 94.02 的医疗外科、牙科或兽医用的家具不可带有医疗器械，若带有牙科器械的牙科用椅应归入税目 90.18。

3. 充气褥垫或枕头（税目 39.26、40.16 或 63.06）。

4. 牙科漱口盂及装有税目牙科器械的牙科用椅（税目 90.18）。

5. 具备家具特征的旅行箱、衣箱及类似品（税目 42.02）。

6. 落地镜，例如，鞋店、时装店等用的穿衣镜、旋转镜（税目 70.09）。

7. 吊床（税目 56.08 或 63.06）。

8. 落地灯、其他灯具及照明装置（税目 94.05）。

（二）关于灯具的归类总结

归入税目 94.05 的灯具及照明装置可以用任何材料制成（不包括第七十一章注释一所述的材料），使用任何光源（例如，烛、灯油、汽油、煤油、煤气、乙炔、电等）。该税目的电气灯具及照明装置可以配有灯座、开关、花线及插头、变压器等，荧光灯还可有启辉器或镇流器。例如，吊灯、碗形

续表

灯、棚顶灯、枝形吊灯、壁灯、落地灯、台灯、床头灯、火车前灯、飞机前灯、船舶用灯等。税目 94.05 不包括以下产品：蜡烛（税目 34.06）；封闭式聚光灯（税目 85.39）；机动车辆及自行车用的电气照明装置（税目 85.12）；内装有照明装置的印刷球仪（税目 49.05）；交通路口的信号灯（税目 85.30）；光学光束信号装置（税目 90.13）；医疗用诊断、探查、照射用灯（税目 90.18）；中国灯笼（税目 95.05）；不带有灯座、开关等的灯（税目 85.39）；树脂火炬（税目 36.06）；自供能源彩灯手提式电灯（税目 85.13）；照相用的闪光灯（税目 90.06）。

知识点二　玩具类产品归类总结

玩具类产品应归入第九十五章，尤其是税目 95.03。第九十五章包括各种玩具，不论是供儿童或供成人娱乐用。例如，带轮玩具（例如，三轮车、踏板车、踏板汽车）；玩偶车（例如，手推玩偶车）；玩偶；玩具运动器材；玩偶房屋及家具；按比例缩小的模型及类似娱乐用模型及各种智力玩具等。税目 95.03 也包括玩具的零附件，归入商品编码 9503.0090。

需要注意的是，第九十五章不包括以下产品，即使其可作为玩具使用：儿童用颜料（税目 32.13）；儿童娱乐用塑型膏（税目 34.07）；儿童图画书（税目 49.03）；转印贴花纸（税目 49.08）；三轮车或其他带轮玩具用的铃、锣（税目 83.06）；配有玩偶人像的音乐盒（税目 92.08）；纸牌游戏品（税目 95.04）；玩具纸帽、面具、假鼻子（税目 95.05）；儿童用粉笔及彩色蜡笔（税目 96.09）；烟花及其他烟火制品（税目 36.04）；配有玩偶人像的音乐盒（税目 92.08）；儿童两轮车（税目 87.12）；无人驾驶航空器（税目 88.06）；媒诱音响器及哨子（税目 92.08）；圣诞树用灯串（税目 94.05）。

16-2 // **第二十一类　艺术品、收藏品及古物**

课题名称	第二十一类　艺术品、收藏品及古物	签到	
学习目标	1. 查阅资料，了解艺术品、收藏品及古物的商品学知识 2. 掌握艺术品、收藏品及古物的归类要点 3. 掌握艺术品、收藏品及古物的归类细节		
学习重点	艺术品、收藏品及古物归类的注意事项		
学习时间		学习札记	

知识点　艺术品及其他杂项制品归类要点

税目 96.01、96.02 所称"已加工"，是指其加工程度超出了第五章某些税目所允许对有关原材料进行简单整理的范围，包括已切割成形（包括正方形和长方形）、抛光或用磨、钻、铣、车等方法制成板、片、棒等形状的兽牙、骨、龟壳、角、鹿角、珊瑚、珍珠母、椰子壳、美人蕉的种子等。

税目 96.02 所称"植物质或矿物质雕刻材料"，包括用于雕刻的硬种子、硬果核、硬果壳、坚果及类似植物材料（例如，象牙果及棕榈子、相思豆）等。需要注意的是，塑型膏，包括儿童娱乐用塑型膏，牙医用的牙模蜡或牙模混合物，成套或零售包装，或制成板形、马蹄形、条形或类似形状的，应归入税目 34.07；以明胶为基本材料的复印膏应归入税目 38.24；示范用模型应归入税目 90.23。

税目 96.03 既包括制刷用的原材料也包括成品刷子，但该税目的制刷原材料仅限于未经安装的成束、成簇的动物毛、植物纤维、化学纤维等。它们无须分开即可安装在帚、刷上，或末端只需稍加修剪即可供安装之用。若未经整理准备装于帚、刷上的成捆（或类似商业形式）兽毛、植物纤维或其他材料应归入其他对应的章节税目，例如，散装的制刷用的兽毛，应归入税目 05.02。

税目 96.07 至 96.14 及 96.16 至 96.18 所列物品可以全部或部分由天然或养殖的珍珠、宝石或半宝石（天然、合成或再造）制成，或由贵金属或包贵金属制成。但税目 96.01 至 96.06 及 96.15 所列物品可以装有上述材料制成的小配件。

笔类及其零附件产品众多，具体归类如下：圆珠笔、自来水笔、墨汁画笔、活动铅笔（税目 96.08）；铅笔、图画炭笔、制成的粉笔、铅笔芯（税目 96.09）；自来水笔的装有墨水的芯（税目 32.15）；圆珠笔的笔尖钢珠（税目 73.26 或 84.82）；数学绘图笔（税目 90.17）；药用笔（例如，用以治疗周期性偏头痛的笔）（税目 30.04）；化妆或盥洗用笔（例如，眉笔、止血笔）（税目 33.04 或 33.07）；裁缝用划粉（用块滑石制成）（税目 96.09）。

第九十七章主要包括完全用手工绘制的油画、绘画及粉画；拼贴画、镶嵌画；版画、印制画及石印画的原本；雕塑品的原件；受到进出口管制的具有文化意义的物品。需要注意的是，税目 97.01 至 97.05 的物品即使超过 100 年，也仍应归入这些税目。手工绘制的工业、建筑、工程用的设计图纸原件，应归入税目 49.06；手工绘制的时装、珠宝首饰、壁纸、织物、家具等用的设计图纸原件，应归入税目 49.06；作舞台、摄影的布景及类似用途的已绘制画布，应归入税目 59.07 或 97.06。

项目四
商品归类自测巩固

课程目标

知 识 目 标
● 熟练运用归类规则对商品进行归类

素 养 目 标
● 培养认真谨慎的做事态度
● 提升关务人员的专业归类素养

技 能 目 标
● 能够掌握和灵活运用归类原则，对不同商品进行归类

项目引子

血液透析装置，是一种对人体血液进行体外循环的重要医疗设备，它利用透析、过滤、吸附、膜分离等原理，对血液进行过滤，在对晚期肾脏病、肾功能衰竭、尿毒病患者进行抢救时，代替部分肾功能的重要医疗设备。一般由透析液供给装置、透析器、水处理装置和透析液、血液监视装置等设备组成。该如何下手？从哪个角度分析？

任务 1　商品归类章节自测题

第一章　活动物

 要求 请直接写出对应的八位编码

1. 海牛，非改良种用。
2. 斑鸠，改良种用，附有省级纯种证明。
3. 活乳猪，改良种用，附有纯种的省级有关证明，重量为 80 千克/头。
4. 流动动物园巡回展出的猴子，随流动动物园一同出口报验。
5. 供食用的珍珠鸡，活体形式出口报验，3 千克/只。
6. 北京动物园供观赏用的鸸鹋，非流动动物园用途。
7. 野鸡，供食用，附有省级出口证明。
8. 从新加坡进口，专供展览用的活体蜥蜴，有证明报告。
9. 供食用的甲鱼，活体形式出口报验。
10. 改良种用的牛羚，非野生，附有省级纯种证明。
11. 鹌鹑，专供食用，150 克/只，活体状态出口报验。
12. 改良种用的七星瓢虫，附有省级纯种证明。
13. 流动动物园供展览的娃娃鱼，随流动动物园一同出口报验。
14. 食用乳鸽，活体形式出口报验。
15. 珍珠鸡，家养，专门作改良种用出口，2000 克/只，附有省级纯种证明。
16. 家养宠物犬（泰迪），活体形式出口报验。
17. 蛙苗，改良种用，附有省级纯种证明。
18. 供观赏用的活体黄金蟒蛇，非流动动物园用途。
19. 活鸭，重量为 180 克/只，出口专供食用。
20. 驴骡，出口供食用。

第二章　肉及食用杂碎

 要求 | 请直接写出对应的八位编码

1. 食用乳鸽，出口前已经过冷冻处理。
2. 某品牌猪肝罐头，220克/罐。
3. 经过冷冻加工处理的鸡肝，200克/袋，密封塑料袋装出口报验。
4. 鸡腿肉串，经过碳烤、调味处理。
5. 冷冻处理的兔头，出口前经过杀菌处理。
6. 猪肚，已经切成丝状，经过冷冻处理。
7. 牛肉细粉，经过蒸煮处理，密封塑料袋装出口报验，供人食用。
8. 雏鸡脂肪，未炼制，经过熏制加工处理。
9. 野鸡，经过冷藏加工处理，出口供食用，附有省级允许出口证明。
10. 熏制而成的猪舌头，密封塑料袋装出口报验。
11. 红烧猪肉，取其前腿加工而成，经过腌制处理。
12. 经过风干处理的猪蹄筋，未经任何调味处理。
13. 家牛的胆囊，出口专供药用，临时保藏，经过杀菌处理。
14. 新鲜的供人食用的青蛙后腿，塑料袋装出口报验，10只/袋。
15. 猪肉细粉，非供人食用，经过干制加工处理。
16. 经过冷冻处理的公鸡爪，密封塑料袋装，未经过任何调味处理。
17. 出口时仅经过冷冻处理的雏鸡腿，块状出口报验。
18. 已经装入猪肠衣的熏制牛肉，未经过绞碎及调味处理，供食用。
19. 未炼制的肥猪肉，不带瘦肉，经过腌渍处理。
20. 冷冻处理的鸡胗，密封塑料袋装出口报验。

第三章　鱼、甲壳动物、软体动物及其他水生无脊椎动物

 要求 | 请直接写出对应的八位编码

1. 烟熏处理的可食用鲍鱼，未经调味处理，5个/袋。
2. 经过干制处理的海参粉，袋装出口报验，可供人食用，20克/袋。
3. 整盒海胆，先经过烹煮处理再经过熏制而成，5个/盒。
4. 牡蛎，经过碳烤加工处理。
5. 鹦鹉鱼（淡水鱼种），用于水族箱中饲养，供观赏。

6. 蒸煮鲜海胆，供食用，塑料袋装出口报验。

7. 经过冷藏处理的鱿鱼细粉，适合供人食用。

8. 熏制过的去壳的淡水小龙虾，零售包装出口报验。

9. 盐渍的海蜇，零售塑料袋形式出口报验。

10. 整条草鱼，洗净后先烹煮再盐渍，最后经过熏制处理，袋装出口报验。

11. 深海鳕鱼片（深海鳕科），200 克/袋，先盐腌制后再晒干处理。

12. 碳烤加工处理的鱿鱼，丝状，塑料袋装出口报验。

13. 活的法国进口的蜗牛，观赏用。

14. 经过干制处理的鲳鱼，鱼片状态出口报验，5 片/袋。

15. 大西洋鲑鱼鱼块，干制后熏制，经过烹煮处理，出口时未绞碎。

16. 可供药用的干制海马，密封塑料袋形式包装出口。

17. 冷冻的罗非鱼鱼肝，未经其他加工处理。

18. 冷藏的剑鱼鱼肉，出口前已剔除鱼骨，供食用。

19. 乌贼，活体状态出口报验，非种用。

20. 北方长额虾虾仁，500 克/袋，进口前经过蒸煮加工处理，非密封包装。

第四章　乳品；蛋品；天然蜂蜜；其他食用动物产品

 要求 | 请直接写出对应的八位编码

1. 瓶装冷藏发酵酸乳酒，加有少许水果点缀，零售形式出口报验。

2. 新鲜的牛奶，经检测其中含有 8% 的糖分，可供婴儿饮用，0.5 升/盒。

3. 新鲜的燕窝，条状，200 克/盒，出口未经过其他加工处理。

4. 瓶装印度酥油，由水牛乳或黄牛乳制成的一种黄油，500 克/瓶。

5. 瓶装乳酱，含有少量的食用色素及防腐剂，可食用，20 克/瓶。

6. 新鲜的纯牛奶，经检测脂肪含量为 17%，未添加其他成分，1 升/盒。

7. 一种乳清制品，按重量计，其中乳糖含量为 96%。

8. 罐装酸奶，出口前已经添加 10% 的巧克力，250 克/罐。

9. 某品牌蜂王浆制剂，1 千克/罐，零售形式出口报验。

10. 一种可食用的混合蜂蜜，其中人造蜂蜜和天然蜂蜜各占 50%，500 克罐装出口报验。

11. 人工养殖海龟产的蛋，可供人食用，出口前经过消毒处理。

12. 塑料袋装奶粉，甜味，按重量计脂肪含量为 25%，经过杀菌处理。

13. 一种乳清，经检测乳脂含量为 8%，干质成分为 80%，出口时已成型，经过浓缩处理。

14. 奶粉，未添加任何糖分，其脂肪含量为 5%。

15. 人造黄油，一种用于起酥的油脂，非液态，罐装出口报验。
16. 经过预煮处理的茶叶蛋，4 个/袋。
17. 天然黄油，150 克/罐，为加工糕点专门进口，零售罐装。
18. 经检测含有 10% 的糖分、15% 的脂肪的奶粉，袋装出口报验。
19. 干制处理的蛋黄，未经其他方式加工处理。
20. 奶粉，经检测其中脂肪含量为 30%，未添加任何糖，500 克/袋。

第五章　其他动物产品

 要求 ｜ 请直接写出对应的八位编码

1. 猪肚，经过冷藏加工处理，可供人食用。
2. 制刷用的黄鼠狼尾毛，成簇状态出口报验。
3. 非洲进口的野生犀牛角粉，300 克/听，可作药用。
4. 鲤鱼鳞，可用于制作颜料，零售袋装出口报验。
5. 专门制刷用的獾毛，成簇状态出口报验。
6. 动物胚胎，医学实验室使用。
7. 家鸭绒，出口时仅经过机器消毒处理，制羽绒被用。
8. 清洗过的乳白色珍珠贝壳，出口主要作工艺品用，未经过其他加工处理。
9. 人发，仅经机器脱色处理，主要作假发进口报验。
10. 供制药用的动物胆汁，干制后出口报验。
11. 新鲜的墨鱼骨，未碾磨成粉末状。
12. 玳瑁壳，一种龟壳，出口时已经切割成特定的形状。
13. 鸭血，经过冷藏处理，制作毛血旺原料之一。
14. 牛黄，即牛的胆结石，具有化痰平喘、清热解毒的作用。
15. 牛百叶，出口前仅经过熏制加工处理，零售袋装出口报验。
16. 优质马毛制成的纺织纱线，供零售用。
17. 猪大肠衣，经过干制处理，未消毒，未制成无菌缝合材料。
18. 工人用的清漆刷，由成束的猪鬃制作而成。
19. 人发，出口时仅按长度而未按发梢进行整理。
20. 家牛尾毛，采集后未经任何其他加工处理。

第六章　活树及其他活植物；鳞茎、根及类似品；插花及装饰用簇叶

 要求 | 请直接写出对应的八位编码

1. 彩色塑料制成的人造花，家居装饰用。
2. 苔藓，经过晒干加工处理，进口可作装饰用。
3. 经过风干处理的菊花，专作药用，50 克/罐。
4. 无花果的无根插枝，未经过其他加工处理。
5. 刚采摘下来的新鲜啤酒花，主要作啤酒中的调味剂和稳定剂使用。
6. 种用的杜鹃花，经过嫁接处理。
7. 新鲜的洛阳牡丹花，出口时捆扎成束，带少许绿叶作为点缀。
8. 玫瑰花种子，颗粒状态出口报验，80 克/袋。
9. 养植开花的百合花球茎，出口时培育使用。
10. 天然圣诞树，松树根部已被沸水灼死，未经其他装饰处理。
11. 苹果树的种用苗木，根部用泥包成球状。
12. 经过干制处理的玫瑰花蕾，非药用。

第七章　食用蔬菜、根及块茎

 要求 | 请直接写出对应的八位编码

1. 马铃薯淀粉，由土豆煮熟后，干燥并精细磨碎，用来作增稠剂，300 克/袋。
2. 仅经过晒干处理的小白蘑菇（伞菌属类），250 克/袋。
3. 干制而成的银耳，直径 6 厘米，袋装出口报验。
4. 冷冻袋装马铃薯片，出口前用热油炸过。
5. 扁豆粉，经过干制处理，零售塑料袋形式出口报验。
6. 新鲜马铃薯碾磨而成的细粉，500 克/袋，供食用。
7. 甜玉米，颗粒状态报验，出口前煮熟处理，供人食用。
8. 清洗过的白菜叶，1 千克/袋，作动物饲料出口报验，不适合供人食用。
9. 新鲜的赤豆，带荚状态，袋装出口报验。
10. 用醋酸制作保藏的大蒜，成袋状态出口报验。
11. 天然晒干的脱荚绿豆，已去皮，非种用，1 千克/袋。
12. 经过冷冻处理的芸豆，未经预煮加工。
13. 由 30% 的马铃薯、30% 的菠菜、40% 的松茸组成的可食用混合食品，仅经冷冻

处理。

14. 冷冻的马铃薯（出口前蒸煮处理过）。

15. 袋装的甜玉米粒，经过冷冻处理，出口前已预煮。

16. 某品牌薯片，非咸脆食品，出口前经过冷冻处理。

17. 辣椒干，辣椒经干燥加工后而得，作调味香料进口。

18. 荸荠细粉，可供人食用，零售袋装形式出口报验。

19. 干制西红柿加工而成的细粉，500 克/盒。

20. 暂时保藏泡在盐水中的竹笋，不适合直接供人食用。

第八章　食用水果及坚果、柑橘属水果或甜瓜的果皮

 要求　　请直接写出对应的八位编码

1. 新鲜的水蜜桃罐头，10 罐/箱。

2. 专用于雕刻的核桃壳，未经过其他加工处理。

3. 花生酱，零售罐装出口报验，加有少许甜物质。

4. 龙眼干，100 克/袋，未经过其他加工处理。

5. 柠檬酸，符合化学定义，实验室用。

6. 清水马蹄罐头，500 克/罐，可直接供人食用。

7. 已去壳的栗子，加糖、炒熟后分袋装出口报验。

8. 经过干制处理的莲雾，塑料袋装出口报验。

9. 用清水蒸煮后又经过冷冻处理的栗子，出口时未去壳。

10. 糖炒栗仁，零售塑料袋形式包装出口报验。

11. 新鲜的牛油果，塑料盒装出口报验。

12. 冷藏的可乐果，零售形式出口报验。

13. 新鲜的袋装甜橙，1 千克/袋。

14. 用亚硫酸水暂时保存的甜杏，不适合直接供人食用。

15. 经过干制处理并机器切成丝条状的椰子，非榨油用。

16. 冷藏的凤梨，纸盒箱出口报验，未经过进一步加工处理。

17. 冷藏处理的芒果，印度进口，附有原产地证明。

18. 柠檬皮，经过干燥加工处理，非药用，袋装。

19. 冷藏处理的泰国榴莲，未经过其他加工处理。

20. 袋装金丝蜜枣，工艺流程为选料—分级—清洗—划枣—水洗—糖煮—糖渍—初烘—整形—回烘—分级—包装，500 克/袋。

第九章 咖啡、茶、马黛茶及调味香料

 要求 请直接写出对应的八位编码

1. 咖啡种子，袋装出口报验，附有省级出口证明。
2. 一种由豆蔻粉和甘草粉混合而成的调味品，其中豆蔻粉占 50%、甘草粉占 50%。
3. 姜粉，由生姜研磨而成，可用来调味、腌渍、调汤使用。
4. 碧螺春，添加少许香料点缀，200 克/袋，塑料袋装出口报验。
5. 由莳芹子 100 克、小茴香子 200 克组成的混合调味香料，袋装，出口时未经碾磨。
6. 咖啡粉，经过高温焙炒，用化学方法去除咖啡因，零售形式出口报验。
7. 盒装咖啡蜡，由非洲进口的咖啡加工而成，10 支/盒。
8. 德国进口的咖啡豆，经过烘焙处理，但未浸除咖啡因成分。
9. 由辣椒粉、肉豆蔻粉、枯茗子粉、干姜粉按一定比例混合而成的袋装调味香料。
10. 锡兰肉桂粉，零售罐装形式出口报验，作调味香料。
11. 一种由胡椒粉和辣椒粉混合而成的烹饪调料，其中胡椒粉占 70%、辣椒粉占 30%。
12. 橡果"咖啡"，一种仿制咖啡，经检测不含任何咖啡成分。
13. 已经过焙制加工的新鲜菊苣，专门作咖啡代用品，含有 30%的咖啡成分。
14. 铁盒罐装安溪铁观音，内包装每件净重 2.5 千克。
15. 由肉桂粉与丁香粉组成的袋装调味香料，按重量计，肉桂粉和丁香粉各占 50%。
16. 袋装速溶咖啡，50 克/袋，冲水即可饮用。
17. 云南西双版纳产的袋装普洱茶饼，附有原产地证明，内包装每件净重 4 千克。
18. 咖啡因，符合化学定义，实验室用。
19. 茉莉花茶，200 克/袋，100%茉莉花干制未发酵而成。
20. 袋装减脂茶，成分为杜仲茶、决明子茶、大麦、乌龙茶等。

第十章 谷 物

 要求 请直接写出对应的八位编码

1. 某品牌大麦茶，由大麦经过烘炒而得，加水即可饮用。
2. 制笤帚用的高粱，散装状态出口报验。

3. 爆米花（原料为玉米），零售塑料袋装出口报验。

4. 长粒糙米，经过机械脱壳但仍包有一层米皮，2 千克/袋。

5. 小麦细粉，零售形式出口报验，未经其他方式加工。

6. 专供人食用的高粱，袋装，非种用，每袋净重 3 千克。

7. 种用的直长马唐，零售形式出口报验。

8. 燕麦，经过去壳处理。

9. 黑麦谷壳，未经任何加工处理。

10. 草高粱，专作牧草出口报验。

第十一章　制粉工业产品；麦芽；淀粉；菊粉；面筋

 要求 　请直接写出对应的八位编码

1. 供老年人营养用的苹果细粉，未添加任何其他物质。

2. 塑料袋装小麦细粉，其中淀粉含量为 50%、灰分含量为 3%。

3. 专供治疗疾病用的罗望子粉，零售状态出口报验。

4. 烘焙麦芽，作咖啡代用品使用，经检测含有 20% 的咖啡成分。

5. 袋装面筋，出口前已经烤熟加工处理，250 克/袋。

6. 含有可可的大米细粉（籼米），按重量计全脱脂可可含量为 35%，非供婴儿食用。

7. 布尔谷小麦，由小麦经过碾碎、预煮、干制而得，零售形式出口报验。

8. 淀粉含量 70%、灰分含量 2.4%，315 微米孔径金属丝网过筛的通过率为 80% 的小麦粉，零售状态出口报验。

9. 罐装整粒小麦胚芽，400 克/罐，富含维生素 E，能够帮助补充体力、养颜美容。

10. 含有可可的玉米细粉，按重量计全脱脂可可含量为 45%。

11. 袋装小麦粗粒，用 1.25 毫米孔径的金属丝网过筛，经检测其通过率 90%。

12. 加有面筋的营养小麦面粉，袋装出口报验。

第十二章　含油子仁及果实、杂项子仁及果实、工业用或 药用植物；稻草、秸秆及饲料

 要求 　请直接写出对应的八位编码

1. 专作饲料用的紫苜蓿，袋装出口报验。

2. 塑料袋装可食用的杏仁，经过烘焙加工处理，250 克/袋。

3. 干制处理的盒装西洋参，已切成片状，150 克/盒。

4. 花生粉，由花生碾磨而成，零售袋装出口报验。

5. 盒装冬虫夏草，药用，500 克/盒。

6. 海藻灰，可作为天然肥料出口报验。

7. 非转基因的黄大豆，种用，零售袋装出口报验。

8. 玻璃瓶包装的芥子末，专作调料用。

9. 袋装种用豌豆，干制，脱荚，500 克/袋。

10. 袋装莲子，经过晒干加工处理，350 克/袋。

第十三章 虫胶、树胶、树脂及其他植物液、汁

 要求 请直接写出对应的八位编码

1. 瓶装甘草浸膏，按重量计蔗糖含量为 20%，50 克/瓶。

2. 瓶装甘草浸膏，按重量计蔗糖含量为 8%，60 克/瓶。

3. 盒装罂粟秆的浓缩物，按重量计生物碱含量为 50%。

4. 盒装罂粟秆的浓缩物，按重量计生物碱含量为 40%。

5. 瓶装生物杀虫剂，由除虫草制成，150 克/瓶。

6. 卡拉胶，从海洋红藻中制取而得，可作工业用途。

7. 天然巴拉塔胶，片状形式出口报验。

8. 瓶装化学胶水，每瓶净重 500 克。

第十四章 编结用植物材料；其他植物产品

 要求 请直接写出对应的八位编码

1. 天然茜草，出口专门供染料用的一种植物原料。

2. 袋装棉短绒，轧花后的毛棉籽上残存的纤维，可用于制造纸张原料。

3. 家用凉席，由蔺草编结而成，出口前经过杀菌处理。

4. 散装状态报验的高粱，专门作制刷。

5. 丝瓜络，葫芦科植物丝瓜的成熟果实的维管束，袋装出口报验。

6. 天然地衣，出口主要提取苔色素用，用作染料。

7. 经过漂白处理的竹子，专作编结原材料出口报验。

8. 由青藤编制而成的缏条，已缝合成宽条。

第十五章 动、植物或微生物油、脂及其分解产品；
精制的食用油脂；动、植物蜡

 要求 请直接写出对应的八位编码

1. 瓶装鱼肝油，未经化学改性，非药用。

2. 某品牌可食用瓶装芝麻油，250 毫升/瓶，精制。

3. 经过相互酯化处理的精制玉米油，可食用，零售瓶装出口报验。

4. 粗甘油，经检测其中甘油含量为 78%，出口主要用于造纸行业。

5. 瓶装烹调油，经检测内含多种可食用植物油成分，2 千克/瓶。

6. 加入 20%变性试剂（石油）的初榨棉籽油，零售出口报验。

7. 初榨的可可油，零售形式出口报验，经过杀菌处理。

8. 从油类提取的油膏，500 毫升/罐。

9. 一种可食用的色拉油，主要原料是大豆，将大豆油毛油经脱胶、脱蜡等工序制成。

10. 初榨菜籽油，未经任何化学改性，经检测其中芥子酸含量为 3%。

11. 桶装甘油沥青，经蒸馏甘油而得的残渣，工业用，1 千克/桶。

12. 玉米油和豆油的可食用混合油，经过反油酸化处理，瓶装。

13. 由 20%的菜籽油、75%的豆油及 5%的动物脂肪组成的使用过的煎炸油，制动物饲料用。

14. 工业用的桐油，初榨，从油桐子中制得。

15. 作饲料用的油渣饼，主要原料为大豆，其实质是大豆油的残渣，非供人食用。

第十六章 肉、鱼、甲壳动物、软体动物及其他
水生无脊椎动物、以及昆虫的制品

 要求 请直接写出对应的八位编码

1. 鸭血粉丝汤，由老鸭汤、鸭血、鸭肠、鸭肝、鸭肫等和粉丝制成。

2. 真空包装的美味鸭头，一种秘制地方风味小吃，50 克/包。

3. 罐装鱼精，将鱼压榨得到的汁再浓缩制得，可作调味剂，200 克/罐。

4. 一种零售的套餐，内有少许薯条和 2 袋番茄酱及 1 个汉堡（汉堡上下两层为熟制的面包片，中间是已经烘焙的牛肉，按重量计牛肉占 65%）。

5. 爆炒海蜇头，经过调味后装袋出售。

6. 一种可用微波炉加热的方便快餐食品，净含量为 250 克，其中面条 150 克、鸡

胸肉 50 克、西蓝花 30 克、海蜇 20 克，食品已预先烧制过，装于一次性泡沫塑料盒中。

7. 按重量计，由鸡胸肉 45%、沙丁鱼肉 25%、鲱鱼肉 30% 组成的罐头食品，经过绞碎加工处理，500 克/罐。

8. 按重量计，由 45% 的沙丁鱼肉、30% 的猪肉、25% 的牛肉组成的婴儿食用的食品，已制成细腻糊状，零售形式包装，净重为 280 克，非罐头食品。

9. 一种密封塑料袋装婴儿食品，按重量计，西蓝花 30%、菠菜 35%、香菇 30%，还有 5% 的其他配料，净重为 200 克，呈细腻黏稠状。

10. 猪肝罐头，一种以猪肝为原料经过蒸煮加工而成的罐头食品，300 克/罐。

11. 猪后腿肉制成的香肠，由天然猪肠衣作外包装，肉已搅碎并经过调味加工处理。

12. 一种瓶装食品，呈细腻黏稠状，由 50% 的猪肉、50% 的胡萝卜组成，供婴儿营养用，零售形式包装出口，净重为 250 克，非罐头食品。

13. 按重量计，由 15% 的猪后腿肉、85% 的马铃薯组成的混合食品，供营养用，肉与马铃薯已经切片烧制过，零售包装形式，净重为 300 克，未经过冷冻处理。

14. 包心鱼丸，1000 克/袋，配料为鳗鱼肉、面粉、猪肉、河虾、香菇（重量比为 50%、20%、20%、5%、5%）；制作过程为将鳗鱼肉泥与面粉混合加水搅拌，挤捏成丸状，猪肉、河虾、香菇剁碎作馅，煮熟，冷却后装袋速冻。

15. 按重量计，由 20% 的猪前腿肉、20% 的牛腩肉、60% 的甜玉米粒经过蒸煮而成的食品，塑料袋装出口报验，非罐头食品。

16. 袋装速冻的猪肉馅饺子，按重量计猪肉含量为 60%，1 千克/袋。

17. 一种密封塑料袋装的食品，供婴儿食用，按重量计，含有 40% 可见肉块的牛肉、60% 的黄瓜，净重 300 克，出口时已制成细腻黏稠状。

18. 密封塑料袋装婴儿食品，按重量计，洋葱占 20%、胡萝卜条占 40%、豌豆占 35%，还有 5% 的其他配料，净重为 300 克。

19. 一种混合盒装快餐，按重量计，由 25% 的猪前腿肉、25% 的鸡胸肉、50% 的罗非鱼鱼块（未绞碎）组成，预先烧制过。

20. 一种零售的罐头食品，内含猪前腿肉 50 克、牛腩肉 100 克、洋葱 350 克。

第十七章　糖及糖食

 要求 ┊ 请直接写出对应的八位编码

1. 半固体状态的果仁糖膏，不含添加剂，可直接供人食用，150 克/盒。

2. 某品牌瓶装液体口香糖，使用时直接按动瓶口处，喷于口腔内，可保持口气清新。

3. 某品牌罐装棒棒糖，20 支/罐。

4. 按重量计，45%的天然蜂蜜、50%的人造蜂蜜、5%的其他配料混制而成的混合品，可食用，500克/罐。

5. 一种不含糖的盒装橡皮糖，经检测主要以香梨醇作甜味剂，50粒/盒。

6. 非供人食用的甘蔗糖渣，干燥后方可久贮，可作猪、禽的能量饲料或蛋白质饲料。

7. 经检测，含30%可可粉的口香糖，不含木糖醇成分，条状出口报验。

8. 一种瓶装品牌口香糖，经检测，不含木糖醇成分，35粒/瓶。

9. 甜菜糖蜜，非直接供人食用，其实质是在精制甜菜糖过程中产生的一种副产品，主要作酒精饮料的原料出口。

10. 一种驰名品牌木糖醇口香糖，50粒/瓶，经检测，木糖醇含量较高。

11. 甜菜，成捆状态出口报验，作为制作糖产品的原材料。

12. 某品牌盒装白巧克力，不含可可粉但可可脂含量较高，150克/盒。

13. 一种葡萄糖浆，按重量计，干燥状态下果糖含量为90%，零售罐装出口报验，非药用。

14. 一种品牌果冻，已经制成糖食，加有可食用的添加剂，10个/盒。

15. 加有20%香料的固体甜菜糖，袋装形式出口报验。

16. 奶茶预拌糖基料，蔗糖含量为88%、葡萄糖含量为12%。

17. 奶茶预拌糖基料，糖含量为88%、淀粉含量为12%。

第十八章　可可及可可制品

 要求 请直接写出对应的八位编码

1. 某品牌麦丽素，一种里面充满真空微孔的麦芽糊精、外面包裹着巧克力的球状产品，主要成分为白砂糖、全脂奶粉、可可粉、乳清粉、麦芽糊精、麦精、食用香精，零售包装，200克/袋。

2. 盒装甜饼干，两层饼干中夹有巧克力酱，按重量计，巧克力酱含量为25%。

3. 可可碱，从可可中提取而得。

4. 焙炒燕麦，按重量计，全脱脂可可含量为5%。

5. 成条报验的巧克力，20克/条，用干椰子肉作馅，已被巧克力完全包裹。

6. 巧克力爆米花（巧克力完全包裹），袋装，配料为玉米粒（爆米花专用）70克、玉米油5克、黄油25克、细砂糖40克、糖浆50克、巧克力60克。

7. 瓶装品牌巧克力酸奶，按重量计，巧克力含量为10%。

8. 某品牌巧克力夹心雪糕，巧克力含量为35%，5支/袋。

第十九章　谷物、粮食粉、淀粉或乳的制品；糕饼点心

> 📝 **要求**　请直接写出对应的八位编码

1. 某品牌寿司，以米饭为基料，用紫菜进行包裹，内有少许腌制萝卜条。

2. 袋装速冻馄饨，按重量计，驴肉占 30%、圆葱占 65%，还有 5% 的其他配料。

3. 袋装姜饼，用姜、面粉、蜂蜜、红糖、杏仁、蜜饯果皮及香辛料烘焙制成。

4. 比萨饼，经过烘烤处理，添加了 10% 左右的奶酪。

5. 某品牌葱烧牛肉方便面，内含 3 种调味包，塑料刀叉 1 副，5 袋/包。

6. 大麦茶，由大麦烘炒磨碎制得，热水冲泡即可，15 克/袋。

7. 经过干制处理的粉丝，主要以绿豆、红薯淀粉为原料做成的丝状食品，300 克/袋。

8. 一种罐装婴儿配方奶粉，800 克/罐，经检测，其中含脱脂奶粉、植物油和多种维生素。

9. 专供婴幼儿食用的麦芽膏，不含其他添加剂，零售罐装出口报验。

10. 一种净重为 190 克的配制方便快餐食品；按重量计，含有 22.9% 的肉丸、20.5% 的意大利面和 1.28% 的卷心菜，肉丸本身含有 63.8% 的鸡胸肉；零售铁盒包装；加热后可供食用。

11. 成袋进口的装药空囊，主要用谷物细粉制得，未添加任何药物成分。

12. 成袋进口的装药胶囊，主要用明胶制得，未添加任何药物成分。

13. 经过烘炒加工的燕麦片，冲泡后即可食用，加有 5% 的糖。

14. 婴儿专用麦乳精，罐装，按重量计全脱脂可可含量为 40%。

15. 塑料圆碗包装的品牌方便面，内有 1 块面饼（占 80%）和 3 包调料。

16. 可食用的袋装珍珠西谷（西米），从西谷椰树的木髓部提取的淀粉，经过手工加工制成，专作珍粉代用品出口报验。

17. 草莓蛋挞。原料为草莓适量、低筋面粉 100 克、黄油（无盐）50 克、糖 25 克、鸡蛋 2 个。制作方法：鸡蛋入碗打散后充分搅匀，轻混面粉成面团后过油，放入挞模，烤箱烘烤 20~25 分钟，置凉后，放入适量草莓或草莓汁液即可。

18. 自热煲仔饭，指不依赖电、火等方式加热，而用自带发热包加热的预包装食品。自热煲仔饭（麻辣牛肉），260 克/盒，包含方便米包 95 克、饮用纯净水 102 克、煲仔饭汁 8 克、菜包（麻辣牛肉口味）55 克、配料等，其中牛肉重量 20 克，占产品总重的 7.7%，发热包 1 个，餐具 1 个，专用餐盒 1 个。

第二十章 蔬菜、水果、坚果或植物其他部分的制品

 要求 请直接写出对应的八位编码

1. 玻璃瓶装糖醋萝卜，已切成条状，加有少许调味香料，50 克/瓶。

2. 桶装果蔬汁，1 千克/桶，按重量计，鸭梨汁 25%、樱桃汁 45%、葡萄汁 28%，并加有 2% 的白糖，可直接供人饮用。

3. 500 克装黄瓜罐头，以黄瓜为原料，加有少许糖、盐，制作而成的罐头食品。

4. 一种炒熟的蔬菜混合物，净重 500 克，圆葱 20%、黄瓜 20%、甜玉米粒 30%、赤豆馅占 30%。

5. 瓶装番茄汁，经检测，其干重量为 12%，500 毫升/瓶。

6. 桶装果蔬汁，1 千克/桶，按重量计，黄瓜汁 38%、西瓜汁 50%、甜瓜汁 10%，并加有 2% 的白糖，可直接供人饮用。

7. 袋装调味紫菜，以紫菜为原料，添加食盐、味精、鱼汁、海带汁等，50 克/袋。

8. 500 克装绿豆罐头，经过脱荚加工处理，将原料绿豆煮熟，并添加少许糖。

9. 按重量计，含有 10% 水分的苹果汁，出口前经过发酵处理。

10. 荔枝罐头，350 克/罐。

11. 袋装夏威夷果，经过大火炒熟处理，350 克/袋。

12. 瓶装柠檬汁，未发酵，未添加酒精，经检测白利糖度值为 18。

13. 袋装烤紫菜，300 克/袋，密封塑料袋包装出口报验。

14. 糖渍鸭梨，出口报验前未经过其他加工处理。

15. 袋装桂圆，出口前经过糖浆浸泡，未进行干制处理，800 克/袋。

第二十一章 杂项食品

要求 请直接写出对应的八位编码

1. 厨房烹调用袋装鸡精，是在味精的基础上加入化学调料制成的，适量加入菜肴、汤羹、面食中以达到提味效果。

2. 一种由人参精与葡萄糖的袋装混制品，用于制造人参茶。

3. 某品牌袋装"2+1"咖啡，内已添加咖啡伴侣，20 克/袋。

4. 蜂胶胶囊，100 粒/瓶，成分为蜂胶、玉米油、甘油、明胶等，长期服用可调节血糖、降血脂、增强免疫力。

5. 燕麦"咖啡"，原料为精选燕麦，烘焙而成，经检测其中不含任何咖啡成分。

6. 一种可食用的甜味粉，主要用来制造餐用奶油、果冻，零售罐装出口报验。

7. 由 20%鱿鱼丝、30%猪前腿肉、50%圆葱经精细均化制成的供婴幼儿食用的瓶装食品，200 克/瓶。

8. 一种可增强儿童免疫力的瓶装口服液，含有多种维生素，400 毫升/瓶。

9. 袋装发面酵母，活性，粉状，15 克/袋。

10. 速溶型袋装白茶粉，其中白茶含量为 70%，加有其他调制配料，100 克/袋。

11. 一种加水可即食的袋装汤料，按重量计，含牛肉细粉 30%、混合蔬菜粉 70%。

12. 自溶酵母，通过水解酵母而得。

13. 瓶装 500 克咖啡伴侣（奶精），作咖啡调味品。

14. 经过加工处理的燕窝，其中冰糖 9%、干燕窝 5%、水 86%，可以直接饮用。

第二十二章 饮料、酒及醋

 要求 | 请直接写出对应的八位编码

1. 法国出口的瓶装香槟酒，附有原产地证明，可作为鸡尾酒的配料酒。

2. 瓶装饮用蒸馏水，非工业用，500 毫升/瓶。

3. 500 毫升瓶装浙江绍兴女儿红酒，用糯米发酵而成，含有大量人体所需的氨基酸。

4. 杜松子酒，主要以杜松果为原料加工而成，500 毫升/瓶。

5. 瓶装乙醇，未经过改性加工处理，经检测浓度为 98%，300 毫升/瓶。

6. 42°瓶装品牌白酒，未经过任何改性加工处理。

7. 无醇啤酒，500 毫升/瓶，10 瓶/箱。

8. 由麦芽酿造而成的罐装啤酒，经检测酒精含量 8%，300 毫升/罐。

9. 某品牌凉茶，易拉罐装，含有水、白砂糖、仙草、菊花、布渣叶、金银花、夏枯草、甘草等成分，有清热去火的功效。

10. 瓶装白兰地酒，原产地为法国，葡萄发酵后经蒸馏制得的高度酒精。

11. 含 40%的可饮用水的苹果原汁，经检测白利糖度值 18，未发酵，可直接供人饮用。

12. 瓶装酒精醋，天然状态时为无色，按重量计醋酸含量为 8%，可作醋酸代用品。

第二十三章　食品工业的残渣及废料；配制的动物饲料

 要求 请直接写出对应的八位编码

1. 成包出口报验的饲料，专为幼猪仔用，含有多种营养物质，2000 克/包。
2. 制成团粒状的袋装油渣饼，可作动物饲料使用。
3. 猪肉细粉，经检测不可供人食用，罐装出口报验。
4. 废啤酒花，未经过任何加工处理，可作为动物饲料。
5. 袋装驴喜豆，又称红豆草，未制成团粒状，主要作动物饲料出口。
6. 油脚，油脂精炼后分出的残渣，其主要成分是成为钠皂形式的脂肪酸和中性油脂。

第二十四章　烟草、烟草及烟草代用品的制品；非经燃烧吸收的产品，不论是否含有尼古丁；其他供人体摄入尼古丁的含尼古丁的产品

 要求 请直接写出对应的八位编码

1. 烟斗，塞进切好的烟草加上香料后点燃的吸烟用工具，陶瓷制成。
2. 尼古丁，符合化学定义，是一种存在于茄科植物（茄属）中的生物碱，也是烟草的重要成分，还是 N 胆碱受体激动药的代表，对 N1 和 N2 受体及中枢神经系统均有作用，无临床应用价值。
3. 袋装烟胶片，简称 RSS，由橡胶树取得胶乳后经凝聚和滚压后用树烟熏干而成的生橡胶片，呈琥珀色，微透明，略有烟熏气味，是天然橡胶最主要、产量最大的品种。
4. 香烟，烤烟型，成条状态出口报验。
5. 戒烟专用的透皮贴片，一种用于贴在指定皮肤部位的控释膜片，属于透皮治疗系统，通过扩散作用缓缓释放出戒烟药物。
6. 盒装烟草精汁，用新鲜烟叶通过压榨制得，可用于工业。
7. 可折叠彩印烫金烟标，经印刷的香烟盒包装和条包装，材质为 250 克白卡纸。
8. 戒烟口香糖，片状，含有 2 毫克或 4 毫克尼古丁。
9. 电子烟，外观模仿香烟、烟嘴或烟斗的形状，模拟吸烟的效果。

第二十五章　盐；硫磺；泥土及石料；石膏料、石灰及水泥

 要求 ┊ 请直接写出对应的八位编码

1. 袋装专门作药用的龙骨，经检测为古代哺乳动物三趾马骨骼的化石。

2. 块状精制硫磺，由快速蒸馏自然硫所得，零售状态出口报验。

3. 经过高温焙烧的黄铁矿，出口后用于提取铁。

4. 100%石棉制消防员穿着的外套，经检测不含青石棉成分。

5. 板状石英岩，出口时仅简单切割成正方形，未经其他进一步加工处理。

6. 天然粗硼酸，按重量计硼酸干重为80%，出口时未经任何其他加工处理。

7. 块状出口报验的天然黑玉，未制成半宝石。

8. 袋装白云石碎块，经过适当热处理加工，出口专作铺路用。

9. 袋装土色料，按重量计三氧化二铁含量为55%。

10. 磷钇矿，主要含铒、铈、镧和钍等稀土金属元素。

11. 升华硫磺，硫磺在高温下气化变成气体，如果气化的硫未及燃烧就被带走，在燃点温度（约250℃）以下就不能继续燃烧，冷却时就复凝结成固体，含硫量不得少于98%。

12. 未制成光学元件的氧化镁，符合化学定义，非培养晶体。

13. 出口专门作药的沉淀硫磺，配定剂量，零售形式包装。

14. 经过高温煅烧失去水分的生石膏，出口后专门用于牙科。

15. 化学实验室用的氯化钠，符合化学定义。

16. 氧化锶，经相关部门检测为一种无机化工产品，其分子式为 SrO，分子量为 103.6194。

17. 建筑用的大理石，出口时其表面凹凸不平，带有劈解石料时所用工具的印记，未切割成规则形状。

18. 氧化镁培养晶体，每颗重量为 3.5 克，非光学元件。

19. 菱锶矿，主要用来提取锶，经工业煅烧加工处理出口。

20. 毒重石（天然碳酸钡），未经任何煅烧加工处理。

第二十六章　矿砂、矿渣及矿灰

 要求 ┊ 请直接写出对应的八位编码

1. 出口专作铺路用的工业含锌矿渣，经过适度热处理。

2. 闪锌矿，出口后用于提取金属锌，零售状态报验。

3. 独居石，经相关部门检测含有大量的钍元素。

4. 废催化剂，出口后仅适合于提取金属镍。

5. 袋装海草灰，以海草为主要原料制成，出口后用于提取碘元素。

6. 袋装锰铁矿，锰干重为 15%，出口时已经过高温烧结处理。

7. 废催化剂，经检测，出口后仅适合提取银金属。

8. 冶炼钢铁所产生的颗粒熔渣（主要含硅）。

9. 生产电解铜所得的电解槽泥渣。

10. 锗石，用于提取稀有金属锗（一种重要的半导体材料）。

11. 钯矿砂，出口后用于提取贵金属钯。

12. 轧钢过程中产生的氧化皮，未经其他加工处理。

13. 透视石，经相关部门检测其主要含量为硅酸铜。

14. 经过加工而成的矿渣水泥，出口后可作建筑材料。

15. 矿物棉，未经任何加工处理，呈片状出口报验，经检测不含硅酸铝纤维。

第二十七章　矿物燃料、矿物油及其蒸馏产品；沥青物质；矿物蜡

 要求 请直接写出对应的八位编码

---

1. 非零售包装的凡士林，主要从石油原油残渣中提取，出口时未制成化妆品。

2. 直接灌注香烟打火机用的液化丙烷，经测量，包装容器的容积为 200 立方厘米。

3. 直接灌注香烟打火机用的液化丙烷，经测量，包装容器的容积为 450 立方厘米。

4. 出口专用于实验室使用的液化甲烷，符合化学定义。

5. 纯度为 96% 的乙烯，符合化学定义，出口后用于实验室。

6. 闸用液压油，按重量计，由 60% 的轻油、38% 的棕榈油及 2% 的抗防腐剂组成。

7. 闸用液压油，按重量计，由 80% 的轻油、18% 的棕榈油及 2% 的抗防腐剂组成。

8. 精制的供护肤用凡士林，零售包装出口报验。

9. 建筑用的成卷的沥青，经相关部门检测处理出口。

10. 沥青涂料，零售形式出口报验。

第二十八章　无机化学品；贵金属、稀土金属、放射性元素及其同位素的有机及无机化合物

要求｜请直接写出对应的八位编码

1. 硫酸铵 [$(NH_4)_2SO_4$]，无色结晶或白色颗粒，无气味，280℃以上分解；水中溶解度：0℃时70.6克，100℃时103.8克；不溶于乙醇和丙酮；0.1摩尔每升水溶液的 pH 值为5.5；相对密度1.77；折光率1.521；主要用作肥料，适用于各种土壤和作物，还可用于纺织、皮革、医药等方面。

2. 氧氯化磷（$POCl_3$），一种工业化工原料，为无色透明的发烟液体，带刺激性臭味，在潮湿空气中剧烈发烟，水解成磷酸和氯化氢。

3. 三氧化二铬（Cr_2O_3），出口状态为浅绿至深绿色细小六方结晶；灼热时变棕色，冷却后仍变为绿色；结晶体极硬；极稳定，即使在红热下通入氢气亦无变化；溶于加热的溴酸钾溶液，微溶于酸类和碱类，几乎不溶于水、乙醇和丙酮。

4. 氧化锂（Li_2O），是锂最常见的氧化物，被广泛用作玻璃的组分。

5. 氧化铍（BeO），经检测其有两性，既可以和酸反应，又可以和强碱反应；出口状态为白色粉末，有很高的熔点；用于合金、催化剂和耐火材料等。

6. 氢氧化铋 [$Bi(OH)_3$]，白色无定形粉末，比重4962（15℃），415℃时分解，易溶于酸，不溶于水和碱溶液，易呈胶状物，热至100℃时失去一分子水而成为黄色。

7. 氢氧化铜 [$Cu(OH)_2$]，微毒，用作分析试剂、医药、农药，以及催化剂、媒染剂、颜料、饲料添加剂、纸张染色剂等。

8. 氧化银 [Ag_2O]，黑色的粉末，不溶于水，易溶于酸和氨水；受热易分解成单质；在空气中会吸收二氧化碳变为碳酸银；主要用于电子工业和有机合成。

9. 氧化汞（HgO），一种碱性氧化物，为无机物，亮红色或橙红色鳞片状结晶或结晶性粉末，几乎不溶于水，不溶于乙醇，500℃时分解；剧毒，有刺激性；可用于制取其他汞化合物，也可用作催化剂、颜料、抗菌剂及汞电池中的电极材料。

10. 硫代硫酸钠（$Na_2S_2O_3 \cdot 5H_2O$），又名次亚硫酸钠、大苏打、海波，无色透明的单斜晶体，密度1.667克/立方厘米，熔点为48℃。可用于鞣制皮革，由矿石中提取银，去除自来水中的氯气，临床用于治疗皮肤瘙痒症、慢性荨麻疹、药疹、氰化物、铊中毒和砷中毒等，以静脉注射的方式治疗。

11. 三氧化二硼（B_2O_3），无色玻璃状晶体或粉末，熔点为450℃；具有强烈吸水性，吸水后形成硼酸，故应于干燥环境下密闭保存，防止吸水变质导致含量下降；微溶于冷水，易溶于热水中。

12. 硝酸铈 [$Ce(NO_3)_3 \cdot 6H_2O$]，经检测其助燃，具刺激性；工业品呈微红色，有潮解性，该物质对环境可能有危害，在地下水中有蓄积作用。

13. 氯化砷（$AsCl_3$），通过氯作用于砷或盐酸制得；油状无色液体，在潮湿空气中发烟；剧毒，可溶于氢溴酸、氯仿、四氯化碳、三氯化磷。

14. 氢氧化镉[$Cd(OH)_2$]，白色固体，密度 4.79 克/立方厘米（15℃）；熔点为150℃（开始分解），300℃完全分解；不溶于水和碱，溶于酸，溶于氨水形成配离子，可由镉盐与碱作用制得。

15. 氟化硼（BF_3），在硫酸存在下对氟化钙及粉状氧化硼加热制得；无色气体；吸水性强，吸水后形成氟硼酸；可用作脱水剂，也可在有机合成中作为催化剂，与有机物（例如，二乙基醚、醋酸或酚）一起生成络合物。

16. 氢化钠（NaH），一种无机盐，有机合成中主要被用作强碱。不溶于有机溶剂，因此几乎所有与氢化钠有关的反应都于固体表面发生。

17. 氧硫化碳（COS），无色恶臭气体，易潮解，300℃分解为一氧化碳和硫；可被氢氧化钾迅速吸收而分解。

18. 氰化钙[$Ca(CN)_2$]，经检测根据纯度不同，可为白色或浅灰色粉末，溶于水，用于杀昆虫、真菌及有害动物。

19. 四氯钯酸钾（K_2PdCl_4），一种棕色盐，颇溶于水，用作一氧化碳的检测剂。

20. 铀酸钠（Na_2UO_4），橙黄色固体；不溶于水，溶于酸；用于制取其他纯粹的铀化合物或用作陶瓷的釉料，并用于制荧光铀玻璃等；由铀盐溶液中加氢氧化钠而制得；工业上常为处理铀矿的中间产品。

第二十九章　有机化学品

 要求　请直接写出对应的八位编码

1. 二氯三氟乙烷（$C_2HCl_2F_3$），CAS 号为 34077-87-7，别称为对甲基苯基硫脲，是一种有机化工原料；分子量 152.9305。

2. 亚砷酸钙[$Ca_3(AsO_3)_2$]，不燃，遇高热、明火会产生剧毒的蒸气；遇酸产生剧毒的三氧化二砷；大量吸入砷化合物可致咳嗽、胸痛、呼吸困难、头痛、眩晕、全身衰弱、烦躁、痉挛和昏迷；可有消化道症状，重者可致死。

3. 硝酸铜[$Cu(NO_3)_2$]，铜溶解于硝酸经结晶产生硝酸铜（根据温度的不同可结合 3 或 6 个水分子）；为蓝色或绿色晶体，溶于水，吸湿，有毒；用于制焰火、染料、纺织品印染（媒染剂）、氧化铜及照相纸、电镀（给金属镀一层铜绿）等。

4. 磷化钙[Ca_3P_2]，为栗色小晶体或灰色粒状块，遇水后产生可自燃的磷化氢气体，与碳化钙合用作海上信号（浮标上的自然照明灯）。

5. 丁烷（C_4H_{10}），从油田气和湿天然气中分离，加压冷凝分离制得、易燃，与空气混合能形成爆炸性混合物，遇热源和明火有燃烧爆炸的危险；与氧化剂接触有猛烈反应；气体比空气重，能在较低处扩散到较远的地方，遇火源会着火回燃。

6. 铷（Rb），一种银白色固体，比钠易熔；储存于密封安瓿或浸于矿物油中。

7. 薄荷醇（$C_{10}H_{20}O$），一种仲醇，属于环类单萜，是薄荷油的主要组分，晶体；用作防腐剂、局部麻醉剂，也可以解除鼻塞。

8. 三聚偏磷酸 [$(HPO_3)_3$]，呈透明块状，在炽热时挥发，不能结晶；吸水性强，用于干燥气体，非食品级。

9. 溴酸（$HBrO_3$），仅以水溶液状存在，用于有机合成，其中溴为正五价；呈无色或微黄色；仅存在于溶液中；易溶于水，在100℃时分解；是一种氧化能力很强的强酸；将溶液减压蒸发可达50.6%的浓度。

10. 柠檬酸（$C_6H_8O_7$），一种重要的有机酸，又名枸橼酸，无色晶体，常含一分子结晶水，无臭，有很强的酸味，易溶于水；其钙盐在冷水中比热水中易溶解；在工业、食品业、化妆业等具有极多的用途。

11. 木糖醇（$C_5H_{10}O_5$），出口状态为白色晶体，主要用于制取木糖醇，在食品加工、制药工业也有广泛应用；可用于染色和制革，也可用作糖尿病甜料料。

12. 三硫化二砷（As_2S_3），又称人造雌黄、假金颜料、硫化黄；有毒黄色粉末，比重约为2.7；无气味，不溶于水；用途同二硫化砷，可作皮革和橡胶的颜料，还可用作杀寄生虫药及用于医药（因它能破坏致病物质的生长）；与碱金属硫化物化合，即生成硫亚砷酸盐。

13. 水合二氧化钛 [$TiO(OH)_2$]，白色粉末，堆积密度 1.0～1.2 克/立方厘米，属非危险品。硫酸法钛铁矿与硫酸作用生成硫酸氧钛，经净化、冷冻、除硫酸亚铁、压滤、浓缩后，再将硫酸氧钛水解，然后水洗、过滤、烘干制备。

14. 环戊烷（C_5H_{10}），盐酸甘氨酰胺、氨基乙酰盐酸盐，可由煤干馏生成的环戊二烯氢化后制得，用来替代氟利昂广泛用于电冰箱、冰柜的保温材料及其他硬质聚氨酯（Pu）泡沫的发泡剂。

15. 氯磺酸（$ClSO_2OH$），一种无色或淡黄色的液体，具有辛辣气味，在空气中发烟，是硫酸的一个-OH 基团被氯取代后形成的化合物，分子为四面体构型，取代的基团处于硫酸与硫酰氯之间，有催泪性，主要用于有机化合物的磺化，制取药物、染料、农药、洗涤剂等。

16. 三氧化硫（SO_3），一种外形似石棉的白色针状结晶固体；在潮湿空气中发烟，吸水并遇水发生强烈反应；报验时装于配备有无机体吸收装置的密封铁皮容器、玻璃坛或陶制坛内；用于制发烟硫酸及明矾。

17. 乌头碱（$C_{34}H_{47}NO_{11}$），存在于川乌、草乌、附子等植物中的主要有毒成分；主要使迷走神经兴奋，对周围神经损害。中毒症状以神经系统和循环系统为主，其次是消化系统症状。临床主要表现为口舌及四肢麻木，全身紧束感等。

18. 万古霉素（$C_{66}H_{76}Cl_3N_9O_{24}$），通过抑制细菌的生长和繁殖来杀死细菌；通过干扰细菌细胞壁结构中的关键组分肽聚糖来干扰细胞壁的合成，抑制细胞壁中磷脂和多肽的生成；用于耐药菌感染的治疗，也用在抗生素耐药性的伪膜性肠炎的治疗。

19. 二氯氧化硒（$SeOCl_2$），与亚硫酰氯相类似，通过四氯化硒作用于二氧化硒而得；在温度 10℃以上时为黄色液体，在空气中发烟，低于 10℃时为无色结晶体；比重约为 2.4；遇水分解，用于有机合成或内燃发动机气缸的脱碳处理。

20. 乙二酸（HOOCCOOH），最简单的有机二元酸之一；一般是无色透明结晶；对人体有害，会使人体内的酸碱度失去平衡，影响儿童的发育；在工业中有重要作用，可以除锈。

21. 乙醇（C_2H_5OH），经检测其易燃，是常用的燃料、溶剂和消毒剂，也用于制取其他化合物，与甲醚是同分异构体；无色、透明，具有特殊香味的液体（易挥发），密度比水小，能跟水以任意比互溶（一般不能作萃取剂），是一种重要的溶剂，能溶解多种有机物和无机物；出口时经过改性处理。

22. 三碳烷烃（C_3H_8），通常为气态，经过压缩成液态后运输出口报验；原油或天然气处理后，可以从成品油中得到，常用作发动机及家用取暖系统的燃料。

第三十章　药　品

 要求　请直接写出对应的八位编码

1. 医用创可贴，由一条长形的胶布，中间附以一小块浸过药物的纱条构成，可以起到暂时止血、保护皮肤创面的作用。

2. 供人使用的眼药水，专治疗急性眼角膜炎，含有 65% 的红霉素，10 毫升/支。

3. 袋装清热感冒颗粒，出口时已经超过有效期，主要用于工业用途。

4. 盒装医用普鲁卡因，用于浸润麻醉、腰麻等，出口时以针剂状态报验。

5. 专用于治疗老人风湿病的瓶装中药酒，内含人参等多种中成药。

6. 经过冷藏保藏处理的蛇胆，附有国家质检证明，药用。

7. 袋装尼古丁咀嚼胶，用于缓解戒烟时通常出现的尼古丁戒断引起的不适症状，帮助吸烟者集中精力戒掉吸烟习惯。

8. 头孢唑啉，又称先锋 5 号，为半合成第一代头孢菌素，抗菌作用与头孢噻吩、头孢噻啶基本相同，对革兰阳性菌（例如，金葡菌、溶血性链球菌、肺炎球菌、白喉杆菌及梭状芽孢杆菌等）有较强的作用；出口时未配定剂量，散装状态报验。

9. 瓶装医用人体润滑剂，主要作为外科手术躯体部位用出口，50 毫升/瓶。

10. 阿司匹林肠溶片，50 片/盒；主要化学成分为阿司匹林，分子量 180.16，可用于镇痛解热、抗炎、抗风湿、抗血栓。

11. 一种消炎药，内含有 30% 头孢西丁，出口时未配定剂量，未制成零售包装形式。

12. 盒装地塞米松颗粒，20 粒/盒；地塞米松为一种人工合成的皮质类固醇，可用于治疗多种症状，包含风湿性疾病、某些皮肤病、严重过敏、哮喘、慢性阻塞性肺病、义膜性喉炎、脑水肿，也可与抗生素合并用于结核病患者。

13. 非零售包装的云南白药药粉，含三七等中药原料成分，未配定剂量。

14. 盒装利福平胶囊颗粒，20 粒/盒；糖衣片，除去包衣后显橙红色或暗红色，对多种病原微生物均有抗菌活性；利福平口服吸收良好，服药后 1.5~4 小时血药浓度达到峰值。

15. 盒装的降转氨酶药片，经检测，含有 20%联苯双脂，出口时已经配定剂量。

16. X 线胃肠造影剂（又称硫酸钡干混悬剂），可将密度高于或低于该结构或器官的物质引入器官内或其周围间隙，使之产生对比显影。

17. 瓶装樟脑精油水馏液，供医疗使用，500 毫升/瓶。

18. 块状出口报验的药用硫磺皂，具有强杀菌功效。

19. 一种牙科填料的配套货品，由 60%氧化锌、30%天然古塔波胶及 10%其他配料组成。

20. 瓶装动物专用的支原体灭活疫苗，预防动物胃肠类疾病，200 毫升/瓶。

第三十一章 肥 料

 要求 请直接写出对应的八位编码

1. 未经过化学处理的天然腐败植物肥料，已经制成颗粒装，每包毛重 30 千克。

2. 铺路用的袋装碱性熔渣（经检测，每包毛重为 35 千克）。

3. 按重量计，磷酸二氢铵占 60%、磷酸铵占 40%的水溶液状态的混合肥料，8 千克装出口报验。

4. 实验室用的硫酸钾，符合化学定义，每包毛重 10 千克，粉末状出口报验。

5. 作肥料用的硝酸钠，每包 30 千克，制成片状出口。

6. 一种袋装混合肥料，按重量计，硫酸镁钾与石膏各占 50%，毛重为 15 千克。

7. 50%尿素与 50%碱性熔渣组成的混合肥料，毛重为 20 千克，已经制成片状。

8. 粉末状袋装的钾肥（钾盐镁矾），净重为 20 千克。

9. 50%尿素与 50%光卤石的混合物制成的肥料，毛重为 15 千克，未制成片状。

10. 磷酸氢钙，按干燥无水产品重量计，含氟量为 2%，每包为 20 千克，用作化工原料。

11. 50%硝酸铵与 50%石膏组成的混合肥料，每包毛重为 8 千克。

12. 晶体状出口报验的袋装尿素，化工厂使用，每包毛重 30 千克。

13. 含 20%重过磷酸钙、40%尿素、40%氯化钾的袋装混合肥料，每包毛重 30 千克。

14. 作肥料用的袋装硝酸钾粉末，出口时毛重 9 千克。

15. 由 40%硝酸钠与 60%二过磷酸钙组成的水溶液状态的混合肥料，毛重为 30 千克。

16. 每袋毛重 8 千克的硫酸铵，出口时制成片状报验。

17. 硝酸钠粉末状态出口报验，20 千克袋装，实验室用。

18. 40% 氰氨化钙与 60% 光卤石组成的袋装混合肥料，毛重为 30 千克。

19. 毛重为 30 千克的袋装天然粗钾盐（光卤石）肥料，经检测，其含有 45% 的天然无机动物肥料，粉末状出口报验。

20. 实验室进口的大瓶装氯化钾溶液，符合化学定义，15 千克/瓶。

第三十二章　鞣料及染料浸膏；鞣酸及其衍生物；染料、颜料及其他着色料；油漆及清漆；油灰及其他类似胶粘剂；墨水、油墨

 要求 请直接写出对应的八位编码

1. 一种由多种混合物组成的灰色色料，经检测铬酸铅占 90%，非零售包装。

2. 桶装粉末状的催干剂，由多种化学产品混合而成。

3. 纺织工业用的以酸性染料为基本成分的桶装有机合成着色料，30 千克/桶。

4. 胭脂虫浸膏，由胭脂虫中制得的一种色料，出口时非零售包装。

5. 瓶装钨酸钙（白色粉末），又称"人造白钨"，在 X 射线、电子束和紫外线激发下作发光材料体。

6. 溶于特制石油（一种挥发性有机溶剂）中的可发性的聚苯乙烯，其中聚苯乙烯占溶液总重量的 55%，工业用。

7. 以高岭土为基料组成的桶装糊状泥釉，陶瓷行业用。

8. 非零售形式包装的锌钡白，一种白色结晶性粉末着色料；经检测为硫化锌和硫酸钡的混合物，含硫化锌越多，遮盖力越强，品质也越高；密度为每立方厘米 4.136 ~ 4.34 克，不溶于水。

9. 非零售包装的瓷染料（合成靛蓝），为水溶性非偶氮类着色剂。

10. 溶于特制石油（一种挥发性有机溶剂）中的可发性的聚苯乙烯，其中聚苯乙烯占溶液总重量的 45%，工业用。

第三十三章　精油及香膏；芳香料制品及化妆盥洗品

 要求 请直接写出对应的八位编码

1. 幼犬专用瓶装美白型沐浴剂，具有一定的除螨功效，500 毫升/瓶。

2. 某品牌男士定型用发丝，液体和推进剂共存，在外界施用压力下，推进剂携带

液体冲出气雾罐，在常温常压下形成泡沫。

3. 一种可食用的瓶装化学合成香精，酒精浓度为 0.4%，150 毫升/瓶。

4. 某品牌礼盒包装香水，富含多种植物香味，50 毫升/瓶。

5. 袋装冰箱除臭剂（以活性炭为基本成分），300 克/袋。

6. 专门沐浴用的袋装醋，有利于去除皮肤角质层，塑料袋装出口报验，500 毫升/袋。

7. 某品牌瓶装速干护甲油，5 毫升/瓶。

8. 零售盒装蚊香，一种驱蚊物，被点燃后所发出的烟可赶走或熏死蚊虫。

9. 某品牌假牙清洗剂，一种提供清除假牙及基托上的积垢的清洁剂，零售瓶装出口报验。

10. 用香水浸渍处理的袋装片状絮胎，5 片/袋。

11. 某品牌保湿免洗面膜；原理为利用覆盖在脸部的短暂时间，暂时隔离外界的空气与污染，提高肌肤温度，皮肤毛孔扩张，促进汗腺分泌与新陈代谢，使肌肤的含氧量上升；出口时为膏状，200 毫升/瓶。

12. 止汗清新剂，喷雾型号，男士专用，使用时喷于皮肤表面即可，止汗效果明显。

13. 某品牌瓶装隐形眼镜片的护理液，500 毫升/瓶。

14. 用于饮料工业的一种香料，由多种成分构成，按重量计酒精浓度为 1.2%。

15. 某品牌美白面膜，16 片/盒，使用时将调配好的营养美容液涂在薄型无纺布上，将面膜直接紧贴在脸部，对改善肤色有一定效果。

第三十四章　肥皂、有机表面活性剂、洗涤剂、润滑剂、人造蜡、调制蜡、光洁剂、蜡烛及类似品、塑型用膏、"牙科用蜡" 及牙科用熟石膏制剂

📝 **要求** ┊ 请直接写出对应的八位编码

1. 经过相互酯化处理的微晶石蜡，袋装出口报验。

2. 块状袋装洗衣皂，含有 25% 的消毒剂成分，洗涤效果较好。

3. 200 毫升塑料瓶装洗手液，含有机多种深层清洁皮肤化学成分，敏感皮肤人群适用。

4. 泡沫型瓶装洗面奶（100 毫升/瓶），能够帮助深层清洁皮肤，细腻温和有效去除灰尘和彩妆，保持肌肤自然水分，令人感觉柔润嫩滑、不紧绷。

5. 一种用于木制家具表面的亮光液，300 毫升罐装，能够形成氧化层，保护木制家具。

6. 儿童游戏用软质瓶装塑型用膏，200 克/瓶，含有 40% 矿物蜡、20% 化学油及其

他物质，对儿童皮肤无伤害。

7. 某品牌瓶装液体皂，200 毫升/瓶，经检测含有 20% 的配制磨料粉。

8. 某品牌盒装合成洗涤粉，800 克/盒。

9. 块状出口报验的盒装洗衣皂，2 块/盒，经检测，其中含有 40% 的配制磨料粉。

10. 一种用于纺织加工的瓶装油剂，500 毫升/瓶，经检测不含任何石油成分；通过增加纺织物的润滑，减少因摩擦产生的静电，从而提高纺织材料质量。

11. 塑料管装 500 克鞋油，膏状，棕色。

12. 聚氧乙烯蜡，袋装，经过多重工艺加工调制而成，可用于工业使用。

13. 一种瓶装防锈剂，500 克/瓶，主要作机器上防锈用，以苯甲酸为其主要成分。

14. 经肥皂液涂布的无纺织物制品，作清洁皮肤用，零售状态出口报验。

15. 一种罐装的润滑剂，皮革工业用，主要成分是皂料，不含石油成分。

第三十五章　蛋白类物质；改性淀粉；胶；酶

 要求 ┊ 请直接写出对应的八位编码

1. 一种桶装的酶制品，主要成分是碱性蛋白酶，2 千克/桶，可用于皮革加工行业。

2. 溶于挥发性有机溶剂中的乙烯聚合物，按重量计，含乙烯聚合物 40%、有机溶剂 60%。

3. 以硅酸钙为主要成分的瓶装黏合剂，工业用，出口时每包毛重为 10 千克。

4. 用作造纸工业整理剂的一种调制浆料，主要成分为糊精，500 克/罐。

5. 袋装甜菜糖糊精（淀粉的降解产品），经检测，还原糖以右旋糖的干重量计为 20%。

6. 袋装甜菜糖糊精（淀粉的降解产品），经检测，还原糖以右旋糖的干重量计为 10%。

7. 工业用袋装明胶薄片，已经加工成正方形，表面已经着色处理。

8. 香烟过滤嘴成型热熔胶，由乙烯-乙酸乙烯酯共聚物树脂、增粘树脂、蜡、抗氧剂等组成，20 千克/桶。

9. 以聚乙酸乙烯酯为基本成分熬制的调和胶，刷墙用，非零售包装。

10. 某品牌化学胶水，一种无色透明流动性良好的液体，易挥发，遇水即聚合固化；可用于橡胶、皮革、塑料、陶瓷、玻璃、木材等，每瓶净重 10 克。

第三十六章　炸药；烟火制品；火柴；引火合金；易燃材料制品

 要求 请直接写出对应的八位编码

1. 三硝基甲苯，符合化学定义，一种常用的炸药中的主要成分，呈黄色粉末片状，难溶于水，可用于水下爆破药原料。

2. 袋装固体酒精（固体燃料块），固体酒精并不是固体状态的酒精（酒精的熔点为-114.1℃，纯净物常温下是液体），而是在工业酒精（主要成分为乙醇）中加入凝固剂使之成为固体形态。

3. 袋装娱乐用礼花弹，外表接近球形，有专门的发射炮筒，发射到空中后，爆发出各种光色、花形图案或其他效果的产品。

4. 香烟打火机专用液化丁烷，符合化学定义，其容器容积为150立方厘米。

5. 已经配制的乳化炸药；原理为借助乳化剂的作用，使氧化剂盐类水溶液的微滴均匀分散在含有分散气泡或空心玻璃微珠等多孔物质的油相连续介质中形成一种油包水型的乳胶状炸药。

6. 一种未成型的铈铁合金，其中铈占60%、铁占40%，工业用途。

7. 袋装已经配制的摔炮，玩具手枪使用，50粒/盒。

8. 已经组装完毕的电引爆器，由电雷管、电桥及火药组成，引爆威力较大。

第三十七章　照相及电影用品

 要求 请直接写出对应的八位编码

1. 盒装缩微胶片，根据《红楼梦》制作完成，零售状态出口报验。

2. 某品牌未曝光彩色胶卷，长2.5米、宽30毫米，有齿孔，非幻灯片用。

3. 供牙科射线照相用的未曝光X光平面软片，盒装。

4. 盒装照相制版用的PS版（预涂感光版），尺寸规格：300毫米×400毫米。

5. 激光排版用平面胶片，软质，未曝光，宽400毫米，长5米。

6. 照相馆冲洗胶卷用的瓶装显影剂，500毫升/瓶，5瓶/盒。

7. 盒装彩色胶卷，未曝光，有齿孔，长1米，宽35毫米。

8. 冲洗照相胶卷用的瓶装漂白液，定量包装，可立即使用。

9. 盒装一次成像平片，彩色，未曝光，长20厘米，宽15厘米。

10. 彩色摄影用纸质平面感光片，未曝光，长2米，宽300毫米。

第三十八章 杂项化学产品

> 📝 **要求** 请直接写出对应的八位编码

1. 一种瓶装纺织品用的增光乳剂，主要成分是石蜡，500 毫升/瓶。

2. 非零售包装的活性炭，经检测不具有药物作用，出口时为非木质材质。

3. 工业用经掺杂的单晶硅棒体（硅含量为 99.99%），经检测，直径为 90 毫米。

4. 纺织织物消毒剂，甲缩醛 40%、半缩醛棒状 40%、乙醇 20%，1.2 升/瓶。

5. 盒装石蕊试纸，用来检验溶液的酸碱性，盒内有红色石蕊试纸和蓝色石蕊试纸两种，碱性溶液使红色试纸变蓝，酸性溶液使蓝色试纸变红。

6. 一种袋装焊粉，由氯化铵及其他化学原料组成，工业用。

7. 一种袋装水泥用的高效减水剂，在水泥应用过程中，为改善或实现各种特性进行添加的助剂。

8. 瓶装饮料有证标准样品，附有官方质检证明。

9. 由糖精及其盐、碳酸氢钠等物质及酒石酸组成的一种制剂（片剂），经检测其未构成食品，但能用作食品甜味剂。

10. 灭火弹，使用时直接其用力投向火源，使其外壳破裂，灭火液泼出，从而起到灭火作用，家庭使用型，简便易学会。

11. 甘油单脂肪酸酯、甘油双脂肪酸酯及甘油三脂肪酸酯的混合物，用作脂肪乳化剂，经检测，不含人造蜡特性。

12. 盒装纸质早孕自测卡，涂有检测试剂，通过与尿液接触后的颜色变化来初步判断是否怀孕。

13. 主要用于澄清葡萄酒的一种制剂，以聚乙烯吡咯烷酮、明胶、角叉菜胶等胶凝物质为基料，经检测不含任何酶制剂。

14. 桶装活性硅藻土，主要化学成分是二氧化硅，含有少量氧化镁，建筑用。

15. 一种瓶装化学催化剂，以镍化合物为活性物。

16. 由二乙烯基苯异构体（25%～45%）及乙基乙烯基苯异构体（33%～50%）两种不同有机化合物异构体的混合物，用作聚苯乙烯的交联剂，其中异构体的两个侧键进行交联。

17. 瓶装液体松香，从碱法（主要为硫酸盐法）制木浆时所残余的黑色溶液制得，500 毫升/瓶。

18. 褪光泽剂，用以减少纺织品的表面光泽；一般由颜料（氧化钛、氧化锌、锌钡白等）的悬浮液组成，并用纤维素醚、明胶、其他胶、表面活性剂等进行稳定处理；出口时 500 毫升/瓶，5 瓶/箱。

19. 上浆剂，用于纸张加工以改善其可印性、平滑度及光泽度并使纸张具有易书写性能；此制剂可以用松香皂、强化树脂、蜡悬浮液、石蜡悬浮液、丙烯酸聚合物、淀粉及羧甲基纤维素或植物胶为基料，5瓶/箱。

20. 生物柴油，按重量计，石油含量为80%，零售状态出口报验。

第三十九章　塑料及其制品

 要求　请直接写出对应的八位编码

1. 聚丙烯与聚乙酸乙烯酯组成的聚合物混合体A，颗粒状，按占聚合物混合体总重量计，丙烯单体单元为50%、乙酸乙烯酯单体单元为50%，非水分散体。

2. 颗粒状的聚合物B，按重量计，苯乙烯单体单元含量占55%、丙烯单体单元含量占45%，未经任何化学改性处理。

3. 纳米隔热膜，宽1.524米，成卷，一种新型的汽车玻璃用隔热膜；原理为将氮化钛材料用真空溅射技术在优质的聚对苯二甲酸乙二酯薄膜上形成纳米级的涂层，起到隔热、防紫外线、防爆等效果。

4. 用机器将回收的饮料瓶粉碎成的细小碎片（非切片，该饮料瓶是由化学名称为聚对苯二甲酸乙二酯的热塑性塑料制成的，黏度为80毫升/克）。

5. 灰色粉末状接枝共聚物B，按重量计，乙烯单体单元含量为35%、乙酸乙烯酯单体单元含量为25%、氯乙烯单体单元含量为40%，出口时未加任何增塑剂。

6. 塑料花盆，花园种植户养花用。

7. 乙酰化处理的酚醛树脂，出口时已加工成颗粒状态。

8. 聚合物A，按重量计，由60%苯乙烯、36%丙烯腈和4%甲苯乙烯单体单元组成，颗粒状出口报验，未经过其他加工处理。

9. 一种袋装MS非泡沫板，MS即甲基丙烯酸甲酯（单体单元占45%）-苯乙烯（单体单元占55%）共聚物，未用其他方式进行加强处理，非自黏。

10. 塑料制成的女士分指手套，按重量计，塑料成分为氯乙烯占97%、丙烯占3%。

11. 液状共聚物A，按重量计，苯乙烯单体单元和丙烯酸单体单元各占50%。

12. 非水分散体的聚合物A，按重量计，乙酸乙烯酯单体单元为40%、氯乙烯单体单元为60%；颗粒状态报验，未经化学改性加工处理。

13. TPU（Thermoplastic Urethane，中文名称为热塑性聚酰胺）薄膜，规格为300毫米×100米，用于制作手机按键。

14. 塑料制块状地板，按重量计，塑料成分为氯乙烯占80%、苯乙烯占20%，非自黏。

15. 水分散状态的聚合物A，按重量计，氯乙烯单体单元含量为40%、乙酸乙烯酯单体单元含量为60%，未经过其他化学加工处理。

第四十章　橡胶及其制品

 要求　请直接写出对应的八位编码

1. 硫化橡胶制成的工业用水管，未经过加强处理，出口时已安装法兰。
2. 添加 25% 锌钡白的丁二烯橡胶，未经过硫化处理，成片状出口报验。
3. 船舶用的碰垫，硫化橡胶制成，可充气，5 个/箱。
4. 硫化处理的异戊二烯橡胶线，经检测，细度为 4 毫米，未经过其他加工处理，工业用。
5. 新的橡胶充气轮胎，适用于大型货车使用。
6. 100% 棉制的成捆的工业机器用输送带，用硫化橡胶涂布，1500 米/捆。
7. 硫化处理的异戊二烯橡胶线，经检测，细度为 10 毫米，未经过其他加工处理，工业用。
8. 硫化橡胶制成的盒装婴儿用奶嘴，5 个/盒，符合卫生标准。
9. 未经硫化处理的轮胎橡胶带（按重量计，丁苯橡胶为 90%、增塑剂为 10%）。
10. 按重量计，银胶菊胶占 55%、氯丁二烯橡胶占 45% 的混合橡胶 A，初级形状出口报验。

第四十一章　生皮（毛皮除外）及皮革

 要求　请直接写出对应的八位编码

1. 鳄鱼皮坯革，经过鞣制加工处理，未经过剖层处理，专门作皮包用原料。
2. 专门制革用干的半张牛皮背皮，经逆鞣处理，每张干燥重量为 12 千克。
3. 带尾的整张狐狸皮（生毛皮），加工皮货用，进口时未经任何加工处理。
4. 供食用的干的整张猪皮，加工皮冻用，袋装出口报验，10 千克/张。
5. 再生牛皮皮革的边角废料，不适合作皮革制品，成捆状态报验。
6. 整张的不带毛的水牛皮革，经过半硝化处理后染色处理，全粒面未剖层。
7. 经鞣制后再抛光处理的羔羊皮革，不带毛，未剖层。
8. 经过鞣制加工处理的不带毛的羔羊蓝湿皮革，经过剖层加工处理。
9. 作皮革用的生猪皮的边角废料，袋装出口报验。
10. 未经过剖层处理的整张新鲜生牛皮，出口时重量为 12 千克，经过逆鞣加工处理。

第四十二章　皮革制品；鞍具及挽具；旅行用品、手提包及类似容器；动物肠线（蚕胶丝除外）制品

 要求 ┊ 请直接写出对应的八位编码

1. 木制的衣箱，箱面印有动物图案，带有铜制把手，批量进口报验。
2. 天然青竹条编结而成的衣箱，未经过任何染色加工处理。
3. 医用急救药箱，牛皮皮革制成，里面含有必要的药棉以及其他急救工具。
4. 焊工劳保专用手套，经检测，面料为再生牛皮皮革，衬里为水貂毛。
5. 男士专用纯牛皮皮革公文包，四角用贱金属进行加固。
6. 纺织材料制成的缰绳，供牲畜使用，出口零售包装报验。
7. 男士大衣，经检测，面料为100%水牛皮，衬里为100%兔毛皮。
8. 专门供幼犬穿的外套，面料为100%纯棉制成。
9. 皮革制成的保护套，供保护家用椅子用，5个/袋。
10. 皮鞭，未经过任何其他加工处理。
11. 男士专用牛皮帽子，经检测，牛皮含量为100%。
12. 非洲进口的皮鼓，非玩具，零售形式进口报验。

第四十三章　毛皮、人造毛皮及其制品

 要求 ┊ 请直接写出对应的八位编码

1. 黄鼠狼尾，零售形式包装出口报验，适合加工皮货用。
2. 由羊肠线制成的外科无菌缝合材料，附有国家相关部门检验证明，零售包装。
3. 女式大衣，衣领和袖口为水貂皮作装饰，其余部位为100%羊皮皮革。
4. 纯棉布作面料，纯水貂毛皮衬里的手套，非劳保专用。
5. 散装状态报验的黄鼠狼尾毛，出口专作刷子用。
6. 床毯，主要成分为羊驼毛皮，由4块经过处理的羊驼的毛皮缝制加工而成。
7. 女士100%水貂皮帽子，零售状态出口报验。
8. 带羽绒的整张鸟皮，未经任何加工处理。
9. 人造毛皮（化学纤维）制的外套，领部经过刺绣装饰，适合身高120厘米的儿童穿。
10. 未经鞣制的干燥的整张猪生皮，制皮革用，出口前未经过任何缝制加工处理。

第四十四章　木及木制品；木炭

 要求 | 请直接写出对应的八位编码

1. 竹制的切面包板，经过消毒处理，符合卫生标准。

2. 木扇，由 100% 的丝棉木制成，扇面画有孔雀图案，礼盒形式出口包装。

3. 某品牌沙发，木制框架，表面为纺织材料，内有海绵衬垫。

4. 铺设电车道用的枕木，针叶木制成，经过浸渍防腐化学品处理出口。

5. 辐射松制成的琵琶桶，家庭用。

6. 一种复合而成的胶合板，芯层为柚木，两面底层为西非红豆木，每层板厚为 8 毫米。

7. 一种三合板，表层为大叶帽柱木薄板，其他两层为针叶木薄板制，经检测，每层薄板厚度为 3 毫米。

8. 成条的强化木，专门作建筑材料使用，未经过其他加工处理。

9. 木制的手用筛，家庭用。

10. 一种强化复合地板，经过机械加工，规格为 700 毫米×190 毫米×10 毫米，由耐磨层（三氧化二铝膜）、表层（印木纹的纸）、基层（干法生产的中密度纤维板，密度 0.9 克/立方厘米，厚 9.5 毫米）、背板平衡层（一种纸）经过树脂浸渍后高温强压复合而成，边、端制成榫接口便于安装。

第四十五章　软木及软木制品

 要求 | 请直接写出对应的八位编码

1. 压制软木废料，未经过任何其他加工处理。

2. 压制软木制成的智力玩具，可供 3 岁以下儿童用。

3. 压制软木制的帽子，帽子四周有羽毛进行装饰。

4. 红酒瓶口的木塞，天然软木制，5 个/盒。

第四十六章　稻草、秸秆、针茅或其他编结材料制品；篮筐及柳条编结品

 要求 | 请直接写出对应的八位编码

1. 用羽毛装饰的草帽，优质稻草编制的，遮阳用，零售状态出口报验。
2. 夏天用凉席，皮革条编结而成，出口前未经任何其他加工处理。
3. 女士专用的手提包，玉米皮编结而成，四角用铜加固。
4. 某品牌凉席，灯芯草编结而成，出口前未经任何其他加工处理。
5. 垫子，尼龙扁条手工编结而成，经检测，其表观宽度为 2 毫米。
6. 新鲜青竹制成的雏鸡笼，3 个/箱。
7. 儿童一次性筷子，竹制，经过高温消毒处理，表面画有动物图案。
8. 袋装沐浴球，原料为干制丝瓜络，出口前经过高温杀菌处理，5 个/袋。
9. 草鞋，优质稻草编制的，鞋带为纺织材料，零售状态出口报验。
10. 衣箱，尼龙扁条手工编结而成，经检测，其表观宽度为 10 毫米。

第四十七章　木浆及其他纤维状纤维素浆；回收（废碎）纸或纸张

 要求 | 请直接写出对应的八位编码

1. 棉短绒，为经过轧花后的棉籽（毛籽）上还残留的短纤维，用剥绒机把这些短纤维剥下来制作而成。
2. 用加压石磨机械方法制得的杉树木浆，未经过任何其他加工处理。
3. 未漂白杉木硫酸盐木浆，经检测为溶解级状态出口报验。
4. 回收的捆装工厂废纸板，纸板原涂有氧化银，主要用于回收金属银。
5. 未漂白松木碱木浆，作纸张用，经检测为非溶解级。
6. 木节纸浆，一种用机械-化学联合方法制得的木浆。

第四十八章　纸及纸板；纸浆、纸或纸板制品

要求 | 请直接写出对应的八位编码

1. 实验室用盒装 pH 试纸，使用时，撕下一条，放在表面器皿中，用一支干燥的玻璃棒蘸取一滴待测溶液，滴在试纸中部，再根据试纸的颜色变化与标准比色卡比对

就可以知道溶液的酸碱性度，10 条/盒。

2. 家用壁纸，经过印花工艺加工处理，也可用于铺地，规格为 60 厘米×70 厘米。

3. 成卷的胶黏纸板，自黏性较好，经检测出口时宽度为 30 厘米。

4. 成卷报验的植物羊皮纸，印刷用，宽度为 20 厘米，未经过其他加工处理。

5. 印刷专用的漂白铜版纸，双面已经涂布高岭土，纯化学木浆制造而成，300 克/平方米，规格为 787 毫米×1092 毫米。

6. 袋装成张糯米纸，用一种可食薄膜。透明，无味，厚度 0.02～0.025 毫米，入口即化；由淀粉、明胶和少量卵磷脂混合，流延成膜，烘干而成；主要用于糖果、糕点或药品等的内层包装，以防其与外包装纸相粘连，也可防潮。

7. 经过高度研光处理的印刷用纸，成张状态出口报验，100 克/平方米，规格为 210 毫米×297 毫米，用 100% 化学木浆制得。

8. 专门用于液体包装盒用的成卷纸板，由漂白纸板与薄塑料复合加工而成，宽为 0.5 米，350 克/平方米。

9. 纸质成卷壁纸，宽为 60 厘米，表面经过植绒加工工艺处理。

10. 某品牌婴儿纸尿裤，经检测该产品环保可降解，以玉米纤维、大豆纤维或荞麦纤维提炼的原材料作为纸浆加工而成，5 袋/包。

11. 工业用卷烟纸。出口时成张，未裁剪成小本样，规格为 10 厘米×15 厘米。

12. 某品牌盒装面巾纸，250 张/盒，规格为 19 厘米×20 厘米。

13. 一种皱纹牛皮纸，由亚硫酸盐纸浆制得，规格为 787 毫米×1092 毫米，35 克/平方米。

14. 学生用成卷的自印复写纸，宽为 25 厘米。

15. 学生用成卷的自印复写纸，宽为 45 厘米。

16. 工业用锡纸，一种涂上或贴以像银的膜状金属纸，多为银白色，经检测其金属成分其实是铝，而非锡；成卷状态出口报验，有衬背，厚度为 0.2 毫米。

17. 经过天然香料浸渍处理的成卷香纸，带有香气，出口时长 20 厘米，宽 30 厘米。

18. 成卷的印刷用的半透明纸，经检测宽为 35 厘米，未经过任何其他加工处理。

19. 纸扇，扇面为纸张制成，扇骨为木制而成，扇面绘制山水图画作点缀。

20. 纸制太阳伞，伞面绘制公司标识，零售状态包装。

第四十九章　书籍、报纸、印刷图画及其他印刷品；手稿、打字稿及设计图纸

 要求　请直接写出对应的八位编码

1. 某报纸纸质版，每周出版 5 次，某报社出版。

2. 教学专用立体地球仪，经过印刷加工而成，底座为铜制。

3. 中国邮票，1913 年统一发行，使用过，出口时附赠一本小型集邮册。

4. 手绘中国地形图原稿，未经过其他加工处理。

5. 印刷的 2023 年纸质日历，绘有花鸟鱼虫图案。

6. 纸制盒装扑克牌，非魔术道具。

7. 已经装订成册的某日报，用牛皮纸作封皮，附有 3 张广告插页。

8. 某恐龙书，2011 年出版，本产品是儿童学前教育的必备书籍，以大量的图画为基础，附有少量文字，有助于提高儿童读者的认知水平。

9. 某品牌牛奶广告宣传海报，无商业价值，纸制，彩印。

10. 印刷的纸质城市水道图，经过上色加工处理，非成册。

第五十章　蚕　丝

 要求　请直接写出对应的八位编码

1. 一种非供零售用的混纺纱线，按重量计，含有桑蚕丝 60%、精梳羊毛 40%。

2. 出口时未经过加捻处理的桑蚕丝土丝，作纱线使用。

3. 染色的桑蚕丝，两股成线，绕在线轴上（非交叉卷绕），经检测出口时重量为 80 克。

4. 出口专作外科无菌缝合材料的蚕胶丝，经过高温消毒处理，2 米/捆。

5. 幅宽为 110 厘米的 100% 桑蚕丝古香缎（机织物），经过漂白加工处理。

6. 经过加捻处理的柞蚕丝土丝，零售状态出口报验。

第五十一章　羊毛、动物细毛或粗毛；马毛纱线及其机织物

 要求　请直接写出对应的八位编码

1. 印花机织物，按重量计，含有丙纶短纤 10%、羊毛 90%，150 克/平方米，幅宽 110 厘米。

2. 动物粗毛制成的麦尔登呢机织物，剪裁成正方形，幅宽 110 厘米。

3. 精梳机织布料，按重量计，含腈纶短纤 40%、羊毛 60%，190 克/平方米，幅宽 110 厘米。

4. 一种绕成团的混纺纱线，按重量计，含精梳羊毛 60%、尼龙短纤 40%，100 克，细度为 1500 分特。

5. 染色粗纺机织物，按重量计，含涤纶短纤维 40%、家兔毛 60%，180 克/平方

米，幅宽 110 厘米。

6. 羊毛纱线，精梳，羊毛含量为 90%，供零售用。

7. 机织红色大衣呢，经检测动物粗毛含量为 99%，200 克/平方米，幅宽 110 厘米。

8. 精梳毛机织物，经检测美洲驼毛含量为 100%，100 克/平方米，幅宽为 110 厘米。

9. 由 100%精梳羊毛纱线制成的幅宽 110 厘米哔叽机织物，180 克/平方米。

10. 袋装碳化羊毛，根据羊毛耐酸而植物质不耐酸的特性，把含有植物杂质的羊毛浸渍于稀硫酸液中，除去多余酸液后烘干和高温烘烤，使植物质的主要成分纤维素在浓缩的酸液作用下脱水成焦黑的脆性炭质。

第五十二章 棉 花

 要求 请直接写出对应的八位编码

1. 100%棉制色织粗斜纹布，经纱浅绿色，纬纱深灰色，220 克/平方米，幅宽 110 厘米。

2. 非供零售用的混纺缆线，按重量计含粗梳棉纤维 60%、涤纶短纤维 40%，每根单纱细度为 12 公支。

3. 由 60%棉纤维与 40%亚麻纤维混纺而成的纱线，精梳，每根单纱细度为 200 分特，绕于线轴上，总重量为 90 克，非缝纫用。

4. 袋装原棉（采摘后仅经过轧制的未梳棉纤维），800 克/袋，作棉制纱线。

5. 含棉纤维 95%、涤纶短纤维 5%的平纹机织物，经过漂白加工处理，机织物重为 220 克/平方米，幅宽 110 厘米。

6. 100%棉制平纹机织物，机织物经线为未漂白纱线，纬线为漂白纱线，150 克/平方米，幅宽为 110 厘米。

7. 精梳棉纤维纺制而成的多股纱线，棉含量 100%，每根纱线细度为 50 公支，非供零售状态出口报验。

8. 经墨染工艺加工处理的机织橘红色布料，按重量计含棉纤维 60%、涤纶短纤维 40%，150 克/平方米，幅宽 110 厘米。

9. 一种混纺棉涤线，按重量计含棉纤维 60%、涤纶短纤维 40%，绕在纱管上，总重为 125 克，上过浆处理，单纱为 S 捻，二股线终捻为 Z 捻。

10. 全棉静电植绒布，宽 1.5 米，成卷，220 克/平方米；加工方法为在全棉机织平纹布的表面涂胶，以黏胶短纤作为绒毛，利用异电荷相吸的原理，使绒毛垂直下落到有胶粘剂图案的底布上。

第五十三章　其他植物纺织纤维；纸纱线及其机织物

 要求 请直接写出对应的八位编码

1. 匹状印花机织物，按重量计，由 40%亚麻纤维、25%黄麻纤维和 35%棉纤维织成，幅宽 110 厘米。

2. 幅宽 110 厘米的未漂白机织物，按重量计，含黄麻纤维 35%、苎麻纤维 20%、羊毛纤维 45%。

3. 按重量计由 40%棉、30%苎麻、30%亚麻混纺的未漂白纱线，未经过其他加工处理。

4. 经过沤制处理的大麻，未经过纺制，可作大麻纱线原料。

5. 用铜丝进行加强处理的亚麻多股纱线，成捆状态出口报验，非医用。

第五十四章　化学纤维长丝；化学纤维纺织材料制扁条及类似品

要求 请直接写出对应的八位编码

1. 成匹状态报验的印花机织物，按重量计，含棉纤维 50%、醋酸纤维长丝 25%、聚酯纤维长丝 25%，幅宽 110 厘米。

2. 尼龙-6 长丝多股纱线，断裂强度为 60 厘牛顿/特克斯，非供零售用，未经过任何变形加工处理。

3. 一种零售包装的混纺缝纫线，按重量计由 65%丙纶短纤维与 35%棉纤维混纺而成，幅宽 110 厘米。

4. 染成蓝色的平纹机织物，按重量计含羊毛 45%、铜氨纤维短纤 55%。

5. 三线斜纹染色处理的机织布料，涤纶长丝纤维占 50%、醋酸短纤维占 25%、黏胶短纤维占 25%，150 克/平方米，幅宽 110 厘米。

6. 家用凉席，用宽为 3 毫米的 100%聚乙烯塑料扁条编织而成，未经过桐油浸渍处理。

7. 丙纶长丝膨体纱，经检测属于变形纱线范畴，出口非供零售使用。

8. 松扎成捆的纺织用醋酸纤维素单丝，单丝截面尺寸为 0.5 毫米，细度为 90 分特。

9. 松扎成捆的纺织用醋酸纤维素单丝，单丝截面尺寸为 2 毫米，细度为 90 分特。

10. 长度为 800 米的尼龙长丝双股纱线，捻度约 200 捻/米，终捻为反手 Z 捻，卷绕成单边宝塔形状，经过化学硅油乳液处理后表面更加光滑，总重量为 1000 克。

第五十五章　化学纤维短纤

 要求　请直接写出对应的八位编码

1. 玉米纤维短纤：以玉米淀粉发酵制得的乳酸为原料，经聚合成聚乳酸，再经纺丝而成纤维。

2. 一种未漂白机织物，按重量计，由40%棉、30%黏胶纤维短纤和30%聚丙烯纤维短纤混纺而成，200克/平方米，幅宽110厘米。

3. 由漂白的棉纱线和深紫色的人造棉（黏胶短纤）纱线织成的平纹机织物，250克/平方米，按重量计，棉和人造棉含量各为50%。

4. 一种混纺而成的精纺色织平纹机织物，按重量计，含羊毛45%、黏胶短纤维30%、腈纶短纤维25%，190克/平方米，幅宽110厘米。

5. 绿色平纹机织物，按重量计含棉纤维40%、铜氨短纤维30%、丙纶短纤维30%，每平方米210克，幅宽110厘米。

6. 聚丙烯腈长丝丝束，经拉伸处理，丝束长50米，捻度为3转/米，单丝细度为55分特，丝束总细度为21000分特。

7. 一种混纺的多股纱线，非供零售用，按重量计含棉纤维45%、藻酸盐短纤维55%。

8. 含亚麻40%、聚酯纤维长丝30%、黏胶纤维短纤30%的未漂白机织物，200克/平方米，幅宽为110厘米。

9. 天丝棉单股纱线，由65%天丝短纤、35%棉混纺而成；天丝是一种新型纤维，是由木质浆为原料进行再生的纤维素纤维。

10. 纺织行业用四线斜纹机织物，经过色织加工处理，按重量计含涤纶短纤维40%、黏胶短纤维60%，160克/平方米，幅宽110厘米。

第五十六章　絮胎、毡呢及无纺织物；特种纱线；线、绳、索、缆及其制品

 要求　请直接写出对应的八位编码

1. 作装饰用的粗松螺旋花线，纺织材料制成，成捆状态出口报验。

2. 纺织材料制成的缰绳，扎住马上唇的一圈绳索并附带交织而成的手柄，作为控制装置。

3. 供人使用的纺织材料制成的发网，聚酯纤维含量为60%、棉含量为40%，零售

出口报验。

4. 针刺的机制毡呢，100%腈纶纤维制成，出口前经浸渍处理，经测量幅宽为2米。

5. 已经抽真空处理的枕头，涤纶制的枕套，用100%棉制絮胎作填料，2个/袋。

6. 用天然橡胶包覆的丙纶长丝纱线，出口前未经过其他加工处理。

7. 100%涤纶制成的纺织材料绳索，经过橡胶浸渍处理，15米/捆。

8. 纺织厂进口的黏胶纤维短纤制成的多股纱线，细度为1200特，非供零售使用。

9. 袋装作纺织用的雪尼尔线，又称绳绒线，是一种新型花式纱线，它是用两根股线作芯线，通过加捻将羽纱夹在中间纺制而成；产品主要有沙发套、床罩、床毯、台毯等。

10. 经检测含金属铝的螺旋花线，未经过其他加工处理。

11. 纺织用氨纶扁条，全部用锌金属进行包裹加工，经检测表观宽度为1毫米。

12. 100%棉制成的絮胎，非医用，袋装出口报验。

第五十七章　地毯及纺织材料的其他铺地制品

 要求 | 请直接写出对应的八位编码

1. 使用过的针织块状地毯，按重量计含羊毛60%、尼龙短纤维40%。

2. 机制而成的羊毛含量为100%的植绒地毯：将羊毛纤维（长度一般为0.03～0.5厘米）垂直固定于涂有黏合剂的地毯之上加工而成。

3. 合成纤维制成的毡呢衬垫，铺在地板与地毯之间，非针刺，但经层压处理。

4. 作装饰用的簇绒兔地毯，兔毛含量为100%，机制而成。

5. 办公室用机制簇绒地毯，此簇绒地毯是在铜氨纤维长丝织物底布上用排针机械栽绒，形成圈绒或割绒毯面的机制地毯。

6. "卡拉玛尼"手织地毯，块状，聚酯长丝纤维占98%、棉纤维占2%。

7. 家用毯子，1.8米×2米，100%羊毛制，保暖效果明显。

8. 家庭用结织栽绒地毯，100%涤纶短纤维制成，即在经纬线交织构成的地毯底基上，用手工绾结工艺栽植毛线而形成高出地毯底基的绒面的地毯。

9. 1800年英国手工结织的兔毛栽绒地毯，兔毛含量为99.8%，可作为展览艺术品。

10. 专用于18座客车上的小块混纺机制簇绒地毯，羊毛含量为95%，涤纶短纤含量为5%。

第五十八章　特种机织物；簇绒织物；花边；装饰毯；装饰带；刺绣品

 要求　请直接写出对应的八位编码

1. 纯白色天鹅绒机制物，绒面按重量计含亚麻 50%、维纶短纤 50%，两侧有织成的布边，幅宽 20 厘米。

2. 未漂白的机织毛巾织物，含棉量为 100%，未锁边，幅宽 110 厘米。

3. 被褥状机织纺织物，由一层纯羊毛机织布料与纯羊毛胎料经纫缝方法制成，幅宽为 110 厘米，出口前未经其他加工处理。

4. "弗朗德"手工针绣装饰毯，嵌花加工工艺，1.8 米×2 米。

5. 已割绒的蓝色平绒机织物，由 40% 羊毛纤维和 60% 聚酯纤维短纤混纺而成，纬起绒，幅宽为 110 厘米，300 克/平方米。

6. 漂白处理的长毛绒机织物（经起绒、已割绒），绒面按重量计含兔毛 40%、涤纶短纤 60%，幅宽为 110 厘米，250 克/平方米。

7. 幅宽为 28 厘米的漂白平纹机织物，100% 棉制，两侧有织成的布边。

8. 非供零售的聚乙烯长丝纤维制成的多股纱线，细度为 100 特，出口前用铝线进行加强处理。

9. 100% 腈纶纤维短纤制成的雪尼尔机织物，幅宽 20 厘米，两侧有胶黏的腈纶布边。

10. 由 80% 棉、20% 聚酯纤维短纤制成的纱罗，机织而成，幅宽 110 厘米。

11. 成匹状态出口的刺绣品，经检测纯棉底布，腈纶制的绣线，可见底布。

12. 100% 涤纶制灯芯绒，机织，已割绒，出口前未经其他加工处理，幅宽为 110 厘米。

第五十九章　浸渍、涂布、包覆或层压的纺织物；工业用纺织制品

 要求　请直接写出对应的八位编码

1. 聚氨基甲酸酯包覆的机织绝缘布，经检测，温度在 15℃～30℃时，绕于直径为 7 毫米的圆柱体上不会发生断裂。

2. 专门技术用途的工业用筛布，由 100% 涤纶长丝制成，5 片/袋。

3. 聚丙烯长丝制的工业用传动带，用塑料浸渍后用铝进行加强处理过。

4. 装饰用成卷的机织糊墙布，背面用胶进行浸渍过，经检测该织物宽度为 60 厘米。

5. 用硫化橡胶包覆的聚丙烯机织物，1200 克/平方米，按重量计，涂布的硫化橡胶占 55%、聚丙烯占 45%，非被褥状产品。

6. 用硫化橡胶包覆的聚丙烯机织物，2000 克/平方米，按重量计，涂布的硫化橡胶占 55%、聚丙烯占 45%，非被褥状产品。

7. 胶黏带，用橡胶涂布棉带制得，宽幅 20 厘米，非绝缘带。

8. 100%聚酯长丝制蓝色机织传动带带料，带料厚 5 毫米，幅宽 110 厘米，300 克/平方米。

9. 100%棉制色织平纹机织物制传动带带料，带料厚 2 毫米，幅宽 110 厘米，300 克/平方米。

10. 100%聚丙烯长丝纺织材料制的输送带料，带料厚 2 毫米，幅宽 20 厘米，两侧有织成的布边，300 克/平方米。

第六十章　针织物及钩编织物

 要求 请直接写出对应的八位编码

1. 涤纶长丝制成的染色机织物，纬编工艺加工，幅宽 110 厘米。

2. 按重量计，涤纶短纤维占 60%、黄麻纤维占 40%的钩编织物，经过色织加工处理，幅宽 110 厘米。

3. 幅宽 110 厘米的色织经编针织物，家兔毛纤维占 55%、亚麻纤维占 45%。

4. 桑蚕丝弹性经编针织物，弹性纱线含量为 20%，不含橡胶线，幅宽 60 厘米。

5. 幅宽为 110 厘米的长毛绒织物，棉含量为 80%、亚麻含量为 20%，针织而成，未经染色加工处理。

第六十一章　针织或钩编的服装及衣着附件

 要求 请直接写出对应的八位编码

1. 针织刺绣婚纱，棉纤维含量为 60%、涤纶短纤维含量为 40%。

2. 门襟为左压右的 100%涤纶制绣花短袖衬衫，针织，2 件/袋。

3. 袋装针织男士 T 恤衫，面料按重量计含亚麻纤维 55%、黏胶纤维 45%。

4. 专用于玩具芭比娃娃的套裙，按重量计含兔毛 60%、腈纶短纤 40%。

5. 针织莱卡棉束腰带，面料中的棉含量为 60%、莱卡含量为 40%。

6. 针织女士披巾，100%山羊绒制成，印有荷花图案作装饰。

7. 婴儿便服套装，针织，面料按重量计 45%含羊毛纤维、55%丙纶纤维。

8. 婴儿（身高为 80 厘米）用的连指手套，由 60% 的棉与 40% 的涤纶短纤混纺而成，针织。

9. 专门为消防工作者定制的防火服套装，经检测由 100% 的石棉制成，非青石棉。

10.100% 棉制女款绣花开襟衫，经过钩编工艺加工制得。

第六十二章　非针织或非钩编的服装及衣着附件

 要求　请直接写出对应的八位编码

1. 由兔毛装饰领口的机织女式大衣，按重量计亚麻含量为 40%、丙纶短纤含量为 60%。

2. 一次性套装工作服，牛皮纸制而成，工厂工人专用，5 套/盒。

3. 女士机织印花丝巾，60 厘米×60 厘米，100% 桑蚕丝制成，非刺绣。

4.100% 尼龙无纺织物制医用外科罩服，无扣，绑带式，经过高温消毒处理，2 件/包。

5. 女士刺绣花边长款外套，面料由 100% 水貂皮制成。

6. 经橡胶涂布处理加工的机织女衬衫，面料中涤纶短纤含量为 40%、棉纤维含量为 60%。

7. 染色平纹机织物制女衬衫，布料按重量计含亚麻 40%、涤纶短纤 60%。

8. 一套零售包装的男式机织服装套装，内有一件 100% 涤纶制的灰色衬衫、一条 100% 涤纶制的黑色长裤，上下面料质地、尺寸大小相互匹配。

9. 机织而成的男式睡衣裤套装，经检测含棉 70%、聚酰胺短纤 30%。

10. 盒装机织滑雪套装，内装有一件由拉链扣合的 100% 棉制厚夹克和一条 100% 棉制长裤。

第六十三章　其他纺织制成品；成套物品；
旧衣着及旧的纺织物；碎织物

 要求　请直接写出对应的八位编码

1. 储运散装大米用纺织软袋，100% 涤纶长丝扁条机织物而成，经检测丙纶扁条表观宽度为 2 毫米。

2. 电工架线攀爬用的纺织材料聚丙烯制成的安全带，5 条/袋。

3. 小轿车儿童座椅用的纺织材料聚丙烯制成的安全带，5 条/袋。

4. 货物包装用麻袋，经检测为 100% 黄麻制成。

5. 电热毯，又名电褥，是一种接触式电暖器具，将特制的、绝缘性能达到标准的软索式电热元件呈盘蛇状织入或缝入毛毯里制得，通电时即发出热量。

6. 供手工刺绣的成套物品，内装有一件 100% 棉的机织布料，24 种颜色的棉制纺织纱线，12 根不同种类的钢制绣针，一张纸质说明书。

7. 旧的 100% 羊毛机织簇绒地毯（出口前已割绒），明显使用过，成捆状态报验。

8. 经过锁边处理的含量为 100% 聚酯的餐台用布，手工钩编而成，2 片/袋。

9. 出口时单独报验的含 98% 纺织材料聚酰胺制成的伞套，折叠伞专用。

10. 旧的女式棉外套，经检测含棉量占 100%，明显穿戴过，捆装状态出口报验。

第六十四章　鞋靴、护腿和类似品及其零件

 要求　请直接写出对应的八位编码

1. 用稻草编结而成的成双草鞋，鞋底、鞋面皆为稻草。

2. 石棉制长筒靴（过踝但低于小腿），专门为消防员制作，不含任何青石棉成分。

3. 矫形鞋（鞋形矫形器），以矫正足部变形、分散足部压力和减轻疼痛症状等为目的而制作的矫治足部疾患的特殊鞋，男女均适用。

4. 适合旅游鞋用白色袋装鞋带，由涤纶纱线手工编织而成，带头已经用橡胶处理过。

5. 塑料制成的鞋套，适合各种型号的鞋，简单易整理，10 支/袋。

6. 女士短筒靴，羊皮革制鞋面，塑料制外底，过踝但低于小腿，内底长度为 30 厘米。

7. 男士滑板鞋，鞋面为 100% 聚酰胺机织物，外底为 100% 橡胶材料，在鞋面上缝有起加固增强作用的涤纶合成革条，肉眼所见织物面积大于合成革面积。

8. 比赛用拳击靴，经检测出口时为 100% 纯牛皮革制鞋面、硫化橡胶制外底。

9. 儿童穿盒装塑料凉鞋，用栓塞方法将鞋面条带装配在鞋底之上。

10. 男士短靴（未过脚踝），鞋面由 100% 的牛皮革制造，外底由 100% 硫化橡胶制造。

第六十五章　帽类及其零件

 要求　请直接写出对应的八位编码

1. 儿童太阳帽，用聚丙烯扁条编结而成，扁条表观宽度为 8 毫米，羽毛作装饰。

2. 由 100% 石棉经过加工制作而成的消防帽，2 个/袋。

3. 驾驶员专用头盔,产品呈半圆形,主要由外壳、衬里和悬挂装置三部分组成。外壳分别用特种钢、玻璃钢、增强塑料、皮革、尼龙等材料制作,以抵御弹头、弹片和其他打击物对头部的伤害。

4. 宠物犬专用帽,面料按重量计含亚麻纤维 60%、聚酰胺长丝纤维 40%。

5. 旧的 100% 棉制女士贝雷帽,明显穿戴过,成捆状态出口报验。

6. 儿童圣诞帽,红色,零售状态出口报验。

第六十六章 雨伞、阳伞、手杖、鞭子、马鞭及其零件

 要求 请直接写出对应的八位编码

1. 经过橡胶涂布的 100% 人造棉纤维的庭园用遮阳伞,非折叠,附带底座。

2. 木制手杖,带有刻度,可进行丈量。

3. 单独出口报验的伞套,纺织材料制成,适合女士阳伞使用。

4. 某品牌玩具小型阳伞,适合 5 岁以下儿童用。

5. 100% 聚酰胺塑料制成的蓝色折叠伞,与塑料伞套装配,一同出口报验。

第六十七章 已加工羽毛、羽绒及其制品;人造花;人发制品

 要求 请直接写出对应的八位编码

1. 人发制成的滤布,专门技术用途使用,经过高温消毒处理。

2. 黏胶短纤纺织材料制的女士整头假发,零售状态出口报验。

3. 天然羽毛,装饰用,经过简单洗涤、修边处理。

4. 办公室装饰用的陶瓷制人造荷花摆件,经过上釉工艺处理。

5. 经过染色加工处理的人发,出口后作假发的原材料。

6. 人发制发网,未经过其他加工处理。

7. 家庭装饰用人造玫瑰花,由丙纶长丝纺织材料制成,5 朵/袋。

8. 聚酰胺长丝制成的假眉毛,经过染色加工处理。

第六十八章　石料、石膏、水泥、石棉、云母及类似材料的制品

 要求 ┊ 请直接写出对应的八位编码

1. 人造石墨制轴承，此产品是随着机械设备的性能要求，在金属轴承的基础上开发并发展起来的炭质轴承，以人造石墨材料为主要基材。主要特性为自润滑、耐高温、耐腐蚀、质轻等。

2. 天然花岗岩板，仅经粗加修整，未经过进一步加工处理。

3. 袋装砂纸，规格为 15 厘米×20 厘米，俗称砂皮，一种供研磨用的材料，用以研磨金属、木材等表面，以使其光洁平滑，通常在原纸上胶着各种研磨砂粒而成，5 片/袋。

4. 成卷状态报验的沥青，由基层材料、砂石材料、沥青与沥青混合料、水泥与水泥混凝土制作而成，可作屋顶防水材料。

5. 出口前上下两面进行了抛光打蜡处理的餐具柜台面，大理石制。

6. 陶瓷制用于抛光加工的砂轮，未装支架，未装其他零件。

7. 成片装出口报验的岩石棉，可作膨胀材料使用，不含硅酸铝纤维。

8. 建筑用的块状大理石，100 厘米 ×150 厘米，出口前表面与侧面已经机器切割平整，表面经过抛光打蜡加工处理。

第六十九章　陶瓷产品

 要求 ┊ 请直接写出对应的八位编码

1. 装饰用瓷制动物形象的雕塑，出口前未经过描金工艺加工处理。

2. 成套的骨瓷制成的碗，礼盒形式包装。

3. 装饰用彩色陶瓷贴面砖，按重量计吸水率为 2%，6 厘米×6 厘米。

4. 瓷制烟斗，经过雕花工艺加工处理。

5. 烤瓷处理的整套假牙，经过高温消毒杀菌处理。

第七十章　玻璃及其制品

 要求　请直接写出对应的八位编码

1. 未经光学加工的玻璃镜片，视力矫正眼镜用，不可变色。
2. 玻璃制医用高仿真义眼，经过高温消毒处理，适合重度眼部疾病患者。
3. 工业用经过浮法夹丝工艺处理的玻璃板，出口前未经过任何加工处理。
4. 氧化铟锡（Indium-Tin Oxide，ITO）透明导电膜玻璃，此产品通过 ITO 导电膜玻璃生产线，在高度净化的厂房环境中，利用平面磁控技术，在超薄玻璃上溅射氧化铟锡导电薄膜镀层并经高温退火处理得到的高技术产品，产品广泛地用于液晶显示器（LCD）、太阳能电池、微电子 ITO 导电膜玻璃、光电子和各种光学领域。
5. 适合安装在小轿车上的钢化安全玻璃，未镶框，已制成一定形状。
6. 未用其他材料镶框和装配的建筑用夹丝玻璃板，出口前边缘经过打磨处理。
7. 建筑用的隔音玻璃组件，出口前经过真空加工处理。
8. 玻璃棉制成的纤维网，工业用途。
9. 平光变色镜片坯件，玻璃制。
10. 玻璃制成的芭比娃娃用的假眼，出口前未装闭眼装置。

第七十一章　天然或养殖珍珠、宝石或半宝石、贵金属、包贵金属及其制品；仿首饰；硬币

 要求　请直接写出对应的八位编码

1. 按重量计含铝 20%、银 50%、金 27%、钯 1.5%、铑 1.5% 的合金粉末。
2. 珍珠项链，经检测已经有 100 多年的历史，具有收藏价值。
3. 盒装男士铝制领带夹，表面经过镀金拉丝加工处理。
4. 盒装紫檀木手串，圆珠状，已经用线连接，戴在手腕处可作装饰品。
5. 一种工业用的合金板材，按重量计含银 20%、铜 40%，其余为铑。
6. 100% 铝制的男士戒指，表面经过雕花工艺处理。
7. 表面经过镀银处理的铝制饰扣，5 个/盒。
8. 一种未经锻造金属合金粉末，按重量计含锌 50%、铝 30%、银 10%、金 10%，非货币用。
9. 含有金属银的电子电路板废碎料（用于回收金属银）。
10. 女士高档耳环，德银（一种铜镍锌合金）制造，表面附有 1 粒天然珍珠作

点缀。

11. 一种工业用途的合金片，金含量为 40%、钯含量为 40%、铝含量为 20%。

12. 镶嵌钻石的女士戒指，按重量计含铂 20%、金 50%、银 20%、铝 10%。

第七十二章 钢 铁

 要求 请直接写出对应的八位编码

1. 工业用截面为矩形的实心不锈钢钢材，除冷轧制外未经进一步加工，宽 100 毫米，厚 20 毫米，平直形状出口报验，非层叠。

2. 铸铁废碎料，不可再按原用途使用。

3. 截面为矩形的未锻造的实心非合金钢钢材，除热轧制外未经进一步加工，宽 100 毫米、厚 10 毫米，平直形状出口报验。

4. 一种工业用合金丝，按重量计含不锈钢 90%、铝 10%。

5. 一种铁合金锭，按重量计含硅 30%、钡 20%、铝 8%、锰 20%、碳 0.3%，其余为铁，无实用可锻性，出口作除硫剂。

6. 截面为矩形的电镀锌的非合金钢材，宽 1000 毫米，厚 2 毫米。

7. 截面为矩形的实心高速钢钢材，宽 100 毫米，厚 5 毫米，热成型不规则盘卷状报验。

8. 取向性硅电钢制的工业用平板轧材，宽度为 700 毫米，未经其他加工处理。

9. 截面为矩形的硅锰钢钢材，四面除冷轧制外未经进一步加工，宽 80 毫米，厚 10 毫米，平直形状出口报验。

10. 工业用截面为矩形的非合金钢钢材，除冷轧制外未经进一步加工，宽 80 毫米，厚 10 毫米，平直形状出口报验，非易切削钢制。

11. 截面为矩形的电镀铝高速钢钢材，宽 100 毫米，厚 10 毫米，冷成型盘卷状报验。

12. 无实用可锻性的合金块，按重量计含钨 39%、硅 50%、铁 10%、碳 1%。

第七十三章 钢铁制品

 要求 请直接写出对应的八位编码

1. 工业用钢铁铆制的圆形截面天然气管道管，纵向埋弧焊接，外径为 450 毫米。

2. 钢铁制的环头螺钉，盒装，用于多种型号机器上。

3. 研磨机用的研磨球，钢铁铸造而成，零售形式出口报验。

4. 钻探天然气用的钻管，无缝，不锈钢制，外径为 180 毫米，内径为 100 毫米。

5. 铁道火车用的盒装螺旋弹簧，钢铁制成，10 个/盒。

6. 100%不锈钢制无缝圆形截面管，冷轧加工，非锅炉管。

7. 钢铁制成的缝纫机用机针，成盒状态出口报验，50 根/盒。

8. 厨房用钢铁丝绒，按重量计含不锈钢 60%、铝 30%、镍 10%。

9. 家用水龙头，按重量计含高速钢 55%、铜镍锌合金 45%。

10. 盒装针灸用针，不锈钢制成，出口前经过高温消毒处理，10 根/盒。

11. 刺绣穿孔锥，供纺织工厂使用，按重量计含钢铁 60%、铅 40%。

12. 专门焊接用的角材，按重量计含钢铁 55%、锡 20%、镍 25%。

第七十四章~第八十一章（第七十七章除外）　贱金属及其制品

 要求 请直接写出对应的八位编码

1. 铜母合金块，按重量计含铜 80%、磷 20%，无实用可锻性，作脱氧剂用。

2. 无实用可锻性的含锌 60%、铜 40%的合金粉末，作铜冶炼时的除氧剂。

3. 废弃的电动机，大小、形状不一，混装在一起，已损坏，只能用于拆解并回收铜、铁等原材料，主要以回收铜为主。

4. 贱金属丝编成的蝈蝈笼子，按重量计由 60%的钢铁、10%的铝、30%的锡构成。

5. 白铜制的铜箔，用纸板作衬背，厚 0.1 毫米，工业用途。

6. 工业用合金异型材，锌含量为 50%、钛含量为 30%、锆含量为 20%，未经过其他加工处理。

7. 学生用贱金属制桌用书架，材料按重量计含镍 60%、铝 20%、铅 20%。

8. 一种已经过锻造的锌铋合金丝，按重量计，锌、铋的比例为 1∶4。

9. 主要用于家具上的钢铁制带铜头的钉，盒装，20 枚/盒。

10. 一种合金丝，按重量计含铝 55%、锡 10%、锌 30%，最大截面尺寸为 10 毫米。

11. 建筑用贱金属制合金管子，由 40%铬、30%锡、30%镍制成的，50 米/袋。

12. 一种工业用贱金属制合金条，按重量计含铜 60%、锡 40%。

第八十二章　贱金属工具、器具、利口器、餐匙、餐叉及其零件

 要求 请直接写出对应的八位编码

1. 某品牌脚踏式砂轮，带有支架，出口供工厂使用。

2. 金属加工机器用的硬质合金制的盒装刀片，出口前经电镀锌工艺加工处理。

3. 农业用锹，带有木制手柄，材料按重量计含铝 50%、铜 50%。

4. 装有多把刀片并附有 1 把剪刀、2 个螺旋拔塞器的不锈钢制折叠式刀。

5. 成套盒装理发工具，由一个手动不锈钢理发推剪、两把不锈钢剪刀组成。

6. 供烹煮蔬菜及油炸食物等用不锈钢制的长柄漏勺，表面经过镀银加工处理。

7. 供办公室用的弯刃普通剪刀，高速钢制成。

8. 医疗手术用的镊子，不锈钢含量为 60%、铜合金含量为 40%，经过高温消毒处理。

9. 手动马铃薯切片机器，重量为 8 千克，具有曲柄、齿轮、泵等必要工作部件。

10. 零售套装的不锈钢制的修车工具，内有手工锯 1 把、扳钳 1 把、螺丝刀 2 把。

第八十三章　贱金属杂项制品

 要求 ┊ 请直接写出对应的八位编码

1. 宠物犬专用铝制项圈，项圈带有铜制铃铛作装饰。

2. 景泰蓝小型雕塑摆件，景泰蓝是用紫铜制成器物的胎，再将铜丝掐成各种花纹焊在铜胎上，填上珐琅彩釉后烧制而成。

3. 工业用的铜制电极，以焊剂涂面，电弧焊用。

4. "安全出口"标识指示牌，塑料外围包裹一层钢铁，内部装有固定 LED 光源。

5. 18 座客车用的架座，架座按重量计含铝合金 60%、锌合金 40%。

第八十四章　核反应堆、锅炉、机器、机械器具及其零件

 要求 ┊ 请直接写出对应的八位编码

1. 水射流切割机，主要由高压泵、数控加工平台、喷射切割头、供砂系统和冷却系统组成。

2. 船舶舷外式发动机（点燃往复式活塞内燃发动机）。

3. 文字处理机，具有文字输入、输出、存储和编辑等基本功能，以提高文本生成效率为目的。

4. 真空管式太阳能热水器，家用，由集热管、储水箱及支架等相关零配件组成，把太阳能转换成热能主要依靠真空集热管，利用热水上浮、冷水下沉的原理，使水产生微循环而达到所需热水。

5. 奶油分离器，作业时，分离钵以 6000～12000 转/分的速度旋转，牛奶从中央管道进入，在离心力作用下，脱脂乳被甩向分离钵四周，沿钵盖内壁向上运动，从脱脂

乳排出孔排出。

6. 履带式推土机，功率为 300 千瓦。

7. 饮料自动灌装机，全机可完成理瓶、输瓶、定量灌装、送盖、轧盖工序。

8. 吊秤，也称吊磅，是使物体处于悬挂状态进行其重量计量的衡器。一般用于钢铁、厂矿、货站等需要装卸、行运、计量、结算等场合，经检测其最大称重为 1000 千克。

9. 学生用的太阳能电池电子计算器，自带太阳能充电板。

10. 某品牌静电感光式多功能一体机，具有扫描、复印、打印和传真等功能，可通过与电脑连接进行激光打印，与电话网络连接收发传真。

11. "黑匣子"，用于记录飞机的飞行姿态、轨迹、速度等多种飞行数据。飞机失事时，"黑匣子"的紧急定位发射机自动向四面八方发射无线电信号，以便搜寻着溯波寻找。

12. 电动睫毛刷（装有纽扣电池），打开开关，预热 1 分钟，利用电刷头上温度，轻轻刷睫毛，使睫毛卷翘变长。

13. 机器人刀削面机：用于代替人工技师削面；外体大部分用不锈钢材料依照人体外形压制而成，内设动力装置盒传动装置，外设数控箱装置。

14. 某品牌平板电脑，长 242.8 毫米，宽 189.7 毫米，厚 13.4 毫米，重 680 克，具有浏览互联网、收发电子邮件、阅读电子书、播放音频或视频文件等功能。

15. 船舶用往复柱塞式舵机，船舶上的一种大甲板机械，其原理是通过高低压油的转换而做功产生直线运动，并通过舵柄转换成旋转运动。

16. 某品牌 3D 打印机，处理材质为塑料。

17. 儿童用 3D 打印笔，处理材质为塑料。

18. 集成电路芯片用的激光切割机。

19. 不锈钢手机壳电镀机。

20. 船用推进器。

第八十五章　电机、电气设备及其零件；录音机及放声机、 电视图像、声音的录制和重放设备及其零件、附件

 要求　请直接写出对应的八位编码

1. 手机用的镍氢蓄电池，正极活性物质主要由镍制成，负极活性物质主要由贮氢合金制成的一种碱性蓄电池。

2. 电极型火花塞，功率为 150 马力的摩托车用；可将上万伏的高压电引入燃烧室，并产生电火花点燃混合气，与点火系统和供油系统配合使发动机做功。

3. 某品牌电动牙刷，家用型，充电款，方便携带。

4. 发光二极管（LED），由含镓、砷、磷、氮等的化合物制成。

5. 汽车用风挡刮水器，出口前未经过其他装配加工处理。

6. 电磁联轴节，靠磁性部件传递扭矩的联轴器，汽车用。

7. 可燃气体泄漏检测仪，用于检测可燃气体是否泄漏的仪表。

8. 家用电动真空吸尘器，利用电动机带动叶片高速旋转，在密封的壳体内产生空气负压，吸取尘屑。

9. 某品牌固态硬盘，内存容量为 2TB（未录制任何信息）。

10. 超声波焊接机器，两个进行结合的零件，上面的振动，下面的静止，接触面上的摩擦热使表面的塑料熔化从而结合。

11. 对讲机，是一种双向移动通信工具，在不需要任何网络支持的情况下，就可以通话，没有话费产生，适用于相对固定且频繁通话的场合。

12. 磁珠，专用于抑制信号线、电源线上的高频噪声和尖峰干扰，还具有吸收静电脉冲的能力；可吸收超高频信号，有很高的电阻率和磁导率。

13. 引线框架，含铜 99.6% 以上、铁 0.05%~0.15%、磷 0.015%~0.05%；专用于生产集成电路，引线框架是集成电路的芯片载体，使用焊膏等黏合剂将芯片与芯片内部电路连接。

14. 乘坐公交车用的 IC 卡，又称集成电路卡，是在大小和普通信用卡相同的塑料卡片上嵌置一个或多个集成电路构成的；可以是存储器或微处理器。

15. 32GB 容量的 U 盘（未录制信息），一种使用 USB 接口的无须物理驱动器的微型高容量移动存储产品，通过 USB 接口与电脑连接，实现即插即用。

16. 电脑显示器用液晶显示板，未装有驱动电路等其他设备。

17. 家用保险丝。

18. 盒装蓝牙耳机，兼容性能较好。

19. 单喇叭蓝牙音响，内置蓝牙芯片，以蓝牙连接取代传统线材连接的音响设备，通过与手机、平板电脑和笔记本等蓝牙播放设备连接，达到方便快捷的目的。

20. 40 千克重的空气加湿器，加湿强度大，加湿均匀，节能、省电。

第八十六章　铁道及电车道机车、车辆及其零件；
铁道及电车道轨道固定装置及其零件、附件；
各种机械（包括电动机械）交通信号设备

 要求 ┊ 请直接写出对应的八位编码

1. 电车道用维修车，车体内装备有起重、搬运机械、维修设备、工具等，同时具有照明、起重、供风、打磨、搬运等功能，主要用于维修服务。

2. 铁道上的柴油电力机车，由微型机进行中央控制。

3. 电车道用非机动货车，无篷，出口前已经检测装配完毕。

4. 适合客车装配的高保温集装箱，20 英尺。

5. 由蓄电池驱动的铁道电力机车，出口前未经过其他装配加工。

第八十七章　车辆及其零件、附件，但铁道及电车道车辆除外

 要求 请直接写出对应的八位编码

1. 单轴拖拉机，装有单驱动轴，由一个或两个车轮支撑，不设座位，由两个把手操纵行驶，主要用于牵引或推动其他车辆、器具或重物。

2. 货运车辆底盘，配有发动机及驾驶室，汽油型，车辆总重量为 4.5 吨。

3. 28 座混合动力电动长途客车，装有点燃往复式活塞内燃发动机与 1 个驱动电动机。

4. 装在拖车底盘上的空气压缩机，可以将原动机（通常是电动机）的机械能转换成气体压力能，为压缩空气的气压发生装置。

5. 独轮手推车，可用于超市传递货物。

6. 车身由驾驶室和密闭箱体室两部分组成，装有防护系统，车辆总重量为 4 吨的装甲运钞车，装有柴油发动机。

7. 梭式矿车，适用于矿山把煤或矿物从采煤机或采矿机运到输送带上，是一种下置式重型车辆，装有轮胎及压燃式活塞式内燃机，车辆重量为 18 吨。

8. 机动拖修车，由货车底盘（已经装有底板）与非旋转起重机、支架、滑轮、绞车等提升装置配置而成，用于提升及拖带发生事故的车辆。

9. 建筑用混凝土搅拌车，由一个驾驶室及一个机动车底盘组成，混凝土搅拌机固定装在底盘上，兼可用搅拌及运输混凝土。

10. 杂技演员专用的独轮脚踏车（单轮脚踏车），其特点是车身较轻，装有固定车轮。

11. 供野营用厢式挂车（旅行挂车），装有两副车轮及一个挂钩系统，挂钩系统装在能控制车辆行驶方向的回转前轮上。

12. 车用变速箱，45 座大型客车（仅装有压燃式活塞内燃发动机）专用。

第八十八章　航空器、航天器及其零件

 要求 请直接写出对应的八位编码

1. 探测气球，用于把无线电探空仪器送往高空。气球的重量可高达 4500 克。

2. 航拍无人机，最大起飞重量为 200 克，仅使用遥控飞行。

3. 无线电通信卫星，一种能在地球大气层外运行的载运飞行器。

4. 航天飞机推进器，为航天飞机在发射升空前两分钟内提供推力的一对固体火箭助推器，安装在外储箱两侧。

5. 滑翔伞，一种设计成本身能从山上或崖顶等地飞出的物品，由一个折叠伞盖、数条在气流中操纵方向的吊伞索及一条飞行员用的吊带构成。

6. 运载火箭，用于把人造地球卫星、载人飞船、航天站或行星际探测器等送入预定轨道。末级有仪器舱，内装制导与控制系统、遥测系统和发射场安全系统。

7. 火箭的倾斜发射塔，仅以引导火箭起飞，并不加以推进，火箭依靠自身的动力爬升。

8. 儿童玩具彩色气球，填充无害气体，10 个/袋。

第八十九章　船舶及浮动结构体

 要求 请直接写出对应的八位编码

1. 停泊在沿海地点上供救助遇险船舶用的救生船，非机动，非划桨推进。

2. 运输肉类、水果等用的冷藏船，负责港口到港口间冷藏货物的运输。

3. 娱乐用喷水推进艇，长度为 6 米，喷水推进的推力是通过推进水泵喷出的水流的反作用力来获得的，并通过操纵舵及倒舵设备分配和改变喷流的方向来实现船舶的操纵。

4. 拖轮，主要用于拖带其他船舶，适于海上或内河航行。

5. 配备各种进攻性武器及防御性武器，并装有防弹板（例如，装甲钢板或多层水密舱壁）或水下装置（防磁探雷器）的军用船舶，配有探测及监听装置。

6. 浮船坞，一般为由一个平台及两个侧壁组成的"U"形横断面结构体，设有泵房，使其能部分浸没在水中，以便待修理的船舶驶进船坞。

7. 国际竞赛用帆船，通过安全检测标准，长度为 8 米。

8. 打捞沉船用的再浮器。

9. 冲浪板，长 2 米，宽约 60 厘米，厚 8 厘米，板轻而平，前后两端稍窄小，后下方有一起稳定作用的尾鳍。

10. 钢铁制的锚，用铁链连在船上，将其抛在水底可使船停稳。

第九十章　光学、照相、电影、计量、检验、医疗或外科用仪器及设备、精密仪器及设备；上述物品的零件、附件

 要求 请直接写出对应的八位编码

1. 测量球面（透镜、反射镜、眼镜片等）曲率的球径仪，主要由一个三足成等边三角形的底座、一个分度尺及一个带有测头的测微计构成。有些类型的球径仪（例如，眼镜店用的镜片测量器）可装有刻度盘以直接指示曲率。

2. 人造血管，由涤纶短纤织造而成，物理和化学性能稳定，网孔度适宜，具有一定的强度和柔韧度；作搭桥手术时易缝性好，血管接通放血时不渗血或渗血少且能即刻停止，移入人体后组织反应轻微。

3. 心脏起搏器，一种植入人体内的电子治疗仪器，通过脉冲发生器发放由电池提供能量的电脉冲，通过导线电极的传导，刺激电极所接触的心肌，使心脏激动和收缩，从而达到治疗由于某些心律失常所致的心脏功能障碍的目的。

4. 一种高精度、呼吸式酒精检测仪，其核心部件采用新型高科技微变氧物半导体，当接触酒精气体后，通过电阻阻值的变化即可分析出酒精含量，且不受烟味、咖啡等非酒精类气体干扰，适用于交警等部门检查酒后驾车。

5. 病员监护仪，一种以测量和控制病人生理参数，并可与已知设定值进行比较，如果出现超标可发出警报的装置或系统。

6. 红外分光光度计，由光源发出的光被分为能量均等对称的两束，一束为样品光通过样品，另一束为参考光作为基准，这两束光通过样品室进入光度计后，被扇形镜以一定的频率所调制，形成交变信号。

7. 飞机专用空速指示器，通过测量飞机艉流所形成的压差显示飞机相对周围空气的运动速度。

8. 分析气体中尘埃的一种仪器，使一定量的气体流过一个滤片，通过称量检测前后滤片的重量进行工作。本类仪器包括检测空气中尘埃量及试验防尘面罩、滤器等的廷氏测尘器，由用黑玻璃封盖的尘埃箱、光源、带有棱镜测量装置的光度头以及测量旋转角度的刻度圆盘标尺构成。

9. 云高计，用于测量云底离地高度；将一束强光射向云底，使其出现光点，在测得光点仰角后利用三角原理即可自动计算出云高。

10. 机械零件平衡试验机，用于对转子、叶轮、曲轴、连杆、传动轴、摆轮、飞轮等进行平衡试验。

11. 晶圆电压测试仪，带记录装置。

12. 电动按摩椅，有木框架、皮革软垫、按摩装置。

13. 隐形眼镜，或称为角膜接触镜，是一种戴在眼球角膜上，用以矫正视力或保护眼睛。

14. 不锈钢螺钉，植入体内固定腿骨，抗拉强度小于 800 兆帕，杆径小于 6 毫米。

15. 温湿度检测仪，带记录数显装置。

16. 医疗 CT 机检测机器，又称为 X 射线断层检测仪。

17. 武器用望远镜。

18. 感量为 50 毫克的不锈钢制砝码。

19. 血糖仪，通过测量血液中血糖值。

20. 水泥工用的铅垂线，由不锈钢和绳索组成。

第九十一章　钟表及其零件

 要求 │ 请直接写出对应的八位编码

1. 男士电子手表，机械指示，表壳为铜材料镀银加工而成。

2. 非电力驱动的防震手表，自动上弦，表壳为不锈钢制成。

3. 装有表芯的带罩壳的家庭用旅行钟，电力驱动的。

4. 信鸽计时器，用以记录信鸽到达比赛终点的时间；一个手提式箱子，箱内装有一个钟、一个鸣铃鼓筒及一个用以记录到达日期、时、分及秒的装置，可通过在纸带上打印或者在圆盘或纸带上穿孔来计时。

5. 铜制手表壳体，即表壳的框架，带壳底铰链。

第九十二章　乐器及其零件、附件

 要求 │ 请直接写出对应的八位编码

1. 儿童玩具小型喇叭，铝制，外观经过漆艺加工处理。

2. 低音古提琴，琴身木质结构，以槭木和云杉为原材料配合制造。

3. 电吉他，琴体使用新硬木制成，配有音量、音高调节器以及颤音结构（摇杆）等装置。

4. 定音鼓，是在规格各不相同的铜制空心半球形鼓体上绷羊皮制成。

5. 中国八角二胡，附带纺织材料制成的保护盒，装配一同出口报验。

6. 三角铁，用钢条弯曲成等边三角形制成，被铁条敲打可发音。

7. 超过 100 年，不足 200 年的古琴，作收藏品。

8. 音乐性质的百音盒，装于盒子或其他容器内，能够自动奏乐的小型机械机构；

其主要部件是带有突起销子（根据要演奏曲子的音调设置）的一个圆筒，当圆筒转动时，销子便与排列如梳齿的金属簧片接触，使其振动发出所需声调，非装饰用途。

第九十三章　武器、弹药及其零件、附件

 要求 ｜ 请直接写出对应的八位编码

1. 雷管，一种爆破工程的主要起爆材料，用于引爆炸药及导爆索。

2. 弩枪式无痛捕杀枪，通过爆炸力使弩箭从枪管射出，以杀死或击昏动物；弩箭是栓住的，不会脱离枪体并可收回供再次使用。

3. 捕鲸炮，通过发射带索鱼叉以捕捉鱼类、海洋哺乳动物、海龟等。

4. 警察用的指节铜套，即握拳时套在手指上的金属套，用以进行搏击等。

5. 信号弹，用于传递一些战斗状态下的信息，实质是一种武器，但不是杀伤性武器。

6. 专门用于发射空包弹的安全左轮手枪，这些枪的枪管可以是实心或封口的，只留有一个排气孔；某些左轮手枪的旋转弹膛可以是圆锥形的。

7. 灭火器的装配药，成袋状出口报验。

8. 军用水雷，一种布设在水中的爆炸性武器，可以由舰船的机械碰撞或由其他非接触式因素（如磁性、噪声、水压等）的作用而起爆，用于毁伤敌方舰船或阻碍其活动。

第九十四章　家具；寝具、褥垫、弹簧床垫、软坐垫
及类似填充制品；未列名灯具及照明装置；发光标志、
发光铭牌及类似品；活动房屋

 要求 ｜ 请直接写出对应的八位编码

1. 配有电热装置的家用长沙发椅，牛皮皮革作面，铜制框架，已装软垫。

2. 15 座客车用的座椅，纺织材料作面，金属框架。

3. 带座手杖，方便老人使用。

4. 木制的活动房屋，一种以木为骨架，以夹芯板为围护材料，以标准模数系列进行空间组合，构件采用螺栓连接，全新概念的环保经济型房屋。

5. 装有机械装置的床，以抬高伤、病员而不振动其身体，无须移动伤、病员而帮其清洁卫生。

6. 由铝合金管、不锈钢丝网、尼龙布制成的折叠床，一种利用关节原理设计，为

了方便和节省体积空间，通过各种折叠方式可以折叠收放的简易床。

7. 办公室用的卡片索引柜，玻璃门，按重量计含不锈钢 60%、铝 40%。

8. 硫化橡胶制"水床"，内部充水，能够完全贴合身体曲线，无论如何变换睡姿，都能均匀地支撑全身重量，使颈椎、腰椎不再悬空，减轻身体自重对脊椎、肌肉、微血管和神经系统的压力，对脊柱起到特别护理作用。

第九十五章　玩具、游戏品、运动用品及其零附件

 要求 请直接写出对应的八位编码

1. 水上乘骑游乐设施，这类设施有一个循环供水系统，使游客乘坐的设施穿过设定的路径，乘客的身体部分或全部被随机的或设定好的水流浸湿。

2. 电动跑步机，通过电机带动跑带使人以不同的速度被动地跑步或走动。

3. 软木制成的玩具积木，在每一表面装饰着字母或图画，容许进行不同的排列或进行建筑活动。

4. 可"站立"的活动人物儿童书，以玩具为其主要特征。

5. 娱乐场所用过山车，利用特制的车厢在特定轨道上运送乘客，根据设定模式爬升、下降，带有或多个倒转（例如，垂直回环），乘客坐在座椅上并被安全装置固定。

6. 三轮踏板车玩具，供儿童乘骑，带有可调的操纵杆及实心的小车轮，装有自行车式的把手、手动的后轮刹车装置。

7. 芭比娃娃玩具专用婚纱，面料按重量计含涤纶 50%、亚麻混纺 50%。

第九十六章　杂项制品

 要求 请直接写出对应的八位编码

1. 成套梳妆箱，由模制塑料盒、刷子、梳子、剪子、镊子、指甲锉、镜子、剃刀架及修剪指甲工具组成，装于皮革制的箱子内一同报验。

2. 天然珍珠母，即某些贝壳上具有珍珠般的虹彩光泽的内层，看起来呈波浪起伏状，实际触感平滑。

3. 纺织材料制的抛光盘，专门作技术用途。

4. 已经切割成型并经过抛光打磨处理的野猪长牙。

5. 化学打火机，使用一种催化剂（通常为海绵铂），在某种气体的存在下，催化剂起催化作用而产生高温；非袖珍型。

6. 圆珠笔，笔杆内通常带有一支内装有油墨及笔头装有圆珠的管子。

7. 制成的粉笔，通常以硫酸钙或硫酸钙和碳酸钙为基料制成，有时加入色料。

8. 针线盒，由剪刀、卷尺、穿针器、缝纫针、线、别针、顶针、纽扣及按扣组成，装于塑料制的盒子内一同报验。

第九十七章　艺术品、收藏品及古物

 要求 ｜ 请直接写出对应的八位编码

1. 通过液体浸泡保存的动物标本，非灭绝或濒危物种。

2. 纯手工绘制的油画，已经超过 100 年。

3. 手工绘制的工程用的设计图纸原件，纸张经过高度砑光加工处理。

4. 作舞台布景用途的已绘制的涤纶长丝制成的画布。

5. 印刷版画等用的锌板。

6. 批量生产的供旅游纪念品商场出售的 "维纳斯" 石膏像 。

任务2　商品归类综合自测题

第一部分　商品归类

说明：本部分共 50 题，请直接写出对应的八位编码。

1. 溶剂型去油脂剂。规格：4 千克/罐；外观：液体状；成分：二甲苯 30%～60%，乙基苯 10%～30%，异丙醇 10%～30%；种类：有机复合溶剂；用途：该商品用于密封胶等施工前，对基材的表面进行喷涂，以去除表面的油脂、油、灰尘及污垢等杂质。

2. 无壳燕麦。规格：25 千克/包；外观：扁长粒状；成分：100% 燕麦；加工方法：燕麦—脱粒—去壳—清洁去除异物—喷入葵花籽油（雾状加入）—检测—成品包装；用途：非种用，主要用于进一步与其他动物饲料添加剂混合使用，制备成完整的动物饲料，供喂食马匹使用，提供其竞赛所需的能量及营养，增强体力及竞赛能力。

3. 标准轮对。材质：铸铁锻造；用途：用于数控不落轮镟床的测量系统校正，以及测量系统在测量失真情况下的校正；工作原理：数控不落轮镟床具备测量列车轮对的尺寸信息及磨损量的功能，但长期使用后此系统会产生一定的坐标位移导致测量结果不准确，此时可使用标准校正轮对对测量系统进行数据校正；具体实现原理为数控不落轮镟床对标准校正轮对进行测量得出测量结果，此结果和已经嵌入到数控不落轮镟床程序中的标准数据进行比较，如两组数据偏差大，可使用校正按钮对测量系统重新进行设定，达到准确测量的目的。

4. 以鱼和蔬菜为基本配料（其中鱼占 30%）制成的汤料，300 克装。

5. 水烟果燃。规格：50 克/包；用途：作为一种烟草制品，需通过水烟筒吸用；成分构成：由烟叶、甘油、蜂蜜、水果提取物混合而成，其焦油含量为 0，尼古丁含量为 0.05%；加工工艺：首先用清水浸泡干烟叶，使烟叶变柔软同时能除去一部分尼古丁，除去烟叶的茎，将叶片切碎后，加入蜂蜜、甘油、水果提取物，经烘烤后，蜂蜜和甘油在高温中，沁入烟叶里，最后放置冷却一天后，即可分装成包；使用方法：将水烟果燃装水烟筒中，专用水烟炭燃烧的热量经过锡纸将水烟果燃间接加热，锡纸传递热量，产生的烟雾，经过清水的过滤，通过一根塑料或皮制的烟管吸入口内，烟中带有水果及蜜糖香味，给人以类似于香烟享受；水烟果燃口味：苹果、椰子、蓝莓、柠檬、西瓜、橘子、樱桃、香蕉、芒果、菠萝、金苹果、草莓、香蕉、杏子、葡萄、菠萝、水蜜桃和哈密瓜，玫瑰、咖啡、鸡尾酒、可乐、卡布其诺等；该商品已制成零售包装，直接上架销售。

6. 电子烟。由烟嘴、雾化器（发热组合）、烟管（带锂电池、开关、LED 灯）组成；烟油成分：甘油、丙二醇、植物提取物；工作原理：电子烟通过硅芯片和气流传感器控制烟雾输出量及工作状态，烟油通过加热电阻丝加热雾化，产生类似香烟的气体，通过肺部吸收，同时吐出仿真烟雾。

7. 智能感应塑料制垃圾桶。规格：12 升；组成：电路板，电机，锂电池；材质：不锈铁配件和塑料 PP/ABS 桶身；用途：家用型；原理：智能感应垃圾桶采用红外感应技术，内置可充电锂电池，当用户靠近感应区时桶盖自动打开，当用户远离感应区时桶盖自动关闭；净重：2.45 千克。

8. 兔毛皮。厚度：0.5～1.5 毫米；平均面积：3～10 平方英尺/张；平均重量：0.029～0.053 千克/平方英尺；制作或保存方法：鞣制后全水染；已缝制种类：兔毛皮（非濒危野生）；状态：整张；用途：制袋用的原材料，用于进一步加工制作成钱包、手袋等各类成品。

9. 马达。规格：底座直径 35 毫米；组成：由电动马达、带接头电线等组成一体；用途：用于机芯，适用于现金出纳机和自动柜员机的出入钞器，提供动力；额定输出功率：3 瓦。

10. 儿童图画书。规格：25.2 厘米×22.3 厘米；用途：儿童用，书本的故事情节由一系列图画来表达（每幅图画都有解说词），配套电子发声卡使用，经人手按压右旁的图案符号，分别发出类似的水声、风声、鸟声等的声音，增加阅读的趣味；组成：书、电子发声器；种类：图画音乐书；状态：成册，纸质。

11. 触控液晶显示屏。尺寸：85 英寸；组成：触控玻璃、85 英寸液晶面板、背光模组；功能用途：用于视讯系统的触控彩色液晶显示器的组件，另外客户需加装系统板（带有解码板、驱动板）、喇叭、麦克风、电源器等才构成显示器，并配合网络通信模块、电话通信模块等组成完整的视讯系统。

12. 丝制格仔纱罗布。规格：成卷，幅宽为 110 厘米，63 克/平方米；成分含量：60% 的桑蚕丝、40% 的棉；织造方法：机织；组织结构：纱罗制作工艺，即由绞经纱左右交替绕着每根地经纱，并用纬纱穿过地经纱与绞经纱所构成的线圈，最终制成的纱罗织物；染整方法：染色；用途：进一步加工制作衣服（例如，裙子等）。

13. 麦克风前置放大器。组成：内置放大电路的电路主板，外部是含有调节旋钮、按键等组成的控制面板；用途：演出场馆等用，连接麦克风（声音传感器）与下一级播放/处理设备，将音频信号放大，以便传输到下一级设备功能，即将麦克风微弱的音频电信号放大，可对频率为 40 千赫以下的低频声音信号进行调整。

14. 针织女式浴袍，以 100% 化纤针织起绒织物作面料和以 100% 棉针织物作衬里的女式长袍，有领，前部全开襟，无纽扣，有束腰带，宽松长袖，左右各有一口袋，为沐浴后穿着使用。

15. 剃毛配件。材质：ABS 树脂、不锈钢；用途：安装于脱毛仪电动剃毛模式的专用配件，可拆卸替换，与主机组装后才可一起使用工作；原理：该剃毛配件中，有一个固定刀片和一个可动刀片，通过可动刀片的左右移动，达到剃毛效果，在搭配使用产品通电情况下，该产品才能使用。

16. 气体收集皿。材质：瓷制；用途：用于化学实验中，配合其他仪器使用，收集化学反应产生的气体。

17. 真空焗炉。规格：宽 420 毫米×长 463 毫米×高 639 毫米；组成：箱体，发热部件（云母加热器），电路控制部件；用途：烘干零件上的环氧树脂；工作原理：由于环氧树脂烘干过程中产生大量气泡，气泡会直接影响耐高压，所以烘干过程必须在真空状态下进行，通过外置真空泵把炉内的空气抽走，使炉内保持一定的真空状态，再通过焗炉内部的云母加热器发热达到高温烘干作用；额定电压：115 伏交流，50/60 赫兹，10 伏；输出功率：1.05 千瓦；工作温度：5℃～240℃密封状态。

18. 纸衬背铝箔。规格：90 厘米×60 厘米，外观：成张，矩形状，厚度 0.03 毫米（铝箔+纸质衬背），表层金色金属、底层白色纸质基层，质地较柔软；成分含量：42% 的金属铝，58% 的纸；用途：用于作编织线穗工艺品辅料，将烫金纸裁切成小条，用胶水一圈圈粘在线穗扎头上，形成圆头状，有美观成形作用；加工工艺：将铝箔与衬纸经烫压黏合而成。

19. 铜铟镓合金粉。外观：粉末状；成分含量：铜 38%、铟 53%、镓 9%；报验状态：未锻轧；加工方法：将多种金属粉末按一定比例称量好—装料—高温加热—熔融混炼在一起—气雾化制粉—出料—筛分—均质—包装；用途：进一步锻造加工，供制作太阳能行业应用的靶材所用。

20. 冲压模。材质：合金钢；种类：冲压模具；用途：用于冲压洗碗机五金配件（门体）；工作原理：将模具固定在相对应的冲压设备上，材料放置于模具内，通过冲压机床滑块向下工作，模具进入闭合状态，对金属材料进行压制，当滑块经过下死点后返回上死点，模具再次处于开模具状态时，取出工件。

21. 园林装饰壶。规格：上口径 11.5 厘米×2 厘米、下口径 11 厘米、高 21 厘米，表面亚光喷塑，桶身 2 条加强径，4 款颜色；材质：镀锌铁皮（冷轧板）；加工方法：裁剪—切角—镂空冲花边—预弯—折边—踏平—翻边；用途：园林里种植花草，同时有装饰的作用。

22. 油缸柱塞。材质：钢铁锰铝合金；用途：用于救生艇吊油缸，推动液压油其中，救生艇吊油缸是船用吊放救生艇的液压装置的油缸。

23. 折叠机。用途：用于折叠床单、桌布等平面布单；原理：床单经烫平机熨烫干燥后，直接通过传送带送入折叠机，通过传感器、传送带和机械刀，按照电脑程序设置的折叠方式，将床单折叠成块，然后送入码堆机。

24. 拧紧机。组成：拧紧轴、电机、减速器、扭矩传感器、角度传感器组成；用途：用于在设定的拧紧扭矩范围内将螺栓拧紧；工作原理：工作时，当设备接到工作指令，总控单元按预置的拧紧程序通过轴控单元控制拧紧轴，拧紧轴按工艺要求转动同时采集输出到螺栓的扭矩和角度信号，当螺栓拧紧的扭矩或角度满足设计的要求时，电机停止工作。

25. 压制软木片。成分：碎木 95%、黏合添加剂 5%；外观：片状；加工方法：将进口的经高温压制的软木碎片根据客户需求的规格，使用开裁机开裁并使用冲压机器将材料冲压成不同形状；用途：主要置于办公设备复印机内的出纸单元，起防滑作用。

26. 电动作动器。组成：直流电动机、齿轮传动装置、壳体、手动杠杆、连接器；用途：用于飞机电源系统，用于通过电机转动来驱动关断活门的开闭；原理：将电能转换为机械能，并且没有连接外部功能部件；电源：28VDC，输出功率：14 瓦；电机机座的尺寸：5 厘米。

27. 串激电机。用途：用于滚筒洗衣机上，提供动力输出；功率：40 瓦，电压：220 伏交流。

28. 电动缸。组成：马达和丝杠机构；用途：用于拧紧机设备，控制设备定位机构前后伸缩；原理：由马达驱动蜗杆前后伸缩，带动执行机构动作；输出功率：86 瓦；用电相数：直流电。

29. 交流发电机。用途：供车载蓄电池充电；工作原理：由点燃式内燃发动机带动发电机运转，基于电磁感应原理，产生电流，再由发电机将交流电给电池充电；输出功率：85 千瓦。

30. 磁粉制动器。组成部分：主要由内转子、外转子、激磁线圈及磁粉组成；用途：安装在转子绕线机的张力架上，张力控制用；工作原理：在内转子和外转子之间的空间，填有粒状的磁粉，当磁性线圈不导电时，转矩不会从内转子传于外转子，将磁性线圈通电，由于磁力的作用而吸引磁粉产生硬化现象，以磁粉为工作介质，以激磁电流为控制手段，达到控制制动的目的。

31. 便携式电源。结构组成：铅酸蓄电池、变流器、打气机、LED 灯；用途：向手机、车辆点烟器、家用电器供电，为轿车、自行车或小行体育设备供气，按下开关可打开 LED 灯作紧急照明；功能：主要功能为向设备提供 115 伏交流电或 12 伏直流电，或通过 USB 提供 5 伏直流电，可跨接汽车电瓶，同时可以向设备供气，可提供紧急照明工作原理：商品内置有蓄电池，使用前应向蓄电池先充电，蓄电池可通过商品的转换电路向外部提供 115 伏交流电和 12 伏直流电，也可以通过 USB 口提供 5 伏直流电；商品内置打气机，通过气管连接所需设备（如汽车、自行车轮胎等），可向设备提供气源；商品自身带有 LED 灯，可作为应急灯使用。

32. 吸尘器。组成：机身、滤袋、管道、抽风机；用途：收集生产过程中的各类细粉末；工作原理：吸尘机内部有一个电动抽风机，通电后高速运转，使吸尘机内部形成瞬间真空，内部的气压大大低于外界的气压，在这个气压差的作用下，吸入粉尘并收集在滤袋内；功率：1.5 千瓦；集尘容积：30 升。

33. 垃圾粉碎机。组成：水槽法兰、粉碎腔系统、铰刀盘组件、电机组件、马达底盖组件；用途：安装于家庭厨房洗菜盆的排水口处，可方便地将菜头菜尾、剩菜剩饭等食物性厨余垃圾粉碎后排入下水道；原理：打开水龙头后启动垃圾粉碎机，接着将食物垃圾倒入投料口，食物垃圾就掉入粉碎腔中研磨成小颗粒状从下水道流走；重量：3.69 千克。

34. 羽绒示范塑胶袋。规格：2.3 厘米×5.2 厘米、650FP″羽绒毛（非濒危野生禽类羽绒），装于 TPU 小袋里，吊挂在羽绒服装作绒毛样板，羽绒经过预分、除灰、分毛、洗毛、脱水、烘毛、冷却、包装；用途：吊挂在羽绒服装作绒毛样板（标明羽绒成分等说明)。

35. 点火激励器。用途：用于辅助动力发动机点火，起动发动机；发动机类型：点燃式发动机；工作原理：将 14~36 伏直流电变为高压脉动电，通过点火导线送到点火电嘴，使点火电嘴一秒钟产生一个电火花后，点燃油气混合气。

36. 头灯。用途：设计有松紧带，可充电式，戴在头上照明使用，一般适用于夜间作业或夜间野外活动；重量：0.25 千克；充电额定电压：220 伏交流 50 赫兹；光源功率：0.3 瓦。

37. 液晶玻璃基板。由溢流法工艺制造原板玻璃，进口后，经边缘精密切割（采用 NEG 新技术，在刀刃上增加了精细微齿槽和增大了齿形刀轮外径，具有能够在精密切割的同时，对玻璃边缘进行"倒角"的边缘处理工艺，从而取代了常规切割技术+边缘研磨的加工工艺）、中折机折断、表面覆膜、暗房抽检、制品检查、捆包等工序，出口后可直接应用于下游企业生产线上进行进一步加工生产，例如打孔开槽、特殊形状加工等，最终产品用于生产各类液晶显示屏。

38. 回流焊炉。是电子线路板加工厂商 SMT 表面贴装生产线上一种常见的焊接生产设备；通过加热电阻环境使电子线路板上的焊锡膏受热、升温和熔化，让表面贴装元件和电子线路板焊盘上熔融的焊料形成金属间化合物并可靠地结合在一起的设备。

39. 机器人。组成：机器人本体（执行机构、驱动机构和控制系统）、控制电柜、安全栅、焊接工具；用途：用于汽车零件生产，实现对工件的自动电弧焊接；工作原理：通过对机器人 PLC 编程，同时在手臂前端安装焊接配件，使其在伺服电机的驱动下按照程序使机器人进行特定的动作，从而实现弧焊的功能。

40. 负离子两用蒸气卷发器。用途：家用，对头发进行处理，蒸气护发、负离子滋养、25 秒速热、一键切换直卷发、温度锁定；工作原理：用户可以用负离子两用蒸气卷发器一键切换直卷发，完成各种造型（直发、卷发、梨花头、内扣、大卷）；通过电产生的热量使头发变形定型；参数：电压：200~240 伏交流，50/60 赫兹；消耗电量：58~64 瓦；电源线长度 1.7 米；加热器温度：200 摄氏度；尺寸：高 72 毫米×宽 339 毫米×长 41 毫米；重量：540 克。

41. 电炸锅。结构组成：大身、面板、炸桶、炸篮；用途：家用，加热、烹煮食物用；原理：通过发热管加热电，参数：电压 220~240 伏交流，50/60 赫兹；规格：263 毫米×331 毫米×311 毫米。

42. 以太网交换机。用途：为工厂生产计算机提供网络接入服务；功能：以太网交换机用线缆将电脑终端接入局域网络，通过其交换功能完成数据包的快速转发；原理：以太网交换机工作在 ISO 模型的数据链路层以太网交换机提供多个数据交换端口，同时连接多台电脑终端交换机接收进入的数据包时，通过学习包头的 MAC 地址，将 MAC 地址和入端口进行映射，交换机快速转发二层数据帧到目的端口通过交换机的上述工作原理，电脑终端之间可相互通信；通信方式：IP；适用网络种类：以太网。

43. 中继器。用途：地铁列车用，安装在车厢 B0 的车辆机柜中，增加车辆间的信号强度；功能：用于增强车辆网络信号，负责在列车总线的两个网络节点的物理层上按位传递信息，完成信息的复制、调整和放大功能，以此来延长网络可以扩展的长度，提升车辆网络的传输距离，以适应不同编组列车的要求；通信方式：有线通信。

44. 尼龙布（含硅树脂涂层），为尼龙长丝经纬交织机织物，单面涂布绿色硅树脂，幅宽 1.6 米，卷状，用于制作汽车安全气囊的囊袋。

45. 驾驶舱语音记录器。用途：用于记录驾驶舱内的对话、广播以及声响，不装有声音重放装置；功能：适用于记录机长语音面板、副驾驶语音面板、其他机组成员位置、驾驶舱区域麦克风等语音信息设备，可以通过语音记录为飞机事故调查提供数据；使用媒介：半导体存储芯片。

46. AOI 维修站软件。用途：将软件安装到计算机，与 AOI（视像检查机）配套使用，通过计算机实现记录及分析检查线路板结果；载体：光碟；是否已录制：是；录制内容：AOI 专用软件包，供计算机使用；光碟容量：4.7GB；读取速度：1.3M/s。

47. 应急示位标。用途：当船舶在海上遇险时发出求救信号；原理：应急示位标是全球海事遇险搜救系统（GMDSS）的一部分，安装在船舶上，当船舶在海上遇险时，应急示位标发射出无线电脉冲定位信号，当搜救卫星接收到这个信号后，利用多普勒效应测算出遇险船舶在地球上的位置，以便给前往的营救船舶的飞机导航，迅速到达目的地。

48. 棉制绣花线。规格：125 克<每只重量（含芯子）<1000 克；报验状态：绕于芯子上制成，125 克<每只重量（含芯子）<1000 克；成分：100% 棉，纱线细度：118X2dTex；是否上浆：经上浆终捻捻向：反手（Z）捻；是否供零售用：非供零售用；加工方法：通过初捻、并合、上浆、复捻等加工，再染色，并绕于芯子上而制成；用途：作绣花缝纫线用，配合绣花机的使用，在衣服或者布料上绣制出商标或者图案。

49. 乘务员指示面板。组成：外壳，印刷电路板、显示器、屏幕框架、红色 LED、绿色 LED；用途：用于机舱内部数据通信系统，用于显示通话信息以及系统紧急信息，乘务员根据文本亮灯内容指示；工作原理：连接通信系统的解码编码器，显示一些通话信息或者紧急信息，提醒乘务员当绿灯亮时，屏幕显示的是通话信息，当红灯亮时，屏幕显示的是系统及紧急信息。

50. 美国亚麻籽。规格：50 磅/包；外观：棕色，呈扁卵圆形粒状；成分：亚麻籽占 99.99%，剩余为少量杂质；加工方法：采集—清洗—筛选—检测—包装；用途：主要用于进一步与其他动物饲料添加剂混合使用，制备成完整的动物饲料，供喂食马匹使用，提供其竞赛所需的能量及营养，增强体力及竞赛能力。

第二部分　综合归类分析

说明：本部分共 25 题，请根据要求作答。

1. 商品名称：偏光片，由保护层、偏振片、保护薄膜、黏合层、剥离层或其他涂层构成，报验状态为卷状或片状，规格尺寸不同，用户根据需要进行切割使用。其可将入射光分解成相互垂直的 2 种偏光成分的光，只允许其中某个方向的偏振光通过，吸收并分解另一种偏光成分的光，用于液晶显示板的生产制造。

（1）不定项选择题，本题正确的归类依据是（　　　）。

A. 归类总规则一　　　　　　　　B. 归类总规则二（一）

C. 归类总规则二（二）　　　　　D. 归类总规则三（一）

E. 归类总规则三（三）　　　　　F. 归类总规则四

G. 归类总规则五（一）　　　　　H. 归类总规则五（二）

I. 归类总规则六　　　　　　　　J. 类注释

K. 章注释

（2）该商品的八位编码是_____。

（3）不定项选择题，该商品的归类申报要素有（　　　）。

A. 品牌类型　　　　　　　　　　B. 功能

C. 出口享惠情况　　　　　　　　D. 品牌（中文及外文名称）

E. 用途　　　　　　　　　　　　F. 品名

G. 型号　　　　　　　　　　　　H. 规格尺寸

2. 商品名称：辐射松，属于松科植物的原木，不论是否去皮、边材或粗锯成方，截面尺寸在 15 厘米及以上。

（1）不定项选择题，本题正确的归类依据是（　　　）。

A. 归类总规则一　　　　　　　　B. 归类总规则二（一）

C. 归类总规则二（二）　　　　　D. 归类总规则三（一）

E. 归类总规则三（三）　　　　　F. 归类总规则四

G. 归类总规则五（一）　　　　　H. 归类总规则五（二）

I. 归类总规则六　　　　　　　　J. 类注释

K. 章注释

（2）该商品的八位编码是_____。

（3）不定项选择题，该商品的归类申报要素有（　　　）

A. 加工方法（是否去皮、去边或粗锯成方等）

B. 最小截面尺寸　　　　　　　　C. 用途

D. 级别（锯材级、切片级等）　　E. 功能

F. 是否蓝变　　　　　　　　　　G. 种类（中文、拉丁文属名、拉丁文种名）

3. 商品名称：增炭剂，是由无烟煤经清洗、煅烧、破碎、筛分等过程制成的，用

于钢铁冶炼脱氧、增碳。其典型指标为：固定碳 90%、挥发分 1.2%、灰分 6%、水分 0.3%、硫 0.3%、磷 0.3%、比电阻 1500Ωmm²/m。

（1）不定项选择题，本题正确的归类依据是（　　）。

A. 归类总规则一　　　　　　　B. 归类总规则二（一）

C. 归类总规则二（二）　　　　D. 归类总规则三（一）

E. 归类总规则三（三）　　　　F. 归类总规则四

G. 归类总规则五（一）　　　　H. 归类总规则五（二）

I. 归类总规则六　　　　　　　J. 类注释

K. 章注释

（2）该商品的八位编码是_____。

（3）不定项选择题，该商品的归类申报要素有（　　）。

A. 品牌类型　　　　　　　　　B. 种类

C. 成分含量　　　　　　　　　D. 品牌（中文及外文名称）

E. 包装规格　　　　　　　　　F. 用途

G. 功能

4. 商品名称：烤紫菜，由干紫菜（100%）制得。生产工艺为：金属探测器检测及杂质检测，烘烤，包装。

（1）不定项选择题，本题正确的归类依据是（　　）。

A. 归类总规则一　　　　　　　B. 归类总规则二（一）

C. 归类总规则二（二）　　　　D. 归类总规则三（一）

E. 归类总规则三（三）　　　　F. 归类总规则四

G. 归类总规则五（一）　　　　H. 归类总规则五（二）

I. 归类总规则六　　　　　　　J. 类注释

K. 章注释

（2）该商品的八位编码是_____。

（3）不定项选择题，该商品的归类申报要素有（　　）。

A. 品牌类型　　　　　　　　　B. 加工工艺

C. 成分含量　　　　　　　　　D. 品牌（中文及外文名称）

E. 包装规格　　　　　　　　　F. 功能

5. 商品名称：洗面奶，一种白色乳液，零售包装，装于 150 毫升塑料瓶中，含有有机表面活性剂，用于皮肤清洁和保湿。本产品涂于皮肤上后用水洗净。产品中的表面活性剂是椰油酰两性基二乙酸二钠和 PEG-100 硬脂酸盐。

（1）不定项选择题，本题正确的归类依据是（　　）。

A. 归类总规则一　　　　　　　B. 归类总规则二（一）

C. 归类总规则二（二）　　　　D. 归类总规则三（一）

E. 归类总规则三（三）　　　　F. 归类总规则四

G. 归类总规则五（一）　　　　H. 归类总规则五（二）

I. 归类总规则六　　　　　　　J. 类注释

K. 章注释

（2）该商品的八位编码是_____。

（3）不定项选择题，该商品的归类申报要素有（　　　）。

A. 品牌类型　　　　　　　　　B. 用途

C. 成分含量　　　　　　　　　D. 品牌（中文及外文名称）

E. 化学通用名　　　　　　　　F. 包装规格

G. 外观

6. 商品名称：碳酸氢钠粉末，化学式为 $NaHCO_3$，装于药筒或塑料袋中，含量为 550 克至 900 克。本产品仅可与酸性浓缩液结合使用，按医生处方稀释到一定浓度用于碳酸氢氧盐透析。本产品的包装专门设计成可直接连接到透析机上，用于从血液中去除尿素和其他废物。每个药筒或袋子只能用于一次透析。

（1）不定项选择题，本题正确的归类依据是（　　　）。

A. 归类总规则一　　　　　　　B. 归类总规则二（一）

C. 归类总规则二（二）　　　　D. 归类总规则三（一）

E. 归类总规则三（三）　　　　F. 归类总规则四

G. 归类总规则五（一）　　　　H. 归类总规则五（二）

I. 归类总规则六　　　　　　　J. 类注释

K. 章注释

（2）该商品的八位编码是_____。

（3）不定项选择题，该商品的归类申报要素有（　　　）。

A. 品牌类型　　　　　　　　　B. 成分

C. 是否配定剂量　　　　　　　D. 品牌（中文及外文名称）

E. 是否零售包装　　　　　　　F. 用途

G. 功能

7. 商品名称：英伟达电视娱乐一体机，该产品为成套零售包装的视频游戏机，由主机、遥控器（选配）游戏控制器、电源适配器、底座（选配）USB 连接线和 HDMI 连接线组成，可与电视机等显示设备相连，本身不带有投币或其他付费装置。可以玩游戏，也可以通过网络观看经授权的电视/电影。

（1）不定项选择题，本题正确的归类依据是（　　　）。

A. 归类总规则一　　　　　　　B. 归类总规则二（一）

C. 归类总规则二（二）　　　　D. 归类总规则三（一）

E. 归类总规则三（三）　　　　F. 归类总规则四

G. 归类总规则五（一）　　　　H. 归类总规则五（二）

I. 归类总规则六　　　　　　　J. 类注释

K. 章注释

（2）该商品的八位编码是_____。

（3）不定项选择题，该商品的归类申报要素有（　　　）。

A. 品牌类型　　　　　　　　　　　　B. 种类

C. 是否与电视接收机配套使用　　　　D. 品牌（中文及外文名称）

E. 款号　　　　　　　　　　　　　　F. 用途

G. 功能

8. 商品名称：塑料水瓶，该产品有两个瓶腔，每个瓶腔顶部都装有螺纹盖和软管。该产品专用于自行车上。主体瓶腔的容量是 1100 毫升。小的可拆卸的瓶腔容量是 470 毫升，便于清洗或冷藏液体。

（1）不定项选择题，本题正确的归类依据是（　　　）。

A. 归类总规则一　　　　　　　　　　B. 归类总规则二（一）

C. 归类总规则二（二）　　　　　　　D. 归类总规则三（一）

E. 归类总规则三（三）　　　　　　　F. 归类总规则四

G. 归类总规则五（一）　　　　　　　H. 归类总规则五（二）

I. 归类总规则六　　　　　　　　　　J. 类注释

K. 章注释

（2）该商品的八位编码是＿＿＿＿＿＿＿＿＿＿。

（3）不定项选择题，该商品的归类申报要素有（　　　）

A. 款号　　　　　　　　　　　　　　B. 规格或型号

C. 材质　　　　　　　　　　　　　　D. 用途

E. 成分含量　　　　　　　　　　　　F. 品牌（中文及外文名称）

9. 商品名称：苯乙烯-乙烯-丁烯苯乙烯嵌段共聚物（简称 SEBS）外观为白色粉末状弹性体，其成分含量为苯乙烯 30%、乙烯＞27%、丁烯 40%、主链未饱和烃＜3% 。该产品用硫磺硫化能使其不可逆地变为非热塑物质，且能在温度 18℃～29℃ 之间被拉长到其原长度的 3 倍而不断裂，拉长到原长度的 2 倍时，在 5 分钟内能回复到不超过原长度的 1.5 倍。

（1）不定项选择题，本题正确的归类依据是（　　　）。

A. 归类总规则一　　　　　　　　　　B. 归类总规则二（一）

C. 归类总规则二（二）　　　　　　　D. 归类总规则三（一）

E. 归类总规则三（三）　　　　　　　F. 归类总规则四

G. 归类总规则五（一）　　　　　　　H. 归类总规则五（二）

I. 归类总规则六　　　　　　　　　　J. 类注释

K. 章注释

（2）该商品的八位编码是＿＿＿＿＿＿＿＿＿＿。

（3）不定项选择题，该商品的归类申报要素有（　　　）。

A. 品牌类型　　　　　　　　　　　　B. 外观（板、片、带等）

C. 成分含量　　　　　　　　　　　　D. 品牌（中文及外文名称）

E. 签约日期　　　　　　　　　　　　F. 用途

G. 功能

10. 商品名称：聚酯高强力纱，变形纱线，非零售包装。

（1）不定项选择题，本题正确的归类依据是（　　　）。

A. 归类总规则一　　　　　　　　　B. 归类总规则二（一）

C. 归类总规则二（二）　　　　　　D. 归类总规则三（一）

E. 归类总规则三（三）　　　　　　F. 归类总规则四

G. 归类总规则五（一）　　　　　　H. 归类总规则五（二）

I. 归类总规则六　　　　　　　　　J. 类注释

K. 章注释

（2）该商品的八位编码是_____。

（3）不定项选择题，该商品的归类申报要素有（　　　）。

A. 纱线细度　　　　　　　　　　　B. 种类（高强力纱或变形纱线等）

C. 纱线形态（单纱、股纱或缆线）　D. 品牌（中文及外文名称）

E. 是否供零售用　　　　　　　　　F. 用途

G. 纤维成分

11. 商品名称：女士短袖针织衫，成分为 68% 聚酯短纤，32% 棉，无开口，胸部以下有褶边装饰。

（1）不定项选择题，本题正确的归类依据是（　　　）。

A. 归类总规则一　　　　　　　　　B. 归类总规则二（一）

C. 归类总规则二（二）　　　　　　D. 归类总规则三（一）

E. 归类总规则三（三）　　　　　　F. 归类总规则四

G. 归类总规则五（一）　　　　　　H. 归类总规则五（二）

I. 归类总规则六　　　　　　　　　J. 类注释

K. 章注释

（2）该商品的八位编码是_____。

（3）不定项选择题，该商品的归类申报要素有（　　　）。

A. 款号　　　　　　　　　　　　　B. 织造方法（针织或钩编）

C. 种类（连身衣、夏服、水洗服、无袖罩衫等）

D. 品牌（中文及外文名称）　　　　E. 货号

F. 成分含量　　　　　　　　　　　G. 用途

12. 商品名称：移动温室农场集装箱，商品介绍：结构：外部为标准 40 尺集装箱结构，内部为不锈钢墙体，铝板顶，铝地板。一侧为标准集装箱双开门，另一侧为单开门。出运前暖通设备（空调）进出风口处封死，适合海运。墙体、顶部、地面及两侧门内部填充保温材料。内部配置：内部配备恒温系统（空调）自动传送系统、植物生长照明系统。内部已安装部件：不锈钢链条、不锈钢法兰支座、塑料轮子、铝型材、通风管道 、电机传动组件出口前已安装。内部配件打包出口后组装：空调（一种情况是空调一并打包出口，另一种情况是空调单独出口），LED 植物生长灯，不锈钢生长槽组件。用于农业生产。

（1）不定项选择题，本题正确的归类依据是（　　）。

A. 归类总规则一　　　　　　　B. 归类总规则二（一）

C. 归类总规则二（二）　　　　D. 归类总规则三（一）

E. 归类总规则三（三）　　　　F. 归类总规则四

G. 归类总规则五（一）　　　　H. 归类总规则五（二）

I. 归类总规则六　　　　　　　J. 类注释

K. 章注释

（2）该商品的八位编码是_____。

（3）不定项选择题，该商品的归类申报要素有（　　）。

A. 品牌类型　　　　　　　　　B. 品牌（中文及外文名称）

C. 型号　　　　　　　　　　　D. 功能

E. 尺寸　　　　　　　　　　　F. 用途

G. 材质（钢铁、陶瓷等）

13. 商品名称：矿盐舔砖，矿盐的氯化钠含量95%以上，含有微量元素，动物通过舔食补充盐分。该商品经过穿孔（贯穿）工艺加工。动物的舔食盐块有很多种类，一种是适合牧场放养动物用的，牧场主在草原的几个地方插上棍子，将这个盐块套在上面，牲畜围过来舔食。另一种是将矿物盐块吊到房顶上，利用孔插上固定木棒绑上绳子吊在房梁上供畜牧舔食。

（1）不定项选择题，本题正确的归类依据是（　　）。

A. 归类总规则一　　　　　　　B. 归类总规则二（一）

C. 归类总规则二（二）　　　　D. 归类总规则三（一）

E. 归类总规则三（三）　　　　F. 归类总规则四

G. 归类总规则五（一）　　　　H. 归类总规则五（二）

I. 归类总规则六　　　　　　　J. 类注释

K. 章注释

（2）该商品的八位编码是_____。

（3）不定项选择题，该商品的归类申报要素有（　　）。

A. 品牌类型　　　　　　　　　B. 种类

C. 包装规格　　　　　　　　　D. 品牌

E. 成分含量　　　　　　　　　F. 用途

G. 功能

14. 商品名称：含贵金属的铅矿，该商品为土灰色粉末和颗粒混合物，由矿田开采并经简单破碎筛选加工制得。其铅含量32.5%，锌含量14.94%，金含量2.49克/吨，银含量966克/吨。该商品进口后用于提炼粗铅。

（1）不定项选择题，本题正确的归类依据是（　　）。

A. 归类总规则一　　　　　　　B. 归类总规则二（一）

C. 归类总规则二（二）　　　　D. 归类总规则三（一）

E. 归类总规则三（三）　　　　F. 归类总规则四

G. 归类总规则五（一）　　　　H. 归类总规则五（二）

I. 归类总规则六　　　　　　　J. 类注释

K. 章注释

（2）该商品的八位编码是_____。

（3）不定项选择题，该商品的归类申报要素有（　　）。

A. 功能　　　　　　　　　　　B. 种类

C. 表面材质及成分含量　　　　D. 加工方法

E. 外观　　　　　　　　　　　F. 用途

G. 品牌类型

15. 商品名称：数控装置，KEBA 牌 andronic3060 数控装置，用于机床，能同时最多控制 16 个插补轴，并补偿各种轴和几何误差。该商品进口后，与伺服驱动器和伺服马达连用，可以构成完整的数控系统。

（1）不定项选择题，本题正确的归类依据是（　　）。

A. 归类总规则一　　　　　　　B. 归类总规则二（一）

C. 归类总规则二（二）　　　　D. 归类总规则三（一）

E. 归类总规则三（三）　　　　F. 归类总规则四

G. 归类总规则五（一）　　　　H. 归类总规则五（二）

I. 归类总规则六　　　　　　　J. 类注释

K. 章注释

（2）该商品的八位编码是_____。

（3）不定项选择题，该商品的归类申报要素有（　　）。

A. 品牌类型　　　　　　　　　B. 种类

C. 表面材质及成分含量　　　　D. 用途

E. 品牌（中文及外文名称）　　F. 重量大小

G. 功能

16. 商品名称：风衣，该商品为机织聚酯织物制，有领，有衣兜，衣长至大腿中部以下，正面为右压左全开襟，有纽扣和腰带。

（1）不定项选择题，本题正确的归类依据是（　　）。

A. 归类总规则一　　　　　　　B. 归类总规则二（一）

C. 归类总规则二（二）　　　　D. 归类总规则三（一）

E. 归类总规则三（三）　　　　F. 归类总规则四

G. 归类总规则五（一）　　　　H. 归类总规则五（二）

I. 归类总规则六　　　　　　　J. 类注释

K. 章注释

（2）该商品的八位编码是_____。

（3）不定项选择题，该商品的归类申报要素有（　　）。

A. 面料成分含量　　　　　　　B. 种类（大衣、短大衣、斗篷等）

C. 类别（女式）　　　　　　　D. 是否有扣

E. 品牌类型　　　　　　　　　F. 织造方法（机织等）

G. 是否有领

17. 商品名称：矿盐制品，矿盐经过底面切平及挖孔（未贯穿）工艺加工。底面切平是为了摆放方便，中间挖孔是为了在孔里放上灯加热盐，让盐产生更多的气溶胶盐即气溶胶盐和负离子。

（1）不定项选择题，本题正确的归类依据是（　　）。

A. 归类总规则一　　　　　　　B. 归类总规则二（一）

C. 归类总规则二（二）　　　　D. 归类总规则三（一）

E. 归类总规则三（三）　　　　F. 归类总规则四

G. 归类总规则五（一）　　　　H. 归类总规则五（二）

I. 归类总规则六　　　　　　　J. 类注释

K. 章注释

（2）该商品的八位编码是＿＿＿＿＿＿。

（3）不定项选择题，该商品的归类申报要素有（　　）。

A. 品牌类型　　　　　　　　　B. 种类

C. 材质（矿盐）　　　　　　　D. 品牌（中文及外文名称）

E. 出口享惠情况　　　　　　　F. 用途

G. 功能

18. 商品名称：手动削皮器，有一个手柄，手柄上固定安装由贱金属制的两个刀刃的工作部件。

（1）不定项选择题，本题正确的归类依据是（　　）。

A. 归类总规则一　　　　　　　B. 归类总规则二（一）

C. 归类总规则二（二）　　　　D. 归类总规则三（一）

E. 归类总规则三（三）　　　　F. 归类总规则四

G. 归类总规则五（一）　　　　H. 归类总规则五（二）

I. 归类总规则六　　　　　　　J. 类注释

K. 章注释

（2）该商品的八位编码是＿＿＿＿＿＿。

（3）不定项选择题，该商品的归类申报要素有（　　）。

A. 品牌类型　　　　　　　　　B. 用途（家用等）

C. 材质（合金钢制等）　　　　D. 品牌（中文及外文名称）

E. 款号　　　　　　　　　　　F. 种类（锤子、螺丝刀等）

G. 功能

19. 商品名称：红牛能量饮料，成分为：碳酸水约 90%、蔗糖及葡萄糖 9.5%，其他成分（每 100 毫升）包括牛磺酸 400 毫克、咖啡因 20 毫克、肌醇 20 毫克、维生素 B_2 6.4 毫克、烟酰胺 4 毫克、泛酸 2.4 毫克、维生素 B_6 0.4 毫克、维生素 B_{12} 0.4 微克，装于 250 毫升马口铁罐。

（1）不定项选择题，本题正确的归类依据是（　　　）。

A. 归类总规则一　　　　　　　　　B. 归类总规则二（一）

C. 归类总规则二（二）　　　　　　D. 归类总规则三（一）

E. 归类总规则三（三）　　　　　　F. 归类总规则四

G. 归类总规则五（一）　　　　　　H. 归类总规则五（二）

I. 归类总规则六　　　　　　　　　J. 类注释

K. 章注释

（2）该商品的八位编码是＿＿＿＿＿＿。

（3）不定项选择题，该商品的归类申报要素有（　　　）

A. 品牌类型　　　　　　　　　　　B. 种类

C. 成分含量　　　　　　　　　　　D. 品牌（中文及外文名称）

E. 加工方法　　　　　　　　　　　F. 包装规格

20. 商品名称：连接环，钢铁制，由两个对称的互为衬套的元件通过一个钢铁栓连接组成的连接件。该产品设计用于与起重设备（吊索的末端、吊钩、主连杆等）执行吊装（横梁、抓具、纺织吊索）。

（1）不定项选择题，本题正确的归类依据是（　　　）。

A. 归类总规则一　　　　　　　　　B. 归类总规则二（一）

C. 归类总规则二（二）　　　　　　D. 归类总规则三（一）

E. 归类总规则三（三）　　　　　　F. 归类总规则四

G. 归类总规则五（一）　　　　　　H. 归类总规则五（二）

I. 归类总规则六　　　　　　　　　J. 类注释

K. 章注释

（2）该商品的八位编码是＿＿＿＿＿＿。

（3）不定项选择题，该商品的归类申报要素有（　　　）。

A. 品牌类型　　　　　　　　　　　B. 用途（工业用、非工业用）

C. 功能　　　　　　　　　　　　　D. 种类

E. 加工方法（锻造、冲压等）　　　F. 出口享惠情况

21. 商品名称：盐渍圆鳍鱼鱼卵，按重量计含盐量为 15%~18%，进口状态为 105 千克桶装。由于含盐量高，在食用前需要进一步加工。

（1）不定项选择题，本题正确的归类依据是（　　　）。

A. 归类总规则一　　　　　　　　　B. 归类总规则二（一）

C. 归类总规则二（二）　　　　　　D. 归类总规则三（一）

E. 归类总规则三（三）　　　　　　F. 归类总规则四

G. 归类总规则五（一）　　　　　　H. 归类总规则五（二）

I. 归类总规则六　　　　　　　　J. 类注释

K. 章注释

（2）该商品的八位编码是＿＿＿＿＿。

（3）不定项选择题，该商品的归类申报要素有（　　）。

A. 品牌类型　　　　　　　　　　B. 种类

C. 制作或保存方法（干、熏、盐腌或盐渍）

D. 出口享惠情况　　　　　　　　E. 拉丁学名

F. 用途　　　　　　　　　　　　G. 功能

22. 商品名称：乳酪替代品，作为乳酪替代品消费的配制品，该产品含有 81.8% 的脱脂乳、15.65% 的植物油、少量的盐、乳蛋白、凝乳酶、发酵剂、色素和维生素 D。通过混合脱脂乳和植物油，经细菌发酵、酶催化、蛋白质凝固、分离酪蛋白、加热、压榨、成型、切割、加盐并后熟 7~10 个星期制得。该配制品通常被称为"仿真乳酪"。

（1）不定项选择题，本题正确的归类依据是（　　）。

A. 归类总规则一　　　　　　　　B. 归类总规则二（一）

C. 归类总规则二（二）　　　　　D. 归类总规则三（一）

E. 归类总规则三（三）　　　　　F. 归类总规则四

G. 归类总规则五（一）　　　　　H. 归类总规则五（二）

I. 归类总规则六　　　　　　　　J. 类注释

K. 章注释

（2）该商品的八位编码是＿＿＿＿＿。

（3）不定项选择题，该商品的归类申报要素有（　　）。

A. 品牌类型　　　　　　　　　　B. 种类

C. 成分含量　　　　　　　　　　D. 品牌（中文及外文名称）

E. 包装规格　　　　　　　　　　F. 用途

G. 功能

23. 商品名称：含有调味品（姜）的未发酵混合果汁，其中含有黄瓜汁（30%）、芹菜汁（20%）、苹果汁（20%）、菠菜汁（20%）、欧芹汁（4%）、柠檬汁（4%）和姜（2%）。该产品瓶装供零售，可即供饮用。

（1）不定项选择题，本题正确的归类依据是（　　）。

A. 归类总规则一　　　　　　　　B. 归类总规则二（一）

C. 归类总规则二（二）　　　　　D. 归类总规则三（一）

E. 归类总规则三（三）　　　　　F. 归类总规则四

G. 归类总规则五（一）　　　　　H. 归类总规则五（二）

I. 归类总规则六　　　　　　　　J. 类注释

K. 章注释

（2）该商品的八位编码是＿＿＿＿＿。

（3）不定项选择题，该商品的归类申报要素有（　　）。

A. 品牌类型　　　　　　　　　　　B. 白利糖度值

C. 成分含量　　　　　　　　　　　D. 浓缩果汁请注明浓缩倍数

E. 加工方法（是否发酵、加酒精、冷冻、混合等）

F. 保存方法（存储温度）　　　　　G. 包装规格

24. 商品名称：复甲磺胺甲噁唑，片剂，用于治疗由细菌引起的感染，如霍乱或斑疹伤寒。由磺胺甲噁唑（SMZ）和甲氧苄啶（TM）两种活性物质组成。零售包装。剂型和单位活性物质含量：米色片剂（刻痕），含 160 毫克甲氧苄啶和 800 毫克磺胺甲噁唑。

（1）不定项选择题，本题正确的归类依据是（　　）。

A. 归类总规则一　　　　　　　　　B. 归类总规则二（一）

C. 归类总规则二（二）　　　　　　D. 归类总规则三（一）

E. 归类总规则三（三）　　　　　　F. 归类总规则四

G. 归类总规则五（一）　　　　　　H. 归类总规则五（二）

I. 归类总规则六　　　　　　　　　J. 类注释

K. 章注释

（2）该商品的八位编码是_____。

（3）不定项选择题，该商品的归类申报要素有（　　）。

A. 品牌类型　　　　　　　　　　　B. 用途

C. 成分含量　　　　　　　　　　　D. 品牌（中文及外文名称）

E. 化学通用名　　　　　　　　　　F. 包装规格

G. 是否配定剂量或零售包装

25. 商品名称：蟹味粉，用于生产一种橙黄色流散粉末状调味品。本产品含有多种气味剂、调味料和风味物质（天然香料、与天然香料成分一致的香料、合成香料、配制香料、调味料、植物以及盐等）载体、食品添加剂、色素和油脂。本制品经后续加工制成成品调味品，用于生产零食（薯片、薄脆饼）。本产品包装于聚乙烯容器中，规格是 25 千克。

（1）不定项选择题，本题正确的归类依据是（　　）。

A. 归类总规则一　　　　　　　　　B. 归类总规则二（一）

C. 归类总规则二（二）　　　　　　D. 归类总规则三（一）

E. 归类总规则三（三）　　　　　　F. 归类总规则四

G. 归类总规则五（一）　　　　　　H. 归类总规则五（二）

I. 归类总规则六　　　　　　　　　J. 类注释

K. 章注释

（2）该商品的八位编码是_____。

（3）不定项选择题，该商品的归类申报要素有（　　）。

A. 品牌类型　　　　　　　　　　　B. 包装规格

C. 成分含量　　　　　　　　　　　D. 品牌（中文及外文名称）

E. 种类　　　　　　　　　　　　　F. 功能

任务3　进出口商品归类专业能力水平评价

2020年进出口商品归类专业能力水平评价
（非机电卷）

一、判断题（请对下列各题做出正误判断，共10题，每题1分，共10分；答错、不答不得分也不扣分）

1. 归类总规则二（二）用来直接确定混合品或组合品的应归入的税号。

2. 作动物饲料用途的高粱，应归入税目12.14项下。

3. 人工添加二氧化碳（加汽）的天然矿泉水，在确定子目时应从后归入税号2201.1020的汽水。

4. 乙烯、苯乙烯、氯乙烯、溴苯乙烯及多种衍生物均属于第29章项下的商品，故聚乙烯也属于第29章项下的商品。

5. 第31章项下的肥料不包括用于改良土壤，而非使土壤肥沃的产品，比如泥煤。

6. 保存在饱和硫酸镁溶液中的胃蛋白酶（从猪胃黏膜制得）属于第38章项下的商品。

7. 用于制作球拍的羊肠线属于第95章项下的运动用品零件。

8. 针织制品制成的电热毯属于第61章项下的商品。

9. 液体提升机不属于税目84.28项下的提升机。

10. 专门适配某型手机拍照用的三脚架属于第96章项下的商品。

二、单选题（请在下列各题选项中，选出1个正确答案；共10题，每题2分，共20分；错选、不选均不得分）

1. （　　）即使与所装物品一同报，也要分别归类。

A. 电动剃须刀套　　　B. 乐器盒　　　　C. 首饰盒　　　　D. 煤气罐

2. 鸦片属于税目（　　）项下商品。

A. 13.02　　　　　B. 29.33　　　　　C. 29.39　　　　　D. 38.24

3. 由古塔波胶和金制成的牙科填料用汞齐，应归入税目（　　）项下。

A. 28.43　　　　　B. 28.53　　　　　C. 30.06　　　　　D. 90.18

4. 专用于自走式挖掘机离合器的V形肋状硫化橡胶制传动带，应归入税目（　　）项下。

A. 40.10　　　　　B. 84.30　　　　　C. 84.83　　　　　D. 87.08

5. 纺织材料絮胎制的装饰服装用人造花（衣着附件），应归入第（　　）章项下。

A. 56　　　　　　B. 61　　　　　　C. 67　　　　　　D. 95

6. 碳化钛粉末，应归入税目（　　）项下。

  A. 26.14　　　　　　B. 28.49　　　　　　C. 38.24　　　　　　D. 81.08

7. 开刃的切牛排刀（餐桌用，为方便切割还带锯齿），应归入税目（　　）项下。

  A. 82.02　　　　　　B. 82.11　　　　　　C. 82.14　　　　　　D. 82.15

8. 在《进出口税则》的法律体系中，殡葬车属于（　　）。

  A. 工程车辆　　　　B. 载人车辆　　　　C. 载货车辆　　　　D. 特种车辆

9. 由铸铁坠子和棉线组合而成的铅垂线（用来确定墙面垂直度），应归入税目（　　）项下。

  A. 73.25　　　　　　B. 82.07　　　　　　C. 84.79　　　　　　D. 90.31

10. 武警使用的具有杀伤力的弩，属于第（　　）章项下的商品。

  A. 82　　　　　　　B. 84　　　　　　　C. 93　　　　　　　D. 95

三、多选题（请在下列各题选项中，选出 2 个或 2 个以上正确答案；共 10 题，每题 3 分，共 30 分；全部选对得 3 分，少选得相应分，错选、不选不得分）

1. （　　）是构成零售成套货品的基本要素。

  A. 由两种及两种以上不同物品构成

  B. 由两种及两种以上可归入不同税目的不同物品构成

  C. 为了迎合某项需求将几件物品包装在一起

  D. 无须重新包装并直接销售给深加工企业

2. 《进出口税则》中所称"马毛"，包括（　　）等动物的鬃毛和尾毛。

  A. 马　　　　　　　B. 驴　　　　　　　C. 羊　　　　　　　D. 牛

3. 含可可的淀粉制婴幼儿调制食品，可能归入税目（　　）项下。

  A. 18.06　　　　　　B. 19.01　　　　　　C. 19.03　　　　　　D. 19.05

4. 纯氯化钠制品可能存在于第（　　）章。

  A. 28　　　　　　　B. 30　　　　　　　C. 38　　　　　　　D. 90

5. 纳入《1971 年精神治疗药物公约》管制的精神治疗药物涉及的税目有（　　）。

  A. 12.11　　　　　　B. 29.22　　　　　　C. 29.33　　　　　　D. 39.13

6. 《进出口税则》中所谓"不论是否去皮、去边材或粗锯成方的原木"，包括（　　）。

  A. 可锯木材　　　　　　　　　　　B. 铁道枕木

  C. 木制电线杆　　　　　　　　　　D. 用于制纸浆的木段

7. 《协调制度》的类注、章注及其总注释包括（　　）。

  A. 商品定义　　　　　　　　　　　B. 归类方法

  C. 排他条款　　　　　　　　　　　D. 商品定性的检测标准

8. 用来加热的炉子，可能归入的税目包括（　　）。

  A. 73.21　　　　　　B. 84.17　　　　　　C. 84.19　　　　　　D. 85.14

9. 《进出口税则》中所称的"医疗、外科、牙科用家具"，包括（　　）。

  A. 特种矫形手术台　　　　　　　　B. X 光治疗机用床

C. 装有机械装置的病床　　　　　　　　D. 担架

10. 半导体器件可能归入的税目包括（　　　）。

A. 85.01　　　　　　B. 85.33　　　　　　C. 85.40　　　　　　D. 85.41

四、分析题（请根据题目的要求作答；共 10 题，每题 4 分，共 40 分）

1. 商品进口时申报品名为"一次性烤肉架"，包装内有一个包铝箔的烧烤炉、一个不锈钢丝网和一包机制炭（90% 炭化稻壳和 10% 的玉米黏合剂），一同出售给用户，使用时在炉内装入木炭，罩上丝网，点燃即可使用。

　　共有三种归类观点：A. 税目 44.02；B. 税目 73.21；C. 税目 73.23。

（1）请问你支持上述哪种归类观点，如有新的观点请先写明应归入的 4 位税目。

（2）请确定该商品应归入的 6 位子目并写明归类依据及理由。

2. 智能遥控钓鱼船，外形为船形，报验时具备鱼饵舱、挂钩、料舱，安装了气压表、GPS 定位装置、鱼探仪。工作原理：将船的料舱装满饵料，并将鱼钩挂到船上的挂钩上，由人在岸边操作遥控器，遥控船自动行驶到离岸边一定距离的水域，如鱼探仪探测到该水域有鱼群，可通过遥控器上的料舱控制键自动打开船上的饵料舱投放饵料，并通过遥控器上的挂钩控制键自动释放鱼钩，从而实现远距离自动投料、放钩等辅助钓鱼的功能。需注意的是：钓鱼的过程仍然由人控鱼竿完成，该商品不能替代鱼竿。

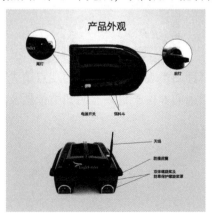

（1）请确定该商品应归入的 6 位子目。

（2）请写明归入该 6 位子目的归类依据及理由。

3. 商品申报品名为"奉天牌"卷烟（卷烟形制，带过滤嘴，20 支/盒；成分包括茶叶、菊花、荷叶和芭蕉叶），该商品无尼古丁成分、且不含焦油。用于替代香烟，以减缓对尼古丁的依赖。

（1）请确定该商品应归入的 8 位税号。

（2）请写明归入该 8 位税号的归类依据及理由。

4. 商品申报品名为"塑料制人造指甲"，报验状态如图，由完整的具有装饰性的乳白色塑料制人造指甲组成一套零售包装。用户用胶水将人造指甲粘到自己的指甲上，人造指甲大约保留 7 到 10 天后被丢弃。

共有三种归类观点：A. 税目 33.04；B. 税目 39.26；C. 税目 95.05。

（1）请问你支持上述哪种归类观点，如有新的观点请先写明应归入的 4 位税目。

（2）请确定该商品应归入的 6 位子目并写明归类依据及理由。

5. 评级灯箱，在纺织品、皮革等到经过日晒或做过纤光牢度等实验后，被送入该灯箱在内置的国际标准光源下进行评级，完成对颜色进行视觉评价。光源包括 D65 "人工日光" 荧光灯（国际办公通用光源）、TL84 光源（欧洲商业照明用标准）、F 白炽灯（美国室内照明包装标准）和 UV 紫外灯等，评级是由技术人员人工评定或由其他设备留影后实现的。

（1）请确定该商品应归入的 8 位税号。

（2）请写明归入该 8 位税号的归类依据及理由。

6. 混合液化烃类气，主要成分为丁烷 8.4%、丁烯 43.43%、丁二烯 43.05%、戊烷 1.52%、乙炔 1.76%。该商品一般称为混合碳四，是轻柴油裂解后产生的副产品。该商品进口后运用二甲基甲酰胺通过精馏方式分离出其中的 1,3-丁二烯以进一步加工，其余组分则成为以丁烷、丁烯为主的石油液化气。

（1）请确定该商品应归入的 8 位税号。

（2）请写明归入该 8 位税号的归类依据及理由。

7. "铁铬铝纤维" 是一种合金钢纱线，报验状态为绕于卷轴的规格为 3.5 公支的双股纱线，成分为：铁 73.315%、铬 20.6%、铝 5.61%、碳 0.03%、硅 0.2%、锰 0.17%、铜 0.05%、氮 0.02%、硫 0.005%。工艺如下：将铁铬铝线材经集束拉拔，为超细纤维，再经纺纱工艺制成细纱，最后加捻并股制成规格为 3.5 公支的双股纱线。该纱线通过机织或针织制成的织物可用来制造耐高温传送带或者屏蔽帐篷等。

（1）请确定该商品应归入的 6 位子目。

（2）请写明归入该 6 位子目的归类依据及理由。

8. 干制蛤蚧是蛤蚧（一种爬行动物）的干燥体。该商品呈扁片状。其加工方法是：扑捉得到的蛤蚧→破腹除去内脏→用竹片撑开使之四肢顺直→低温炭火烤干→捆扎成对的干制蛤蚧。该商品已收录在《中华人民共和国药典》中，主要用于泡酒或煲汤，能补肺益肾，是冬日的滋补良品。

共有三种归类观点：A. 税目 02.10；B. 税目 05.10；C. 税目 21.06。

（1）请问你支持上述哪种归类观点，如有新的观点请先写明应归入的 4 位税目。

（2）请确定该商品应归入的 6 位子目并写明归类依据及理由。

9. 20 寸彩色液晶监视器，进口后用于和电脑主机配套销售，没有音频电路，带有一个 DVI、一个 HDMI 和一个 S 视频端子。

（1）请确定该商品应归入的 6 位子目。

（2）请写明归入该 6 位子目的归类依据及理由。

10. 单独报验的枪用激光瞄准镜（也叫枪灯），通过卡槽安装在步枪上，内置一个 LED 可见光灯和一个不可见光的激光指示器，用于指向照明和目标指示，独立的开关按键用导线连接本体。

共有三种归类观点：A. 税目 90.13；B. 税目 93.05；C. 税目 94.05。

（1）请问你支持上述哪种归类观点，如有新的观点请先写明应归入的 4 位税目。

（2）请确定该商品应归入的 6 位子目并写明归类依据及理由。

2020 年进出口商品归类专业能力水平评价
（机电卷）

一、判断题（请对下列各题做出正误判断，共 10 题，每题 1 分，共 10 分；答错、不答不得分也不扣分）

1. 中国海关是在 1992 年正式实施协调制度的。

2. 具有法律效力的归类，应按类、章及分章的标题，税目条文和有关类注或章注确定。

3. 传动轴是税目 84.83 列名的商品，而且第十六类注释、第八十四章注释都没有提及，因此飞机用的传动轴应归入税目 84.83。

4. 除税目 84.59、税目 84.60 以外的金属蚀刻机应归入税号 8461.9090。

5. 工程机械柴油发动机上的连杆应归入工程机械零件。

6. 太阳能热水器归入税号 8419.1200。

7. 按摩浴缸归入税号 8424.8910。

8. 超声波焊接机归入子目 8515.80。

9. 人工添加二氧化碳（加汽）的天然矿泉水，在确定子目时应从后归入税号 2201.1020 的汽水。

10. 空气增湿机均应归入税号 8479.8920。

二、单选题（请在下列各题选项中，选出 1 个正确答案；共 10 题，每题 2 分，共 20 分；错选、不选均不得分）

1. 接触器，工作原理：通电后，接触器上的线圈产生吸力从而使触点吸合导通，它可用于多种场合，主要作远距离接通和分断电路之用。该商品应归入税号（　　　）。

　　A. 8536.4900　　　　B. 8536.5000　　　　C. 8536.9000　　　　D. 以上都不对

2. 彩色多普勒超声诊断仪，应用多普勒效应将二维超声和彩色多普勒血流显像技术相结合，二维超声图像以黑白灰阶显示，将两种图像加以重叠就形成了二维彩色血流显像。该商品应归入税号（　　　）。

　　A. 9018.1210　　　　B. 9018.1291　　　　C. 9018.1299　　　　D. 以上都不对

3. 工业用电动吸尘器应归入税号（　　　）。

　　A. 8508.6000　　　　B. 8509.8090　　　　C. 8543.7099　　　　D. 以上都不对

4. 公路牵引车用防抱死制动系统应归入税号（　　　）。

　　A. 8708.3021　　　　B. 8708.3029　　　　C. 8708.3091　　　　D. 8708.3099

5. 轿车远光灯应归入税号（　　　）。

　　A. 8539.2130　　　　B. 8708.2990　　　　C. 8708.9999　　　　D. 以上都不对

6. 呼吸机应归入税目（　　　）项下。

　　A. 90.18　　　　　　B. 90.19　　　　　　C. 90.20　　　　　　D. 以上都不对

7. （　　）即使与所装物品一同报，也要分别归类。

A. 电动剃须刀套　　B. 乐器盒　　　　C. 首饰盒　　　　D. 煤气罐

8. （　　）不属于第 69 章项下的陶瓷制品。

A. 陶瓷泵　　　　　　　　　　B. 搅拌器专用陶瓷螺栓

C. 水龙头陶瓷外壳　　　　　　D. 陶瓷绝缘子

9. 轿车电磁离合器应归入税目（　　）项下。

A. 84. 83　　　　　B. 85. 05　　　　C. 87. 08　　　　D. 以上都不对

10. 变频器应归入税目（　　）项下。

A. 90. 32　　　　　B. 85. 43　　　　C. 85. 48　　　　D. 以上都不对

三、多选题（请在下列各题选项中，选出 2 个或 2 个以上正确答案；共 10 题，每题 3 分，共 30 分；全部选对得 3 分，少选得相应分，错选、不选不得分）

1. （　　）不能归入第 84 章项下。

A. 第 68 章的矿物制品　　　　　B. 硫化橡胶制品

C. 陶瓷轴承　　　　　　　　　　D. 电热毯

2. 商品归类应以（　　）为依据，确定进出口货物商品编码。

A.《中华人民共和国进出口税则》

B.《进出口税则商品及品目注释》

C.《中华人民共和国进出口税则本国子目注释》

D. 海关总署发布的关于商品归类的行政裁定、商品归类决定

3. 多种进口货物按照商品归类规则应当归入同一商品编码的，收货人或者其代理人在同时满足以下（　　）的情况下，应当将有关商品一并归入该商品编码向海关申报。

A. 同一运输工具　　　　　　　B. 同时运抵同一口岸

C. 属于同一收货人　　　　　　D. 使用同一提单

4. 含可可的淀粉制婴幼儿调制食品，可能归入税目（　　）项下。

A. 18. 06　　　　　B. 19. 01　　　　C. 19. 03　　　　D. 19. 05

5. （　　）不能归入税目 84. 19 项下。

A. 陶瓷制的蒸馏装置　　　　　B. 隧道式干燥器

C. 专供干燥纺织纱线的机器　　D. 电热的快速热水器

6. （　　）可归入税目 84. 83 项下。

A. 发动机用曲轴　　B. 叉车用传动轴　C. 卡车用变速箱　D. 滑轮

7. （　　）可归入税目 90. 18 项下。

A. 臭氧治疗器（治疗呼吸器官疾病）　　B. 治鸡眼用的电动研磨器

C. 医院检验血液的设备　　　　D. 兽医用剪、钳

8. （　　）可归入税目 90. 27 项下。

A. 分光仪　　　　　B. 色谱仪　　　　C. 电子滴定计　　D. 溶解氧测定仪

9. （　　）可归入税目 85. 09 项下。

A. 家用吸尘器　　　　B. 电动牙刷　　　　C. 洗碟机　　　　　D. 地板打蜡机

10. （　　）可归入税目 85.42 项下。

A. 智能卡　　　　　　　　　　　　B. 单片集成电路

C. 多元件集成电路　　　　　　　　D. 多芯片集成电路

四、分析题（请根据题目的要求作答；共 10 题，每题 4 分，共 40 分）

1. 咖啡厅用咖啡磨豆机，由电机、刀盘、外壳、豆仓、主板组成，将咖啡豆在马达带动机械刀具飞速转动时切削研磨成咖啡粉。高：637mm，宽：240mm，深：275mm；净重：13kg；豆仓容量：1.6kg；功率：800W。

（1）请确定该商品应归入的六位子目。

（2）请写明该商品最可能归入的两个税目，并分别阐述归入及不归入的归类依据及理由。

2. 速冻土豆块，土豆经过清洗、蒸煮、冷却、速冻等工艺加工而成的。蒸煮过程中加入一定浓度的焦磷酸钠和食盐溶液，解冻后可直接食用。焦磷酸钠可以增加产品的松软程度、增强口感和淀粉活性，也可以防止土豆蒸煮过程中的变色。

（1）请确定该商品应归入的六位子目。

（2）请写明该商品最可能归入的两个税目，并分别阐述归入及不归入的归类依据及理由。

3. 滤波器，该介质滤波器由 16 个微波介质陶瓷小体、银层、2 块电路板、16 个连接器耦合而成。加工方法：陶瓷小体研磨浸银、调试、焊接组装、性能测试。产品专用于 5G 移动通信基站（手机信号塔）中基站房里信号发射器中信号传输转换器模块上。利用陶瓷小体作为电极通过电磁壁理论原理在介质块内有效去除通频带以外的信号和多余的频段频率的干扰，使得混进系统的双频段信号不受影响，以此来完成信号滤波作用。

（1）请确定该商品应归入的八位子目。

（2）请写明该商品最可能归入的两个税目，并分别阐述归入及不归入的归类依据及理由。

4. 农作物生长箱。功能：为农作物提供生长环境。原理：通过控制装置、机械装置、热力装置、各类传感器等，持续、稳定模拟植物生长所需光合作用反应条件及相关生长环境。专为农作物及植物种子催芽、幼苗生长提供适合的温度、湿度、光照、二氧化碳浓度，并有效监控上述参数在植物催生、催发过程所需且适合的环境范围内。用途：用于农业学校及农业试验室农作物及植物种子发芽，幼苗生长的培养研究。产品主要为水稻、小麦的催芽、幼苗生长提供适合且稳定的外部环境，是植物生发研究专用的机器。

（1）请确定该商品应归入的六位子目。

（2）请写明归入该六位子目的归类依据及理由。

5. 汽车用通信控制单元，该商品与电脑主机配合工作，通过集成于电脑主机中的网络接入模块与 GSM 网络建立连接，实现快速通信的目的。由电路板、微处理器、接口和外壳等构成。工作时，驾驶者通过车载显示器输入通信指令，电脑主机接收此指令后将联网指令用以太网信号的形式发送到该通信控制单元，控制单元将此指令信号转换成移动通信网络可识别的信号后发送给移动通信网络，从而实现车辆向外部网络发送通信信息的目的。

有 A. 85.17；B. 85.37 和 C. 87.08 三种意见。

（1）请问你支持上述哪种归类观点，如有新的观点请先写明应归税目。

（2）请分别阐述归入及不归入的归类依据及理由。

6. 眼部美容仪，由 2 个控制器（眼部美容仪主机，由电极、电阻、可充电电池、按钮、控制电路、壳体组成一体）、硅胶面罩、USB 充电线、电源适配器、使用说明书成套包装而成，各组成数量配置，且报验时的包装形式已适用于直接销售，无须再拆分或包装。工作原理：启动后由控制器根据所按按钮选择的模式、挡位而对应控制工作，通过电阻通电发热，温热使用者眼周部位，促进血液循环；通过电极输出微电流，刺激使用者眼周皮肤组织，增加肌肉运动，从而达到美容眼部皮肤的目的。用途：非医用，由使用者佩戴上面罩使用，用于人体眼部皮肤美容（无治疗作用）。

（1）请确定该商品应归入的八位子目。

（2）请写明归类依据及理由（含具体章、类注）。

7. 全自动晶粒计数器，由入料系统、计数系统及出料系统三部分组装在同一机壳内。工作原理：以背光源照明模式，计算晶粒数量，透过底部灯源向上照明使 LED 芯片中每一晶粒产生阴影，后借由高倍数镜头摄像，透过程序计算阴影数量及 LED 晶粒数量。

用途：计算芯片中晶粒颗数；并将计数结果以便签形式打印出来，打印出来的便签显示内容有芯片编码、计数出来的芯片数量、原有芯片的相关参数（亮度、波长、电压、源电流）。

对其归类存在 A. 90.31、B. 84.79、C. 90.29 三种意见。

（1）请问你支持上述哪种归类观点，如有新观点请先写明应归子目。

（2）请写明归类依据及理由（含具体章、类注）。

8. 乙醇消毒剂，由 70%乙醇、少量叔丁醇变性剂和 30%去离子水组成。商品经海关化验，含乙醇、叔丁醇等，其中按体积计乙醇含量为 70.0%。生产工艺：无水乙醇加入少量叔丁醇变性剂后，与去离子水混合，并在洁净环境下经过 0.2μm 的滤膜过滤除菌后进行灌装、双层包装，最后经过 γ 射线辐照灭菌。作用机理：使蛋白质结构改变，引发细胞功能障碍，以及造成细胞膜损伤，从而达到杀灭微生物的效果。本产品可用于制药厂洁净室内墙面、设备表面的消毒。

（1）请确定该商品应归入的八位子目。

（2）分析归类依据及理由（含相关类、章注、注释）。

9. 机床主轴，主要由无外壳电机、编码器、主轴、轴承、刀具夹紧装置等组成。功能：安装上刀具后，在电机的带动下对金属进行铣、车、磨削等加工。传统数控机床是机床控制系统（例如 CNC、PLC）驱动电机，电机再通过皮带轮或联轴节带动主轴工作；而该主轴是电机在主轴内部，机床控制系统驱动电机直接带动主轴工作。

（1）请确定该商品应归入的八位子目。

（2）请写明该商品最可能归入的两个税目，并分别阐述归入及不归入的归类依据及理由。

10. 显微注射仪。该仪器通过调节注射压力、注射时间来控制压缩机内空气的释放量，从而达到将一定体积的微量液体注入进细胞内的目的。结构：一个空气压缩机、外壳、操作面盘及控制电路等。用途：此设备只用于科研和实验室使用，不能用于医疗诊断。用于实验样品微量注射。

对其归类存在归入税目 A. 84.13；B. 84.79 和 C. 90.18 三种意见。

（1）请问你支持上述哪种归类观点，如有新的观点请先写明应归税目。

（2）请分别阐述归入及不归入的归类依据及理由。

2022 年进出口商品归类专业能力水平评价
（非机电卷）

一、判断题（请对下列各题做出正误判断，共 10 题，每题 1 分，共 10 分；答错、不答不得分也不扣分）

1. 税目 38.22 所称的"检定参照物"，是指附有证书的参照物，该证书标明了参照物属性的指标、确定这些指标的方法以及与每一指标相关的确定度，这些参照物用于分析、校准和比较。符合检定参照物的应优先归入税目 38.22。

2. 第 31 章项下的肥料包括盆栽土，由泥煤与黏土的混合物为基料组成，含有少量的氮磷钾肥效元素。

3. 加了调味料的盐应归入税则号列 2501.0011。

4. 磨碎的除虫菊花应作为除虫剂归入税目 38.08 项下。

5. 切成厚板、横梁等的木材一般归入税目 44.07 或税目 44.18 项下。

6. 计算机专用显示器应归入税目 84.71 项下。

7. 已经制成特定形状的汽车前挡风玻璃应作为汽车专用零件归入税目 87.08 项下。

8. 税目 73.17 各种钢铁制的钉不包括专用于医疗的植入物。

9. 宽度在 600 毫米及以上的已轧压花纹的卷材，经冷轧，但未经包覆、镀层或涂层，应归入税则号列 7208.1000。

10. 不含驱动器或者控制电路的液晶平板显示模组应归入税则号列 8524.1100。

二、单选题（请在下列各题选项中，选出 1 个正确答案；共 10 题，每题 2 分，共 20 分；错选、不选均不得分）

1.《进出口税则》第二十六章中所指的矿砂不包括（　　）。

A. 铁矿砂　　　　　　　　　　　B. 金精矿

C. 稀土矿　　　　　　　　　　　D. 提炼金属汞的矿砂

2. 下列含钴元素产品的归类，说法错误的是（　　）。

A. 四氧化三钴属于钴的氧化物

B. 草酸钴属于第二十八章无机酸盐

C. 镍钴铝氢氧化物属于第二十八章第六分章杂项产品

D. 钴酸锂属于金属酸盐

3. 关于税目 30.03 和 30.04 的药品，下列说法错误的是（　　）。

A. 税目 30.03 项下的药品必须是两种及以上的成分

B. 税目 30.04 项下的药品可以是单一成分也可以是多种成分

C. 能同时归入税目 30.04 和 30.06 的药品应优先归入前者

D. 与税目 30.03 不同的是，税目 30.04 项下的药品必须是已配定剂量或制成零售包装

4. 专用于输送机的 V 形肋状硫化橡胶制传动带，应归入税目（　　）项下。

A. 40.10　　　　　　B. 84.30　　　　　　C. 84.83　　　　　　D. 87.08

5. （　　） 属于税目38.25的"城市垃圾"。

A. 废药物　　　　　　　　　　　　B. 工业废物

C. 建筑垃圾或拆建垃圾　　　　　　D. 废塑料

6. 按加工方法分，（　　） 不属于第四十七章木浆的一种类别。

A. 机械木浆　　　　　　　　　　　B. 化学木浆

C. 化学-机械木浆　　　　　　　　　D. 回收木浆

7. 景点销售可直接邮寄的带风景图画的明信片应归入税则号列（　　　）。

A. 4907.0010　　　B. 4907.0090　　　C. 4909.0010　　　D. 4911.1090

8. 瓷制抽水马桶应归入税则号列（　　　）。

A. 6910.1000　　　B. 6910.9000　　　C. 6911.9000　　　D. 6914.1000

9. 纸浆压制的鸡蛋盒应归入税目（　　　） 项下。

A. 44.21　　　　　B. 48.17　　　　　C. 48.23　　　　　D. 49.11

10. 20英尺的船用集装箱应归入六位子目（　　　）。

A. 8908.00　　　　B. 8479.89　　　　C. 8609.00　　　　D. 8487.90

三、多选题（请在下列各题选项中，选出2个或2个以上正确答案；共10题，每题3分，共30分；全部选对得3分，少选得相应分，错选、不选不得分）

1. 关于《进出口税则》第三十章中肥料的说法正确的有（　　　）。

A. 尿素、硝酸铵及硫酸铵均属于氮肥

B. 过磷酸钙（一过磷酸钙、二过磷酸钙或三过磷酸钙）属于磷肥

C. 硫酸钾和氯化钾均属于钾肥

D. 税目31.05所称"其他肥料"，仅适用于其基本成分至少含有氮、磷、钾中一种肥效元素的肥料用产品

2. （　　） 应归入税目34.03项下。

A. 糕点脱模剂

B. 以合成油为主的发动机用机油

C. 以植物油为基料并添加表面活性剂的切削剂

D. 石油含量80%的螺栓松开剂

3. （　　） 不属于税目38.02项下的活性炭。

A. 漂白土

B. 具有药物作用的活性炭

C. 零售包装的除臭用活性炭

D. 活性炭作载体的催化剂（附着氧化铂）

4. 下列货品归入税目39.01至39.11的有（　　　）。

A. 聚硅氧烷

B. MDI的预聚体

C. 非高度聚合的苯并呋喃-茚树脂

D. 采用减压蒸馏法，在压力转换为 1013 毫巴下的温度 300℃时，以体积计馏出量为 30%的液体合成聚烯烃

5. （　　）不归入税目 42.02 项下。

A. 木制的衣箱

B. 竹鞭条编结制成的小手袋

C. 皮革制钥匙袋

D. 一次性使用的带把手的塑料薄膜袋

6. （　　）可归入税目 90.27 项下。

A. 分光仪　　　　　　B. 色谱仪　　　　　C. 电子滴定计　　　D. 溶解氧测定仪

7. （　　）不应归入第六十章。

A. 从织物的纤维网上将纺织纤维拉起而制成的缝编织物

B. 渔网

C. 针织地毯

D. 网眼织物及钩编花边

8. （　　）属于税目 82.11 项下的商品。

A. 各种折叠式刀　　　B. 大砍刀　　　　　C. 屠刀　　　　　　D. 黄油刀

9. （　　）不属于税目 73.23 项下的商品。

A. 厨房用煎锅　　　　　　　　　　　　B. 厨房用灶

C. 开瓶器　　　　　　　　　　　　　　D. 装饼干的小型金属容器

10. （　　）属于第九十四章的商品。

A. 机动车辆用坐具　　　　　　　　　　B. 落地镜

C. 弹簧床垫　　　　　　　　　　　　　D. 室内吊灯

四、分析题（请根据题目的要求作答；共 10 题，每题 4 分，共 40 分）

1. 品名：珩磨条；

成分重量比例：金刚石微粉 5%~10%、金属结合剂 90%~95%，粒度为 400~1000 目；

金属结合剂组分：铜锡预合金粉 45%~55%、银粉 12%~20%、镁粉 30%~33%、滑石粉 2%~5%，粒度为 200~800 目；

加工工艺：混料、模具成型、烧结等通道转角挤压等工序制成毛坯，再对毛坯进行机械加工，得到尺寸精度合格的成品；

用途：适用于富士珩孔机，不带支架，安装在珩磨头上。

现有两种归类观点：A. 税目 84.66；B. 税目 68.04。

请回答：

（1）请问你支持上述哪种归类观点？如有新的观点请先写明应归入的 4 位税目。

（2）请写明不归入上述 A 或 B 选项的理由。

（3）请确定该商品应归入的 6 位子目并写明归类依据及理由。

2. 品名："瓷砖填缝剂"，外观为灰色粉末。

成分：水泥30%~35%（起到凝固，产生强度的作用）；

高岭土30%~50%（起填充作用）；

硫酸钙1%~10%（添加剂，起改善和辅助施工的作用，增加强度和黏度，以及保水、黏结的作用）；

用途：用于瓷砖铺砖后缝隙填补；

使用方法：按比例加水搅拌即可使用。

现有三种归类观点：A. 3214.10；B. 3214.90；C. 3816.00。

请回答：

（1）请问你支持上述哪种归类观点？

（2）请写明归入所选观点的归类依据及理由。

（3）请写明不归入上述其他选项的理由。

3. 商品"金属锯片"，材质为表面做过防锈处理的马口铁；

规格：305毫米或457毫米。

用途：固定于保鲜膜纸盒的边缘上，用于切割保鲜膜。使用时将金属锯片固定于保鲜膜纸盒的边缘上，将纸盒中拉出保鲜膜附于锯片的锯齿上，用力往下扯断。考虑到使用的安全性，锯齿设计并不锋利，使用时需将保鲜膜在锯齿上来回磨动才能使膜断开。

现有三种归类观点：A. 82.14；B. 82.02；C. 73.26。

请回答：

（1）请问你支持上述哪种归类观点？

（2）请写明归入所选观点的归类依据及理由。

（3）请写明不归入上述其他选项的理由。

4.　"椰花糖"，其中糖的成分含量：蔗糖 73.66%，葡萄糖 6.87%，果糖含量 3.14%。

制作工艺：收集椰子花蜜→过滤（100 网眼滤网）→熬制（100℃加热 2~3 小时）→成型（放置在椰子壳型容器中成型）→收集、运输到工厂→获得椰子糖块→稀释→过滤→熬制（加热蒸发成糖度达到 65%~70% 的椰子花糖浆）→形成颗粒→筛分→移至漏斗→筛分→漏斗（磁力≥900 高斯）→罐装。

用途：可广泛应用于餐饮、烘焙、零食制作、饮品饮料等领域。

包装：15 千克/箱。

请回答：

（1）该商品是否可归入税目 17.04。

（2）若认为可归入税目 17.04，说明归类依据及理由；如果认为不可，写明应归入的税目，以及归类依据及理由。

（3）请写明应归入的 8 位税则号列。

5. 商品"冰敷康复仪"，由固定束带和冰袋组成，成分为 25% 乳胶，25% 塑料，50% 尼龙，使用时通过将凝胶注入冰袋，再将冰袋塞入固定束带，将束带固定在身体部位，通过降低接触肌体的温度缓解运动水肿。

请回答：

（1）请确定该商品应归入的 8 位税则号列。

（2）请写明归入该 8 位税则号列的归类依据及理由。

6. 商品进口申报品名"异松油烯 90"，为浅黄色透明液体，带有新鲜松木的甜润、柑橘似的气味，主要成分是异松油烯（CAS 号为 586-62-9，含量 96.5%）、γ-松油烯、双戊烯及其他杂质。该商品以松节油为原料，与桉叶油混合后，加入硫酸进行水合反应，再经分馏、蒸馏等加工程序提纯所得。该商品主要是作为香料用在日用化工的香精配方中进行调香。

请回答：

（1）请确定该商品是否可归入税目 33.02，并说明理由。

（2）请确定该商品应归入的 8 位税则号列。

（3）请写明归入该 8 位税则号列的归类依据及理由。

7. 商品进口申报为"胶带"，规格为 0.09 毫米×4 毫米×10000 米，产品分 2 层，分别为压敏橡胶胶粘剂 36%（其中天然橡胶 54%，脂肪烃树脂 22%，树脂酸和松香酸 13%，二甘醇酯，邻苯二甲酸二环己酯 0.1%，其他 9%）和聚丙烯薄膜 64%，自黏，成卷，用于打包，表观宽度不超过 5 毫米。

请回答：

（1）请确定该商品是否可归入税目 39.19，并说明理由。

（2）请写明应归入的 8 位税则号列，并说明归类依据及理由。

8. 香肠用的柔软管状肠衣，由从猪皮或牛皮提取的胶原蛋白通过封闭几何形状（曲线形、椭圆形或环形）出口槽挤出制得。胶原蛋白是一种来源于动物的纤维蛋白，具有柔韧性和抗拉性，其特征是有三条多肽链盘缠在一起组成。胶原蛋白经过硬化处理，使其具有适用于香肠肠衣的强度和耐久性。

请回答：

（1）请确定该香肠用的柔软管状肠衣应归入的 6 位子目。

（2）归入该 6 位子目的归类依据及理由。

9. 草本止咳糖，含有 15 毫克的甘草成分，10 毫克的生姜成分，7 毫克印度醋栗成分，7 毫克的薄荷，以及糖基质。该产品用于治疗各种急性或者慢性的上呼吸道咳嗽、嘶哑、咽喉疼痛，例如因环境污染、烟尘、天气变化、吸烟、发声等引起的咽炎、喉炎、气管炎以及支气管炎等。

请回答：

（1）请确定该商品应归入的 4 位税目。

（2）归入该 4 位税目的归类依据及理由。

10. 集成电路质检仪，给集成电路通电，检测特点端点间的电压，得出电压数据，在设备内部进行记录并送至后方电脑（未一同报验），可以根据设定指标对被测物的质量直接做出判断。

共有三种归类观点：A. 9030.39；B. 9030.82；C. 9031.80。

请回答：

（1）请问你支持上述哪种归类观点？

（2）请写明归入所选观点的归类依据及理由。

2022 年进出口商品归类专业能力水平评价
（机电卷）

一、判断题（请对下列各题做出正误判断，共 10 题，每题 1 分，共 10 分；答错、不答不得分也不扣分）

1. 将陶瓷厨刀归入税则号列 6911.1021 的归类依据是归类总规则一。

2. 催芽机、麦芽压碎机、麦芽浆桶、滤酒桶等设备一同报验时应一并归类，理由是因为上述商品构成了一条完整的生产线。

3. 人工添加二氧化碳（加汽）的天然矿泉水，应归入税则号列 2201.1010。

4. 用于生产集成电路光刻工序的投影掩膜版属于税目 90.01 项下商品。

5. 生产微生物油脂的机器属于税目 84.38 项下的食品加工机器。

6. 子目 8414.70 项下的气密生物安全柜可以带有过滤装置。

7. 2022 年之后随着税则号列 8519.5000 "电话应答机" 被删除，该商品被移至税目 85.43 项下。

8. 牵引车和半挂车一同报验时应该分别归类。

9. 用于将外部击打力量转化为电压变化的负荷传感器应归入税则号列 9031.8090。

10. 2022 年之后税目 90.13 不再包含任何液晶装置。

二、单选题（请在下列各题选项中，选出 1 个正确答案；共 10 题，每题 2 分，共 20 分；错选、不选均不得分）

1. 下列包装在一起的直接零售的商品应视为"成套零售商品"一并归类的是（　　）。

A. 1 台电风扇+1 副安装手套+1 瓶风油精

B. 1 瓶豆腐乳+2 瓶腌黄瓜，供早餐使用

C. 由肉、蛋、生菜、米饭构成的定量配餐

D. 1 罐速溶咖啡+2 个杯子+2 个碟子

2. 由操舵装置、汽油发动机和螺旋桨组成的一体式船用舷外发动机，应归入税目（　　）项下。

A. 84.07　　　　　B. 84.12　　　　　C. 84.79　　　　　D. 89.03

3. 由中巴车改装旅宿车，自带卧室、厕所、厨房等全套生活设备，应归入税目（　　）项下。

A. 87.02　　　　　B. 87.03　　　　　C. 87.04　　　　　D. 87.05

4. 安装在音响内部，用于将交流电整流成直流电真空电子整流管，应归入税目（　　）项下。

A. 85.04　　　　　B. 85.19　　　　　C. 85.40　　　　　D. 85.43

5. 用于平整土路面的手扶式平板冲击夯（可用手来调整行进方向），应归入税目（　　）项下。

A. 84.12　　　　　B. 84.30　　　　　C. 84.67　　　　　D. 84.79

6. 数控金属板材纵剪机作为板材纵剪线的核心设备，应该归入税则号列（　　）。

A. 8462.3210　　　B. 8462.3290　　　C. 8462.3300　　　D. 8462.3900

7. （　　）属于税目 85.43 项下的电子烟。

A. 一次性电子烟　　　　　　　　　B. 可复用电子烟

C. 阿拉伯水烟　　　　　　　　　　D. 尼古丁贴

8. 装在手机内部仅起隔热作用的石墨垫板，应归入税目（　　）项下。

A. 68.15　　　　　B. 85.17　　　　　C. 85.45　　　　　D. 85.48

9. 完整的电磁式速度传感器，将车速直接转化为代表速度的电参数并输出，应归入税目（　　）项下。

A. 85.43　　　　　B. 87.08　　　　　C. 90.29　　　　　D. 90.31

10. 船用测绘声呐，利用超声波原理进行鱼类搜索、海底地貌测量等，应归入税目

（　　）项下。

　　A. 90.14　　　　　　　　B. 90.15　　　　　　　　C. 90.31　　　　　　　　D. 84.79

　　三、多选题（请在下列各题选项中，选出 2 个或 2 个以上正确答案；共 10 题，每题 3 分，共 30 分；全部选对得 3 分，少选得相应分，错选、不选不得分）

　　1. （　　）属于《进出口税则》认定的内燃机。

　　A. 车用柴油发动机　　　　　　　　　　B. 发电用风力发动机

　　C. 飞机用涡轮风扇发动机　　　　　　　D. 船用汽轮机

　　2. 能够对金属进行多种不同种类切削加工（如钻/铣/镗/车等）的机床可能被归入税目（　　）项下。

　　A. 84.56　　　　　　　B. 84.57　　　　　　　C. 84.58　　　　　　　D. 84.59

　　3. 子目 8525.8921 项下的特种用途照相机包括（　　）。

　　A. 用于夜视的热成像数码相机

　　B. 水下数码相机

　　C. 可承受 $50×10^4$ Gy（Si）的总辐射剂量而不会使其操作性能退化的数码相机

　　D. 用于工业管道内部的强光数码相机

　　4. （　　）应归入税目 85.24 项下。

　　A. 液晶显示模组，带完整背光模组

　　B. LED 拼接显示屏，20 块一组，不带驱动电路

　　C. OLED 显示面板，带驱动电路，可直接装在手机上使用

　　D. LED 显示屏，装在电梯间，内置电路将电梯楼层数据转化为 7 段式字符

　　5. （　　）应归入子目 8541.51 项下。

　　A. 砷化镓基反射镜，用于反射光线

　　B. 硅基步进马达，用来调节镜片角度

　　C. 锗基压力传感器，检测压力变化

　　D. 硅基滤波器，利用谐振原理工作

　　6. （　　）属于税目 84.49~84.52 项下的纺织工业用机器。

　　A. 缝制无纺布被套的缝纫机

　　B. 压制无纺布桌布的机器

　　C. 制作梭织被单的织布机

　　D. 向无纺布被褥装填鸭绒的机器

　　7. （　　）可以用来直接确定一个商品的归类。

　　A. 归类总规则一　　　　　　　　　　　B. 归类总规则二（一）

　　C. 归类总规则二（二）　　　　　　　　D. 归类总规则三（二）

　　8. 拥有四个旋翼的无人飞行器，可能归入税目（　　）项下。

　　A. 85.25　　　　　　　B. 88.02　　　　　　　C. 88.06　　　　　　　D. 95.03

　　9. 税目 90.21 项下的商品包括（　　）。

　　A. 电动轮椅　　　　　　　　　　　　　B. 假肢

C. 拐杖 D. 固定骨折的不锈钢螺钉

10. 在 2022 版税则中 "Closed die forging machines" 作为法律条文的中文翻译为（   ）。

A. 模锻机 B. 闭式模锻机

C. 开式模锻机 D. 闭式锻造机

四、分析题（请根据题目的要求作答；共 10 题，每题 4 分，共 40 分）

1. 硅麦克风，申报时明确为硅基传感器，一体式封装，先利用内部的硬质穿孔背板和硅基柔性薄膜组成将机械波（声波）转化为电波，再利用内置的专用集成电路（ASIC）将电波转化为经过编码的通用标准电信号，可以方便地传输给手机、媒体终端等设备作为声音信号输入终端使用。

现有三种归类观点：A. 85.18；B. 85.41；C. 85.42。

请回答：

（1）请问你支持上述哪种归类观点？如有新的观点请先写明应归入的 4 位税目。

（2）请写出你认为应归入的税则号列（8 位），并说明归类依据及理由。

2. 申报为 LED 模组，整体安装在一个 PCB 板上，采用 6 个一组串联、一共 9 组 LED 器件并联的排布，每个 LED 器件内置 2 * 2 个 P/N 结，接口在 PCB 板的中间，无其他部件，用于装配成吸顶灯。

现有三种归类观点：A. 85.39；B. 85.41；C. 94.05。

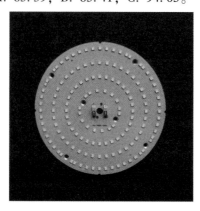

请回答：

（1）请问你支持上述哪种归类观点？如有新的观点请先写明应归入的 4 位税目。

（2）请确定该商品应归入的 6 位子目并说明归类依据和理由。

3. 混动车型，五座载人车辆，先利用汽油引擎工作，将所有输出动力供发电机发电蓄入蓄电池以后，仅由电动机驱动车轮运动。

请回答：

（1）请确定该商品应归入的 6 位子目。

（2）请列出归入该 6 位子目的归类依据及理由。

4. C72 RFID/条形码阅读器，由主控制台和手柄两部分组成，一同报验。主控制台具有典型智能手机的规格和外观，配有一个连接器，以支持与手柄的连接。装 SIM 卡，具有蜂窝连接功能以及其他网络连接支持，即 Wi-Fi、蓝牙和 NFC 读卡器。主控制台还配备了一个摄像头，用于扫描和拍摄常规照片，以及一个预先安装的扫描应用程序。它可以用于打电话、运行 Android 应用程序，以及扫描 RFID/条形码后与服务器通信。它也可以用于扫描而不需要手柄，但距离有限。手枪形手柄可以与主控制台连接，带有一个 4DBI 圆极化天线，支持室内 25 米和室外 7 米的大规模射频识别扫描。

现有三种归类观点：A. 84.71；B. 85.17；C. 85.37。

请回答：

（1）请问你支持上述哪种归类观点？如有新的观点请先写明应归入的 4 位税目。

（2）请写出你认为应归入的 6 位子目，并说明归类依据及理由。

5. 个人电子雾化装置，通过更换物料（薄荷+香精）可重复使用，使用电热丝加热后用嘴吸入。

请回答：

（1）请确定该商品应归入的 8 位税则号列。

（2）请列出归入该 8 位税则号列的归类依据及理由。

6. 自行式铰接臂式提升机，电动轮式底盘，可遥控驾驶，带一个 16 米铰链式液压起重臂，其端部装有工作平台（限载 300 千克），行驶速度为 5.2 千米/小时（折叠），0.8 千米/小时（展开）。用于建筑、电力、通信设备、桥梁等的施工、维护和修理工作。

现有三种归类观点：A. 84.27；B. 84.28；C. 84.79。

请回答：

（1）请问你支持上述哪种归类观点？如有新的观点请先写明应归入的 4 位税目。

（2）请写出你认为应归入的 8 位税则号列，并说明归类依据及理由。

7. 香肠，由蝗虫肉、盐和香料组成，外部包裹人造肠衣，未经熏制等其他加工工艺，供人食用。

现有三种归类观点：A. 04.01；B. 16.01；C. 21.06。

请回答：

（1）请问你支持上述哪种归类观点？如有新的观点请先写明应归入的 4 位税目。

（2）请列出该商品应归入的 8 位税则号列，并说明归类依据及理由。

8. 手持 3D 打印笔，通过挤出加热的 ABS 塑料丝条，快速冷却成固态，根据手动轨迹创作三维物体成型。

请回答：

（1）请确定该商品应归入的 8 位税则号列。

（2）请列出归入该税则号列的归类依据及理由。

9. 迷你 LED 电视用液晶模组，对角线长度 75 英寸，采用 LED 发光面板而不是 LED 灯条作为液晶面板的背光源，报验状态包括驱动电路，带有一个 LVDS 信号接口。请回答：

（1）请确定该商品应归入的 6 位子目。

（2）请写出归入该 6 位子目的归类依据及理由。

10. 集成电路质检仪，给集成电路通电，检测特点端点间的电压，根据电压数据，在设备内置电脑中进行记录和比对，根据设定指标对被测物的质量直接做出判断。将每一个被测物标记为合格/不合格两种状态并记录在案，供后道的分拨机器（此次未进口）分拨至两个不同的容器中。

现有三种归类观点：A. 9030.39；B. 9030.82；C. 9031.80。

请回答：

（1）请问你支持上述哪种归类观点？如有新的观点请先写明应归入的 4 位税目。

（2）请写出你的归类依据及理由。

后　记

　　关务人员是海关管理和国际贸易之间的纽带，其综合素质和业务水平的高低，一方面直接关系到海关的通关效率和监管水平，另一方面也关系到企业的物流周期和贸易成本。近年来，与贸易全球化潮流相适应，现代物流业蓬勃发展，以向经济社会提供专业化智能服务为特征的关务类职业，自然成为社会择业的热点，而对进出口商品进行归类更是关务人员必须具备的技能。

　　商品归类是一门专业技术性很强的学科，作为贸易相关专业的在校学生以及在职人员，应提高商品归类的准确率，多积累商品学知识，掌握最新的商品归类规则，关注海关官方的最新公告，提高通关效率。

　　本书的练习有基础部分，也有提高及真题部分。在习题的编著过程中，编者尽量综合多方面的资源，但难免有疏漏之处，还望各位专家批评指正。

参考文献

［1］海关总署关税征税司. 进出口税则商品及品目注释［M］. 北京：中国海关出版社，2022.

［2］海关总署关税征管司. 中华人民共和国进出口税则（2023）［M］. 北京：中国海关出版社，2023.

［3］温朝柱. 机电商品归类与案例评析［M］. 北京：中国海关出版社，2019.

［4］宗慧民. 进出口商品归类［M］. 第三版. 北京：中国海关出版社，2022.

［5］张援越，孙建，赵羿喆. 进出口商品归类实务［M］. 第五版. 北京：中国海关出版社，2020.

［6］倪淑如，倪波. 进出口商品归类实务精讲［M］. 第二版. 北京：中国海关出版社，2020.

［7］程若愚，肖伟娜，王雯. 农用商品归类手册［M］. 第二版. 北京：中国海关出版社，2012.

［8］林青. 进出口商品归类实务［M］. 第三版. 北京：中国海关出版社，2018.

［9］杜连莹. 重点商品归类差错解析［M］. 北京：中国海关出版社，2016.